交通网络应用优化理论与方法

寇玮华 ‖ 著

西南交通大学出版社
·成 都·

图书在版编目（CIP）数据

交通网络应用优化理论与方法／寇玮华著．—成都：
西南交通大学出版社，2018.1
ISBN 978-7-5643-5925-6

Ⅰ.①交… Ⅱ.①寇… Ⅲ.①交通网 Ⅳ.
①U491.1

中国版本图书馆 CIP 数据核字（2017）第 292607 号

交通网络应用优化理论与方法	寇玮华 著	责任编辑	张宝华
		封面设计	何东琳设计工作室

印张	14.25	字数	253千	出版发行	西南交通大学出版社
成品尺寸	170 mm × 230 mm			网址	http://www.xnjdcbs.com
版次	2018年1月第1版			地址	四川省成都市二环路北一段111号 西南交通大学创新大厦21楼
印次	2018年1月第1次			邮政编码	610031
印刷	四川煤田地质制图印刷厂			发行部电话	028-87600564　028-87600533
书号	ISBN 978-7-5643-5925-6			定价	58.00元

图书如有印装质量问题　本社负责退换
版权所有　盗版必究　举报电话：028-87600562

前言

交通网络应用优化理论和方法，是以网络优化理论为基础，面向交通运输领域的应用基础理论，针对交通网络优化的研究是比较复杂的学术方向。

作者根据多年来的研究成果并在参阅大量文献的基础上，完成了本专著的编写。在本专著中，把网络优化问题大体做了界定，从网络优化内容的角度，把网络优化分为网络结构优化和网络应用优化；从网络中流属性的角度，把网络分为单品种流网络和多品种流网络，由此，把网络优化也界定为单品种流网络优化和多品种流网络优化。针对交通网络优化，同样分为单品种流交通网络优化和多品种流交通网络优化。单品种流交通网络优化存在单品种流交通网络结构优化和单品种流交通网络应用优化；多品种流交通网络优化也同样存在多品种流交通网络结构优化和多品种流交通网络应用优化。

本专著内容主要包含单品种流交通网络应用优化和多品种流交通网络应用优化的研究成果，或者可以说是针对交通网络应用优化的研究成果。即主要包括网络及交通网络应用基础理论与应用优化、单品种流交通网络应用优化、多品种流交通网络应用优化三部分。

针对本专著资料收集整理、编辑校对以及在老师指导下对部分内容的编写等，研究生王玉珠、吴琰飘、王雪做了大量工作，感谢她们辛勤的付出。

感谢已毕业研究生崔皓莹提供其为第一作者、本人为第二作者的出版论文一篇。感谢张宏雨提供其为第一作者、本人为第二作者的出版论文两篇。

另外，为了把本书部分内容体现到科研中，研究生陈明亮、许木南、吴鹏、吕大鹏从理论转化为应用的角度，做了相应的核对工作。

多年来，针对交通网络优化的研究成果以及把研究成果整理成书，都是在借鉴其他学者的成果之上进行的，在此表示致谢！

所谓研究成果，无非都是尝试性研究结果的体现，书中难免存在需要商榷、探讨甚至质疑之处，由此恳请有关专家、学者和读者共同探讨和研究，以便把交通网络优化理论和方法的研究更加深入化、更加系统化。

> 不求大成
> 　但寻点滴

寇玮华

2017 年 8 月于成都

目录

网络及交通网络应用基础理论与应用优化

第1章 网络及交通网络应用基础理论 003
  1.1 网络应用基础理论 003
    1.1.1 网络图定义及相关知识 003
    1.1.2 网络图应用研究现状及发展动态 006
  1.2 交通网络应用基础理论 009
    1.2.1 交通网络研究现状 009
    1.2.2 公共交通网络研究现状 010

第2章 网络及交通网络应用优化 014
  2.1 网络应用优化 014
    2.1.1 网络优化理论研究范畴 014
    2.1.2 网络优化分类 014
  2.2 交通网络应用优化 018

单品种流交通网络应用优化

第3章 约束条件下的交通网络最短路径选优方法 025
  3.1 Dijkstra算法描述 025
  3.2 约束条件的分析及分类 025
  3.3 约束条件下的算法 026
    3.3.1 最短路径必须经过某节点的算法 026
    3.3.2 最短路径不能经过某节点的算法 027
    3.3.3 最短路径必须经过某节点但不能经过某节点的算法 027
    3.3.4 最短路径若经过某节点就不能经过另一个节点的算法 028

  3.3.5 最短路径若经过某节点就必须经过另一个节点的算法 ········· 029
 3.4 算法示例 ··· 030
 3.5 结论 ·· 033

第 4 章 交通网络转运点有容量限制的最大流优化方法 ······················ 034
 4.1 基于寻找增流链且转运点有容量限制的 Ford-Fulkerson 算法描述 ·· 034
 4.2 大量转运点有容量限制的交通网络最大流分配算法 ············· 035
 4.3 算法示例 ··· 036
 4.4 结论 ·· 039

第 5 章 交通网络转运点有流量需求的最大流优化方法 ······················ 041
 5.1 Ford-Fulkerson 算法描述 ··· 041
 5.2 转运点有流量需求的算法规则 ··· 042
 5.3 转运点有流量需求的算法步骤 ··· 042
 5.4 算法示例 ··· 043
 5.5 结论 ·· 045

第 6 章 交通网络两个相邻节点之间有流量约束的最大流优化方法 ······ 047
 6.1 两个相邻节点之间流量有约束的分析及分类 ························· 047
 6.2 两个相邻节点之间流量有约束的算法 ··································· 048
  6.2.1 两个相邻节点之间流量不能超过限制值的算法 ············· 048
  6.2.2 两个相邻节点之间流量不能低于限制值的算法 ············· 048
  6.2.3 两个相邻节点之间流量在一定范围之内的算法 ············· 049
 6.3 算法示例 ··· 050
 6.4 结论 ·· 054

第 7 章 交通网络两个节点间有流量约束的最小代价最大流优化方法 ······ 055
 7.1 两个节点之间流量有约束条件的分析 ··································· 055
 7.2 两个节点之间的流量有约束条件的算法 ······························· 056
 7.3 算法示例 ··· 058
 7.4 结论 ·· 062

第 8 章 满足交通网络流量增长态势的扩能优化方法 ··························· 063
 8.1 交通网络扩能分析 ··· 063
 8.2 交通网络扩能算法思路 ·· 065
 8.3 交通网络扩能算法 ··· 066

8.4 算法示例 ··· 067

8.5 结论 ··· 071

第9章 基于消圈算法的拥挤网络流分流优化方法 ····················· 073

9.1 拥挤网络流问题模型的建立 ································· 073

9.2 拥挤网络中消圈算法描述 ··································· 075

 9.2.1 算法思想 ·· 075

 9.2.2 算法中计算规则 ······································ 075

 9.2.3 算法步骤 ·· 077

9.3 算例分析 ··· 079

 9.3.1 算例介绍 ·· 079

 9.3.2 算例求解 ·· 079

 9.3.3 算法结果分析 ·· 083

9.4 结论 ··· 084

多品种流交通网络应用优化

第10章 容量无差异运送代价无差异的多品种流交通网络应用优化方法 ····· 089

10.1 基于网络图重构的多品种流交通网络最大流优化方法 ·········· 089

 10.1.1 多品种交通网络的最大流问题分析 ···················· 090

 10.1.2 最大流算法思路 ···································· 091

 10.1.3 最大流算法步骤 ···································· 091

 10.1.4 算法示例 ·· 093

 10.1.5 结论 ·· 094

10.2 基于网络图重构且运送路径有限制的多品种流交通网络最小代价流优化方法 ······································· 094

 10.2.1 多品种流交通网络问题分析 ·························· 095

 10.2.2 算法设计 ·· 097

 10.2.3 算法示例 ·· 100

 10.2.4 结论 ·· 104

10.3 基于复合参数及复合指标的多品种流交通网络最小代价流优化方法 ······································· 104

 10.3.1 运送代价无差异的多品种流交通网络问题分析 ········· 105

 10.3.2 最小代价流算法设计 ································ 106

 10.3.3 算法示例 ·· 111

10.3.4 结论 …………………………………………………………………… 115

第11章 容量有差异运送代价无差异的多品种流交通网络应用优化方法 …… 117

11.1 基于复合参数及复合指标的多品种流交通网络最小代价流优化方法 …………………………………………………………………… 117

11.1.1 容量有差异运送代价无差异的多品种流交通网络分析 …… 118
11.1.2 算法设计 ……………………………………………………… 119
11.1.3 算法示例 ……………………………………………………… 125
11.1.4 结论 …………………………………………………………… 132

11.2 基于复合参数及复合指标且转运点接发能力有限制的多品种流交通网络最小代价流优化方法 …………………………………… 132

11.2.1 容量有差异运送代价无差异但转运点接发能力有限制的多品种流交通网络问题分析 ………………………………… 133
11.2.2 算法设计 ……………………………………………………… 134
11.2.3 算法步骤 ……………………………………………………… 137
11.2.4 算例求解 ……………………………………………………… 141
11.2.5 结论 …………………………………………………………… 149

第12章 容量无差异运送代价有差异的多品种流交通网络应用优化方法 …… 150

12.1 基于复合参数及复合指标的多品种流交通网络最小代价流优化方法 …………………………………………………………………… 150

12.1.1 容量无差异运送代价有差异多品种流交通网络问题分析 …… 151
12.1.2 算法设计 ……………………………………………………… 153
12.1.3 算法示例 ……………………………………………………… 157
12.1.4 结论 …………………………………………………………… 162

12.2 基于复合参数及消圈算法的多品种流交通网络最小代价流均衡优化方法 …………………………………………………………… 162

12.2.1 均衡问题及分析交通网络描述 ……………………………… 163
12.2.2 改进的最小代价流算法设计 ………………………………… 164
12.2.3 算例求解 ……………………………………………………… 167
12.2.4 结论 …………………………………………………………… 170

第13章 容量有差异运送代价有差异的多品种流交通网络应用优化方法 …… 172

13.1 容量有差异运送代价有差异多品种流交通网络特性分析 …… 173
13.2 算法设计 ………………………………………………………… 174
13.3 算法步骤 ………………………………………………………… 176

13.4 算法示例 ·· 179
13.5 结论 ·· 185

第14章 多品种流交通网络应用优化示例 ·· 186

14.1 交通网络预分流理论及其在交通感应网与电子车牌协调环境下的应用优化 ·· 186
    14.1.1 交通感应网与电子车牌协同环境研究现状及发展动态 ········ 186
    14.1.2 交通网络预分流理论及其在交通感应网与电子车牌协调环境下应用的研究意义 ·· 190
    14.1.3 交通网络预分流理论 ·· 193
    14.1.4 交通网络预分流理论在交通感应网与电子车牌协同环境下应用研究 ··· 197
    14.1.5 研究方法及采用技术路线分析 ··· 201
14.2 基于公交乘客流构成及流向分布变化态势的公交网络优化 ············ 204
    14.2.1 基于公交乘客流构成及流向分布变化态势的公交网络优化发展动态 ··· 204
    14.2.2 基于公交乘客流构成及流向分布变化态势的公交网络优化研究意义 ··· 205
    14.2.3 基于公交乘客流构成及流向分布变化态势的公交网络优化应用前景 ··· 209
    14.2.4 基于公交乘客流构成及流向分布变化态势的公交网络优化研究内容 ··· 210
    14.2.5 基于公交乘客流构成及流向分布变化态势的公交网络优化研究目标及拟解决的关键问题 ······································ 212
    14.2.6 基于公交乘客流构成及流向分布变化态势的公交网络优化可行性分析 ··· 215

参考文献 ··· 218

网络及交通网络应用基础理论与应用优化

本篇包括网络和交通网络的应用基础理论以及应用优化两部分。

（1）**网络及交通网络应用基础理论。**

在此部分中，主要介绍了网络应用基础理论、交通网络应用基础理论。

① 在网络应用基础理论中，介绍了传统的网络图定义、网络流相关知识以及网络图应用研究现状及发展动态，目的是通过明确概念，为交通网络应用基础理论及交通网络应用优化等的研究起到基础性作用。

② 在交通网络应用基础理论中，首先对交通网络研究现状做了介绍，然后介绍了公共交通网络的研究现状，目的是明确未来哪些问题需要研究以及如何研究才能解决交通运输领域面临的问题。

（2）**网络及交通网络应用优化。**

在此部分中，主要介绍了网络应用优化以及交通网络应用优化两部分。

① 在网络应用优化中，从理论研究的范畴把网络优化研究分为基础理论研究、应用基础理论研究和专业应用研究三部分。基于优化内容把网络应用优化分为网络结构优化和网络应用优化；基于网络流属性把网络应用优化分为单品种流网络和多品种流网络。

② 在交通网络应用优化中，基于网络应用优化部分中网络优化的分类，将交通网络分为单品种流交通网络结构优化、多品种流交通网络结构优化、单品种流交通网络应用优化、多品种流交通网络应用优化。另外，本书也重点介绍了针对交通网络应用优化问题包含的一些方法。

第 1 章 网络及交通网络应用基础理论

由于交通网络优化是基于网络图来解决交通领域的问题，而网络图又是在图的基础上，附加了若干表示现实意义的一些属性参数，所以本章先给出传统意义上的网络图定义、网络流相关知识、网络图应用研究现状以及发展动态，再在此基础上，对交通网络研究现状以及公共交通网络研究现状做一介绍。

1.1 网络应用基础理论

1.1.1 网络图定义及相关知识

1. 图与网络图定义

（1）图的定义

一般的图都具有两个要素，即点和边。把现实问题抽象为图的方法是：用点表示现实中的对象，用边表示对象和对象之间的关系，若对象和对象之间有关系，就用边把表示对象的点连接起来。其直观描述如图 1.1 所示。

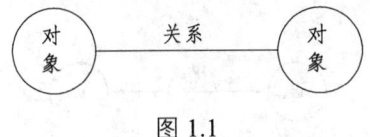

图 1.1

用自然语言来描述就是：图是由表示具体事物的对象（顶点）集合和表示事物之间的关系（边）集合组成的，例如，针对铁路网，边表示区段，顶点表示区段间的车站；针对城市道路网，边表示道路，顶点表示交叉口。

如果用 G 表示图，用 v_i 表示点，用 V 表示所有点的集合，用 e_i 表示边，用 E 表示所有边的集合，那么图的数学语言描述就是 $G = (V, E)$，其中 $V = (v_1, v_2, \cdots, v_n)$，$E = (e_1, e_2, \cdots, e_m)$。另外，图 G 的顶点集合与边集合也可分别用 $V(G)$ 和 $E(G)$ 表示。

（2）网络图定义

在图的定义中，对边所表示的关系没有进行量化，即对象之间的关系是何种关系、关系的程度又如何等都没有系统的涉及。

为了更深入地利用图来解决现实中的问题，就需要对图中的边甚至图中的点进行量化。也就是说，只要现实中的问题具有可描述的对象，而且这些对象之间有着一种关系，那么对这种关系就可以进行量化，即把现实中的对象和关系描绘成图以后，在图的基础上，把图中的边或点赋上表示一定意义的数量指标，这样就可以把现实问题通过图转化成网络图。网络图和图最大的区别在于网络图具有表示一定意义的参数。

至于网络图，现实生活中很普遍，比如常说的交通网、公交网、水网、管网、电网、信息网等，针对不同的现实问题，网络图参数就有不同的内容、不同的意义等。

2. 网络图相关知识

在图的基础上，图中的边以及图中的点进行量化后产生的网络图会有不同的形式。形式的不同，刻画现实问题以及解决问题的内容和方法就会不同。研究网络图的目的就是如何利用网络图来解决现实问题，根据网络图参数的不同，网络就有不同的应用。

（1）参数只有权的网络图

给定图 $G = (V, E)$，其中 $V = (v_1, v_2, \cdots, v_n)$，$E = (e_1, e_2, \cdots, e_m)$，现在把图 G 的每条边都赋予一个非负实数，即 $w_i = w(e_i)$ 或 $w_{ij} = w(v_i, v_j)$，这个非负实数称为权。在图 G 的基础上，就有了关于权的网络图定义 $G = (V, E, W)$，其中 $W = (w_1, w_2, \cdots, w_m)$。根据此定义，具有权的网络图中的边就有了图 1.2 所示的形式。

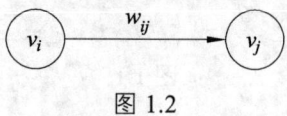

图 1.2

针对具有权的网络图 $G = (V, E, W)$，理论上主要涉及网络极值问题。

（2）参数具有容量和流量的网络图

给定有向图 $G = (V, E)$，其中 $V = (v_1, v_2, \cdots, v_n)$，$E = (e_1, e_2, \cdots, e_m)$，针对边 e_i 赋予两个非负的整数参数 $c(e_i)$、$f(e_i)$，其中 $c(e_i)$ 称为边 e_i 的容量，有时将边 (v_i, v_j) 的容量写成 c_{ij}；$f(e_i)$ 称为边 e_i 的流量，有时将边 (v_i, v_j) 的流量写成 f_{ij}；由此产生的网络图即为 $G = (V, E, C, F)$，其中 C 为容量的集合，

$C = (c(e_1), c(e_2), \cdots, c(e_m))$，$F$ 为流量的集合，$F = (f(e_1), f(e_2), \cdots, f(e_m))$。另外，如果将网络图 G 中流量的分布状态用 f 来表示，那么 f 称为网络图 G 的网络流。

根据此定义，参数具有容量和流量的网络图中的边为图 1.3 所示的形式。网络图中的容量表示边所承载流量的最大能力，例如，针对铁路网，边的容量可以表示区段间的最大通过能力；针对城市道路网，边的容量可以表示道路的通行能力。网络图中的流量表示调运的分配方案，在不同的网络图中所表示的内容也不一样，比如，它可以表示实际输送的物资量、道路上通过的车辆数（交通量）、网络中传送的信息量、水管中的水量等。

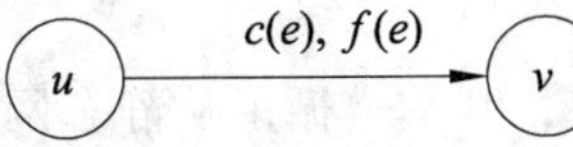

$$u \xrightarrow{c(e),\ f(e)} v$$

图 1.3

针对具有容量和流量的网络图 $G = (V, E, C, F)$，对于流量的优化问题，理论上会涉及最大流、流均衡等问题。

（3）参数具有容量、流量和权的网络图

在实际问题中，不但需要考虑网络图中的流量分配问题，还要考虑流量流动所花的费用、时间或其他代价等因素。

在网络图中，除了把边赋予表示成本、时间、距离等实数权以外，还要把边赋予容量、流量和代价，由此可以给出网络图的另外一个定义：有交通网络 $G = (V, E, C, F, W)$，其中 W 表示流的代价，或仍称为权，可指距离、时间、成本等。在网络中用 w_{ij} 表示一个单位的流量从顶点 v_i 沿着边 (v_i, v_j) 到顶点 v_j 时所需的代价。

根据此定义，参数具有容量、流量和权的网络图中的边为图 1.4 所示的形式。针对具有容量、流量和代价的网络图 $G = (V, E, C, F, W)$，对于流量的优化问题，理论上会涉及最小代价流、最小代价最大流、流均衡等问题。

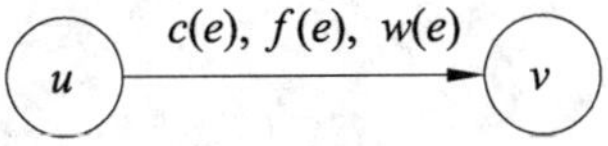

$$u \xrightarrow{c(e),\ f(e),\ w(e)} v$$

图 1.4

研究网络流优化问题具有一定的现实意义，例如交通系统中的车流、金融系统中的现金流、控制系统中的信息流、供水系统中的水流等，针对这些系统，有时需要考虑在既定的网络图中能通过的最大流量是多少，这就产生了网络图的最大流问题；有时需要考虑在满足成本最低的前提下，使网络图承载一定的流量，这就产生了网络图的最小代价流问题；有时也需要考虑在满足成本最低的前提下,使网络图通过的流量达到最大,这就产生了网络图的最小代价最大流问题。

1.1.2 网络图应用研究现状及发展动态

网络图问题是图论中的核心问题,在针对网络图的诸多研究中,大部分集中在复杂网络问题、最短路问题、最大流问题、最小代价流问题以及网络堵塞问题等几个大的方面。

1. 复杂网络问题

针对网络图问题的研究,基本遵循了从静态网络到动态网络、从随机网络到复杂网络的进程。自 20 世纪 80 年代中期以来,各国学者针对复杂网络统计特性、结构模型及发生在网络上的动力学行为等进行了一系列科学研究,但在早期的研究中,对复杂网络结构的描述大都遵循 ErdÊs 和 Rényi 的随机网络模型,自从 Watts 等提出小世界网络模型以来,网络研究的焦点出现了一个重要变迁,即从对单个的包含顶点数较少的简单网络图及图中个体顶点或边的属性分析,转变为对包含大量顶点数的结构庞大的网络图统计属性进行研究,直到 1999 年,Albert 等发表了万维网的无标度特性理论之后,各国学者发现在社会、科技、生物网络、交通网络等广泛存在节点间不平衡、具有高聚集性以及小世界现象等无标度网络的共性,从而在学术界对复杂网络的相关研究引起了高度重视。复杂网络是近年来在诸多领域中的一个研究热点,在过去几年,复杂网络的研究得到了迅速发展。复杂网络的拓扑特征源于其内在的演化生成机制,复杂网络的研究为人们提供了新的思维,因此针对复杂网络的研究也受到了我国学术界的特别关注。随着对复杂网络特性的认识,近 30 年来,我国许多专家学者对复杂网络进行了大量的研究工作,从而为网络的应用奠定了深厚的基础。

2. 最短路问题

针对最短路问题,经典的研究结论主要有 Dijkstra 算法、Bellman-Ford 算法以及 SPFA 算法等,这些算法是许多更深层最短路算法的基础,但面对实际应用背景中的具体问题,直接使用这些算法已不能解决有约束条件的最短路问题,所以在这些传统算法基础之上,许多专家学者构造了基于约束条件的其他可行的最短路算法。本书作者在过去的研究中,通过对约束条件的分析和分类,结合具体的约束条件,对 Dijkstra 算法进行了利用和简单的改造,针对交通网络最短路问题构造了五种最短路求解算法。

3. 最大流问题

最大流问题的最经典算法是 Ford-Fulkerson 算法,网络图最大流问题和它的对偶问题以及最小截问题是经典组合优化问题,在许多学术和应用领域有重要的应用。目前,网络图最大流问题主要有组合算法和线性规划算法两大类,按照剩余网络中推进流方式的不同,组合算法又划分为增载轨算法和预流推进算法。增载轨算法基本包含标号算法、阻塞流算法以及最短增载轨算法等;预流推进算法基本包含阻塞流算法、推进重标号算法以及二分长度阻塞流算法等。在线性规划算法中,最大流问题是特殊的线性规划问题,利用其特殊性,可以推出比一般线性规划算法更为有效的算法,如网络单纯形法、网络内点法等。在传统算法基础之上,许多专家学者构造了流量最大化分配的其他算法。面对实际应用中出现的条件限制等问题,在传统算法基础之上,本书作者也在过去的研究中,针对交通网络构造了面向交通网络流有限制的几个相关算法。

4. 最小代价流问题

针对最小代价流问题,经典的算法是 Ford-Fulkerson 算法。其他专家学者研究的算法有网络单纯形算法(Graph Simplex Algorithm)、连续最短路算法(Successive Shortest Path Algorithm)、松弛算法(Relaxation Algorithm)、消圈算法(Cycle-Canceling Algorithm)、原始-对偶算法(Primal-Dual Algorithm)、瑕疵算法(Out-of-Kilter Algorithm)等。这些算法可以解决流量无约束的最小代价最大流分配问题,即对于关联节点之间的流量没有任何约束条件的网络图进行最小代价最大流分配。本书作者在过去的研究中,基于连续最短路算法思路,结合两个节点之间的流量有具体的要求和约束条件时,针对交通网络构造了约束条件下的最小代价最大流分配算法。

5. 网络堵塞问题

由于网络图中流量流动的随机性以及网络自身结构等因素,流量的分布呈现多样性和随机性,所以流值一样的流在网络中的流向分布也不尽相同,但随着流量的变化或流量的局部集聚等,堵塞现象就会发生。堵塞现象是网络图运转时常见的问题之一,网络图堵塞分为局部堵塞和全局堵塞。在网络图堵塞领域中,出现的堵塞现象是传统网络流理论无法解决的,所以对网络图堵塞问题的研究有一定的理论意义和应用价值。堵塞流理论研究的是网络流非确定性及随机性问题,是网络流理论新的分支,也是网络流研究发展过程中的前沿领域。目前,关于堵塞流理论的研究还不多,有关网络堵塞流的概念最早出现在 Dintiz 算法中,尽管堵塞流是求解网络最大流过程中的过程解或过渡解,但相应的一系列堵塞流算法也是为了能有效求解网络的最大流,所以对网络中堵塞流作为可能的流态分布还没有进行更深入的研究。一些学者在区分流的主动拥塞控制的研究中,可以有效地改善由少数高速流造成的拥塞状况,保证队列长度的稳定,但仅仅考虑高速流的存在时间而采用同样的增量是不完全的,而且没有考虑自身的不同,同时流量的增量随着时序的推移,会动态的发生改变。有的学者尽管对网络防堵塞问题做了分析和研究,取得了一定的成果,但在该研究成果中,还没有从现实流量态势的角度出发,另外,该研究内容只是以容差为基础对网络均衡做了定义,还没有从流量分布的畅通程度或堵塞程度来界定和完善网络均衡问题。在实际应用的网络中,某些局部堵塞发生时,流量可能自动调整,针对网络堵塞问题,如何规范网络流量的流动是研究的重点。针对完全平衡网络不会发生全局堵塞,但会发生局部堵塞,也有研究人员对网络结构的最大流进行分析,并找到了堵塞原因,加强了网络的可靠性,这些研究也给堵塞流理论的实证研究提供了一些有价值的尝试。本书作者在前期的研究中,基于 Dijkstra 算法寻找最短路以及连续最短路算法调整流量的思路,在流量发展态势的预期流量、扩能代价最低以及尽可能对拥堵程度高的线路扩能三个前提条件下,设计了交通网络扩能优化的算法,但仅仅针对扩能问题做了简单分析和研究,也没有对分流的深层次问题进行深入系统的研究。

6. 网络图研究发展动态

针对网络图的研究,基本遵循从静态网络到动态网络、从随机网络到复杂网络的进程,其研究重点主要集中在复杂网络问题、最短路问题、最大流问题、最小代价流问题以及网络堵塞问题等几个方面,可以说,这些传统和经典的研究结论很成熟,而且研究成果得到了一定的应用。随着理论和实际应用的需要,对网络图的研究有了新的深入,尤其是对网络图瞬时状态的研究有了转变,有的研究把流量饱和状态作为网络流通性的重要参数,也提出了流变换、流分解、流校正、流搜索等新思路。另外,对网络中流量的构成也有了基本划分,诞生了多品种流、预流推进、组合应用以及流匹配等新的概念和方法。基于这些新的理论和学术思路,需要研究基于时序的流量饱和度波动状态,从而预测和推断堵塞流形成的前因,深入分析和研究网络图形成堵塞的趋势。

1.2 交通网络应用基础理论

1.2.1 交通网络研究现状

1. 利用复杂网络理论研究交通网络问题

利用复杂网络理论研究城市交通网络，可追溯到 2002 年 Latora 和 Marchiori 对波士顿地铁网络小世界效应的初步分析，复杂网络的实际形态多种多样，其中分配型的技术网络包括航线网络、道路网络、铁路网络及步行交通网络等，其中 Amaral 等学者在 2000 年研究了航空网络拓扑结构。这些相关研究成果，大部分都是针对城市交通网络的静态特性进行的计算和统计分析，虽然可在一定程度上揭示交通网络拓扑特性，但对于如何发挥交通网络的动态特性、如何利用交通网络衍生变化等问题的分析明显不足。交通网络具有复杂网络形态的同时，也具有许多复杂系统的其他结构形态，随着对复杂网络研究的兴起及对交通网络研究的深入，利用复杂网络理论来研究交通网络成了必然趋势，用复杂网络统计特征以及研究方法等理论来分析交通网络，也对交通网络的研究提供了一个全新的思维。近几年，基于时间的交通网络动态模型受到了广泛关注，这些研究内容消除了隐性或不确定的因素，也适合于交通网络的动态分析，许多专家和学者在研究中利用复杂网络理论研究了城市交通复杂性问题，提出了一些关于城市交通网络复杂性问题的研究方向，从而为城市交通网络的研究方向提供了宝贵的思路。

2. 交通网络平衡问题

交通网络平衡问题是确定交通网络合理利用的基础，Wardrop 在 1952 年首先研究了道路交通网络单物流、单指标的网络平衡问题，并在"利用者优先"思想下提出了 Wardrop 平衡原理，利用 Wardrop 原理，可以将交通网络平衡问题转换为一个变分不等式来处理，从而利用网络平衡流对网络图上的流量进行合理调整。此后，Quandt R E 和 Schneider M 建立了双指标交通网络平衡问题；Dial R B 进一步发展了这个思想，提出了不堵塞网络平衡模型；Dafermos 提出了堵塞效应，研究了多类物流、双指标的交通网络平衡问题，并利用加权标量化方法推出一个求解平衡流的无穷维变分不等式公式。在 20 世纪 80 年代以前，交通网络平衡问题的研究只考虑单一因素，但在实际问题中往往需要考虑多因素、多指标等，此后一些学者在研究中提出了多指标网络平衡问题的向量平衡原理，并研究了向量平衡原理与向量变分不等式解的等价性，在此基础上，国内许多专家学者对交通网络平衡进行了大量的研究。

3. 交通流量分配问题

交通流量分配是城市交通网络规划、设计及优化的关键问题，交通流量的分配体现城市的交通需求与交通网络的相互作用与影响。传统的交通流量分配是以 Wardrop 均衡原理为分配原则而展开的，目的是稳定交通网络的状态，即交通网络上的交通流量趋于稳态，但在实际的交通网络中，需要考虑多种因素、交通系统最优、动态交通网络以及非均衡交通网络的交通流量分配等问题。

4. 交通网络拥堵问题

堵塞流动是交通网络中常见的现象，而交通均衡理论是在理想状态下假设交通网络上没有发生拥堵，即没有考虑交通网络系统拥堵情况，所以将之应用于拥堵交通网络还存在若干问题。针对交通网络拥堵现象，一些学者对堵塞流理论以及在城市交通拥挤特征及疏导决策分析中对交通网络的特征、设计以及运行控制做了研究，同时一些学者在拥堵交通网络模型和增强拉格朗日乘子算法中研究了拥堵交通网络交通流状态的特征及求解的方法。另外，一些学者在交通网络流模型新梯度方法中，对容量制约下交通网络流模型也进行了研究。拥堵交通网络的大量研究成果，对交通网络规避拥堵问题的研究有一定的借鉴作用。

1.2.2 公共交通网络研究现状

1. 国内研究现状

20 世纪 80 年代中期，兴起了针对复杂网络统计特性、结构模型以及发生在网络上动力学行为的科学研究，随后，对复杂网络的相关研究引起了学术界的高度重视，同样也受到了我国学术界的特别关注。

在我国，从复杂网络结构形态出发研究公交网络始于 20 世纪 80 年代，如 1982 年，长沙市开展了"公共交通系统优化工程"工作，针对公共交通调查、需求预测、线网设计及优化、调度优化和网络流分配等方面从系统工程和数学模型方法的角度进行了一定程度的研究；到了 20 世纪 80 年代中期，较早进行这方面研究的学者比较系统地分析了城市公交网络优化问题的模型和方法；同时，也有一些专家学者根据不同约束提出了不同的公交线网优化模型，这些集中于数学寻优法模型为公交网络规划和优化奠定了一定的基础。

公交网络具有复杂网络形态的同时，也具有许多复杂系统的其他结构形态。20 世纪 90 年代初期，学者们通过对统计量在实际公交网络中物理意义的分析，对可能造成公交网络和复杂网络差异性的原因进行了大量研究；1992 年，有的学者基于人工智能理论，引用启发式算法，从每对端点搜索出满足有关约束条件的备选线路，按照二进制理论将备选线路进行组合，形成优化的公交网络，然后通过评价、比较，确定出最优方案；同时，有的学者在扩展 Ford-fulkerson 算法的基础上，提出了公交线网的多条最优路径算法。到 20 世纪 90 年代末期，一些专家学者针对公交网络优化提出了许多新的模型和算法，也提出了以乘客总出行时间最小、客流直达率最高、线网覆盖率最高、线路重复系数最低、公交经济效益最高为目标的多目标公交网络优化模型，但这种多目标模型无法求解，最终归结为单目标的优化模型；1999 年，一些研究者开始从组合优化角度，提出了公交网络优化设计的非线性 0-1 规划模型，以乘客出行时间最短和实现公交网络资金投入最少为目标函数，在满足容量限制条件下，获得公交线路的优化决策；2000 年，有学者从考虑 OD 对之间的弹性需求，对公交 SUE 配流模型进行了扩展，也提出了用双层规划模型来描述连续平衡公交网络设计问题；2001 年，有学者利用变分不等式研究了 SUE 配流模型中的弹性需求问题，同时讨论了多用户 SUE 配流模型等，但因为公交网络特殊性以及公交配流本身的复杂性，在进行公交平衡配流时，需要考虑网络结构、线路参数、OD 需求和乘客行为等许多因素，所以以上这些模型中有相当一部分并不能直接应用于实际中的公交平衡配流；2002 年，有专家学者提出一种相对比较实用的公交网络逐条布设方法，这种方法以直达客流量最大为目标，利用"逐条布设，优化成网"的思路对公交线网进行优化，这种"逐条布设，优化成网"的思路，对许多研究人员的研究起到了很大的启发作用。

随着城市公共交通问题的日益突出以及学者们对公交网络具有复杂网络特性认识的深入，在我国，于 2004 年 4 月在无锡、9 月在杭州召开了全国范围的研讨会，掀起了复杂网络研究的热潮。许多专家学者在 2005 年针对城市公交网络的无标度特性及度分布指数做了研究，并以北京市公交网络为例完成了实证分析；2009 年，有些学者利用图论的研究方法，利用复杂网络理论与 Pajek 可视化网络分析软件，根据三种不同建模方法实证研究了南京市公交网络的拓扑结构特性。

近 30 年来，我国交通领域的科研人员和公共交通部门等在公共交通系统规划领域尤其是针对公交网络进行了大量的研究工作，如公交线网优化、乘客流分配方法、公交枢纽、站场、换乘、定量预测、公交系统评价方法、公交系统工程与改建等。

2. 国外研究现状

国外专家学者对于城市道路交通网络和运输系统能力的研究较多，而对公交线路选定、公交网络设计及优化等问题的研究较少。对于城市道路网络，2002年和2004年分别有人提出了计算运输系统适应需求和交通模式变化灵活性的概念及方法；2003年有学者研究了运输系统能力与可靠性和灵活性模型的关系问题；2005年也有学者提出了较为先进的综合交通网络能力模型问题。对于公交能力的研究主要是以公交线路和公交设备能力作为主要的约束变量来分析和研究其相关问题的。在线路选定及其应用方面，比较有代表性的是1981年出现的关于公交线频率方面的研究，它们是根据确定的需求利用一个供给模型或需求模型来确定各个公交线的频率，但没有考虑供需双方的相互作用，尤其没有对需方变化态势对公交网络的影响做系统深入的研究。在公交网络设计方面，20世纪80年代初期，一些专家学者提出了一些富有建设性的模型和算法，但这些研究只是局限于单一线路设计和重新优化设计，而没有从整个公交网络的设计或优化设计出发，更没有考虑城市结构变化等因素造成乘客流流向变化的态势对公交网络需求的影响。进入20世纪90年代和21世纪初期，一些研究考虑了供需双方相互作用的问题，但这些研究都是基于各条公交线路的频率都是一成不变的，即间接地认为公交网络是静态的，因而得出的结论与实际应用需求具有一定的不可衔接性。这些相关研究成果，大部分是针对城市公交网络静态特性的计算和统计分析，虽然可以在一定程度上揭示网络拓扑特性，但对于发挥公交网络动态特性、利用公交网络衍生变化等明显不足。

近几年，基于时间的公交网络动态模型受到了广泛关注。如基于公交线频率方面的研究，与21世纪初期的研究相比，其研究内容消除了隐性或不确定的因素，能够更加准确地描述公交车辆的行为，也适合于公交系统的动态分析，但它们是在公交线路时间表给定的情况下单一地讨论公交系统的动态模型，而没有考虑时间表如何设定的问题，这样，又忽视了乘客流流向变化的态势对公交网络需求的影响。

由于城市公交网络依附于交通网络，所以利用复杂网络理论来研究交通网络和城市公交网络成为必然趋势。2002年，Latora和Marchiori对波士顿地铁网络进行了小世界效应的初步分析；Strogatz和Albert分别在2001年和2002

年论证了城市公交网络构成典型复杂网络的必然性；此后，Sienkiewicz 在 2005 年以及 Angeloudis 在 2006 年利用复杂网络理论实证了城市公交网络的复杂性，对相关研究做出了有影响力的工作；另外，Ferber 等在 2005 年的研究中以柏林、杜塞尔多夫和巴黎 3 个城市的公交网络为研究对象，得出这些公交网络的节点度服从幂率分布；Sienkiewicz 和 Holyst 在 2005 年的研究中对波兰 22 个城市的公交网络做了分析，并详细统计了两种抽象方式下度分布、群聚系数、度的相关性等参数，论证了公交网络复杂的结构特性及其对城市交通的影响。

第2章 网络及交通网络应用优化

2.1 网络应用优化

2.1.1 网络优化理论研究范畴

从理论研究角度来分,网络优化研究可分为基础理论研究、应用基础理论研究、专业应用理论研究。

(1)基础理论研究

利用图论中具体的、精深的知识,对网络图进行纯理论性研究,不涉及应用学科知识,不针对应用学科、应用领域进行研究,即不针对具体应用领域或面向具体行业而进行的纯理论化研究。

(2)应用基础理论研究

利用网络图基本知识,再基于应用学科专业知识,进行专业基础研究,即利用网络图基本知识,针对应用学科、应用领域进行针对性研究,为应用领域或具体行业专业研究提供应用性的理论基础。

(3)专业应用理论研究

基于网络图基本知识、应用基础理论以及应用学科的具体专业知识,进行纯应用型研究,主要是利用成熟的网络优化理论,针对应用学科、应用领域或面向具体行业进行专业性研究。

本专著的主要内容是针对交通网络的应用基础理论研究。

2.1.2 网络优化分类

网络优化可以按照优化内容进行分类,也可以按照网络流属性来分类。

1. 网络优化按照优化内容进行分类

从网络优化内容的角度来分,可将网络优化分为网络结构优化和网络应用优化。

(1)网络结构优化

网络结构优化指的是需要改变原有网络图的布局,即改变或调整网络图节点的数目、边的数量或者改变调整边的连接关系。网络结构优化的目的是使网络结构更加合理、可靠，从而使网络应用更加高效、更加流畅。

（2）网络应用优化

网络应用优化指的是不改变原有网络图的结构布局，即在原有网络图的结构下，采用某种方法、措施和技术等，通过改变或调整网络图参数，如改变或调整容量参数，或者改变或调整流量值或其分布状态，以使网络应用更加合理、更加流畅，使网络图发挥更大的应用效率。

为了说明网络结构优化和网络应用优化问题，下面以例 2.1 及图 2.1 的统筹网络图为示例进行说明。

例 2.1 假设图 2.1 是针对某交通建设项目绘制的施工计划统筹图，利用时间参数法确定出关键路线为 a、d、f、h，工程工期为 29 天。

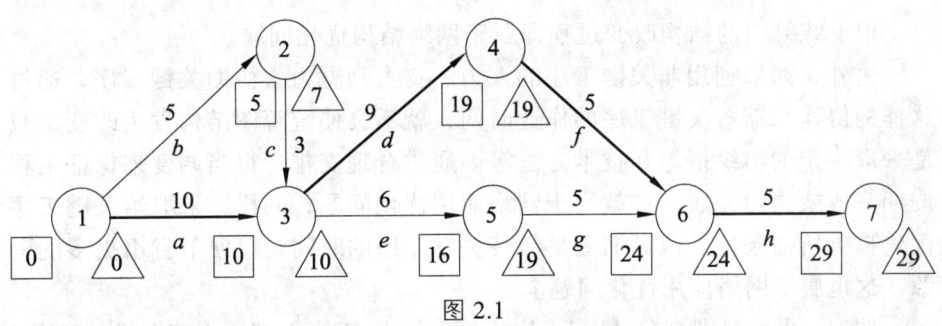

图 2.1

在制订工程计划和实际实施过程中，不仅要把时间进度最优作为目标，有时还要考虑其他的目标最优。另外，针对一项工程，为了使特定的工序或整个工程提前完成，工程技术人员和管理人员还需要随着工程的进展等情况，不断调整或更新统筹图的网络计划，从而使工程提前完工，或者使工程总费用达到最低的预定目标，或者使整个工程始终不偏离各种资源的最有效利用等，这就出现了统筹图的网络结构优化和网络应用优化问题。针对统筹图的网络优化，调整或更新统筹图网络计划的组织措施和技术方法很多。

如果采取改变工序之间的关联关系来优化工程进度，就需要调整统筹图的网络结构，这就属于网络结构优化问题；同样，如果作业方式上采取平行作业或交叉作业方法来缩短工期，也会调整统筹图的网络结构，这也属于网络结构优化问题。

例如，针对图 2.1，根据调研和论证可知，工序 f 不必等到工序 d 全部完工再开工，在工序 d 开工后进入到第 6 天时，工序 f 即可开工。

这就需要把工序 d 分为两个工序，分别用 d_1 和 d_2 表示，引入虚工序后新的统筹图如图 2.2 所示，利用时间参数法确定出关键路线变为 a、e、g、h，工程工期为 26 天。工期提前了 3 天。

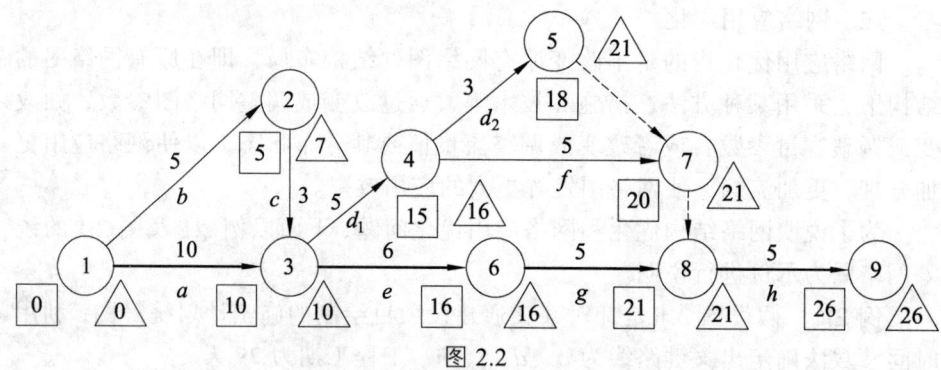

图 2.2

以上统筹图的结构改变过程即属于网络结构优化问题。

另外，如果利用非关键工序的人力、物力和财力去协助关键工序，通过这样的协作来缩短关键工序的作业时间，就不会使统筹图结构发生改变，只是采取一定的组织措施和技术方法等。通过合理安排、得当调度来保证工程按期完成或提前完成，这就属于网络应用优化问题；同样，采取给关键工序优先提供所需条件，或者缩短最经济关键工序的时间，以便节省出更多的资源，这也属于网络应用优化问题。

例如，再针对图 2.1，已知工序 b、工序 d、工序 h 都使用挖掘机，工序 b 分配 3 台挖掘机。另外，每个工序减少一台挖掘机会使工序时间延长 2 天，增加一台挖掘机会使工序时间缩短 3 天。

如果把工序 b 的挖掘机调出两台，会使工序 b 的工序时间增加 4 天，但把调出的 2 台挖掘机都投入到工序 d 中，或者分别投入一台到工序 d 和工序 h 中，会使两者的工序时间缩短，从而使工程的工期减少为 29-6 = 23 天，工期缩短了 6 天。

以上施工机械的调度过程即属于网络应用优化问题。

2. 网络优化按照流属性进行分类

针对现实的网络应用以及实际的网络流状态，按照网络流属性，还可以将网络分为单品种流网络和多品种流网络两类。

（1）基于网络流属性划分的网络

① 单品种流网络。

所谓单品种流网络，是指网络中流的种类或者流量构成等不做具体划分，即把流量视作一个整体量值来进行网络应用或者网络优化等工作。图 2.3 即属于单品种流网络（边旁数据表示容量和流量）。

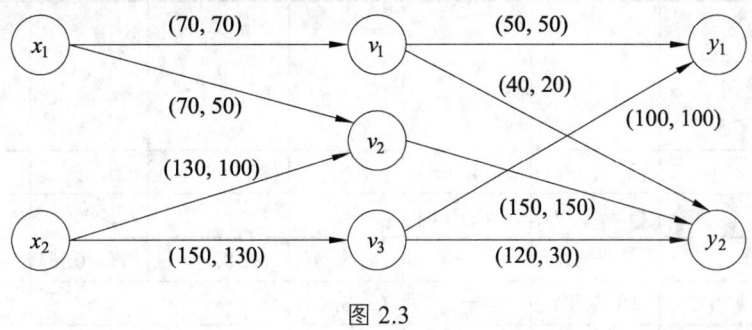

图 2.3

② 多品种流网络。

所谓多品种流网络，是指根据实际问题的需要，把网络图中流的种类或者流量的构成做具体划分，甚至针对划分出种类的流量，还需要进一步把网络的其他属性如容量、代价等也要进行相应的具体划分，然后再进行网络应用、网络优化等工作来解决涉及的问题。通俗一点说就是网络中的流量甚至其他属性如容量、代价等，都可以按照实际情况划分出流种类各自的分量。

例 2.2 有一交通网络，如图 2.4 所示，图中的边分别给出了运送能力和运送量，即边的容量、流量（零流）。其中 x_1 有 Ⅰ、Ⅱ 两种产品，数量分别为 18 吨和 8 吨；x_2 有 Ⅱ、Ⅲ 两种产品，数量分别为 6 吨和 19 吨。y_1、y_2、y_3 为三个需求地，y_1 需要 Ⅰ、Ⅱ 两种产品，需求量分别为 6 吨和 7 吨；y_2 需要 Ⅱ、Ⅲ 两种产品，需求量分别为 4 吨和 9 吨；y_3 需要 Ⅰ、Ⅲ 两种产品，需求量分别为 8 吨和 13 吨。另外，每个品种在每条边上的运送费用如表 2.1 所示，其中运送费用按照品种序号排序，即为 $(w_Ⅰ, w_Ⅱ, w_Ⅲ)$，如果与某品种无关，运送费用设为 $+\infty$。现在需要设计的方案是，在满足总运送费用最少的前提下，将尽可能多的产品运送到需求地。

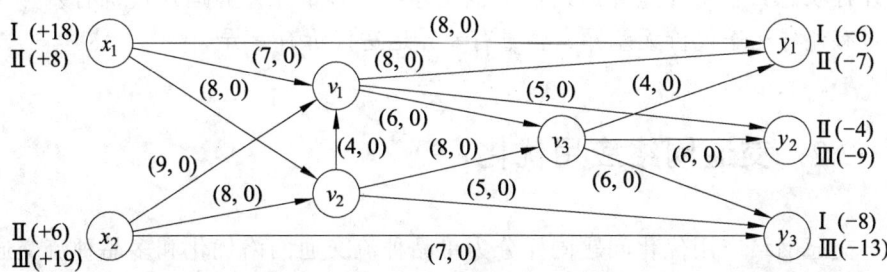

图 2.4 多品种流交通网络图

表 2.1　不同品种流的运送费用

运送费用　始点＼终点	v_1	v_2	v_3	y_1	y_2	y_3
x_1	(3, 8, +∞)	(6, 4, +∞)	—	(23, 18 +∞)	—	—
x_2	(+∞, 6, 9)	(+∞, 7, 8)	—	—	—	(+∞, 14, 16)
v_1	—	—	(4, 5, 8)	(9, 8, +∞)	(+∞, 6, 5)	—
v_2	(8, 7, 8)	—	(9, 8, 6)	—	—	(7, +∞, 9)
v_3	—	—	—	(6, 4, +∞)	(+∞, 8, 5)	(5, +∞, 6)

例 2.2 就属于多品种流交通网络的应用问题。传统的网络应用问题都是针对单品种流网络的,但在实际领域中,经常出现多品种网络流问题,尤其在交通运输领域,多品种流现象普遍存在,这就需要针对交通运输领域的多品种流网络问题进行应用基础理论研究,从而为解决实际交通网络相关问题提供应用基础。

（2）基于网络流属性划分的网络优化

基于网络流属性把网络划分为单品种流网络和多品种流网络,那么从网络优化内容的角度,同样存在单品种流网络优化和多品种流网络优化问题。

① 单品种流网络优化。

单品种流网络优化问题包括单品种流网络结构优化和单品种流网络应用优化。

② 多品种流网络优化。

多品种流网络优化问题包括多品种流网络结构优化和多品种流网络应用优化。

针对多品种流网络中流品种的多样性,对多品种流网络进行优化时要面临几种状态:容量无差异运送代价也无差异、容量无差异运送代价有差异、容量有差异运送代价无差异、容量有差异运送代价有差异。

2.2　交通网络应用优化

交通网络应用优化问题同样分为单品种流交通网络优化和多品种流交通网络优化问题。

单品种流交通网络优化问题同样存在单品种流交通网络结构优化和单品种流交通网络应用优化问题。

多品种流交通网络优化问题同样存在多品种流交通网络结构优化和多品种流交通网络应用优化问题。

本专著内容主要包含单品种流交通网络应用优化和多品种流交通网络应用优化的研究，或者说是针对交通网络应用优化的研究。

1. 包含单品种流交通网络应用优化的内容

针对单品种流交通网络面临的具体实际应用问题，在传统算法基础之上，做了部分应用基础理论研究，主要包括：

（1）约束条件下的交通网络最短路径选优方法。

（2）交通网络转运点有容量限制的最大流优化方法。

（3）交通网络转运点有流量需求的最大流优化方法。

（4）交通网络两个相邻节点之间有流量约束的最大流优化方法。

（5）交通网络两个节点之间有流量约束的最小代价最大流优化方法。

（6）满足交通网络流量增长态势的扩能优化方法。

（7）基于消圈算法的拥挤网络分流优化方法

2. 包含多品种流交通网络应用优化的内容

针对多品种流网络中流品种多样性造成的几种状态，多品种流交通网络优化也同样面临容量无差异运送代价无差异、容量无差异运送代价有差异、容量有差异运送代价无差异、容量有差异运送代价有差异四种状态下的优化问题。

针对多品种流交通网络四种状态下的优化问题，本专著主要包括多品种流交通网络应用优化部分问题的研究：

（1）容量无差异运送代价无差异条件下，基于网络图重构的多品种流交通网络最大流优化方法。

（2）容量无差异运送代价无差异条件下，基于网络图重构且运送路径有限制的多品种流交通网络最小代价流优化方法。

（3）容量无差异运送代价无差异条件下，基于复合参数及复合指标的多品种流交通网络最小代价流优化方法。

（4）容量有差异运送代价无差异条件下，基于复合参数及复合指标的多品种流交通网络最小代价流优化方法。

（5）容量有差异运送代价无差异条件下，基于复合参数及复合指标且转运点接发能力有限制的多品种流交通网络最小代价流优化方法。

（6）容量无差异运送代价有差异条件下，基于复合参数及复合指标的多品种流交通网络最小代价流优化方法。

（7）容量无差异运送代价有差异条件下，基于复合参数及消圈算法的多品种流交通网络最小代价流均衡优化方法。

（8）容量有差异运送代价有差异条件下，基于复合参数及复合指标的多品种流交通网络最小代价流优化方法。

单品种流交通网络应用优化

针对交通网络的应用优化问题，常用的 Ford-Fulkerson 算法是在容量限制条件和流量守恒条件下，将节点分为源、汇及中间节点三类，中间节点只具有转运作用但没有流量需求，然后基于寻找增流链的方法，以流量分配最大化为目标，或者以流量流动代价最低为目标来进行的。其他算法如网络单纯形算法（Graph Simplex Algorithm）、连续最短路算法（Successive Shortest Path Algorithm）、松弛算法（Relaxation Algorithm）、消圈算法（Cycle-Canceling Algorithm）、原始-对偶算法（Primal-Dual Algorithm）、瑕疵算法（Out-of-Kilter Algorithm）等，尽管各有其特点，但理论性都过强，针对某一具体领域或者某一领域的具体实际问题不具有普适性，这就需要在借鉴这些算法的基础上，针对某一具体领域或者某一领域的具体实际问题进行有针对性的研究，尤其是在交通运输领域，面临的复杂交通网络问题丰富多样，需要进行更深入、更系统的应用基础理论研究。

本篇主要介绍单品种流交通网络应用优化的研究成果，主要包括七个方面的内容：

（1）约束条件下的交通网络最短路径选优方法。

本方法针对的是交通网络的实际应用中，往往会出现对最短路径有具体要求或约束条件的问题。此选优方法对最短路径问题的约束条件进行了分析，划分了最短路径必须经过某个节点、不能经过某个节点、必须经过某个节点但不能经过另外某个节点、如果经过某个节点就不能经过另外某个节点、如果经过某个节点就必须经过另外某个节点五种约束条件。基于 Dijkstra 算法，构造了这五种约束条件下交通网络最短调配路径选优算法。利用这些算法，可以解决交通网络中在约束条件下如何探寻一点到另外一点的最短路问题。在交通运输领域，在约束条件下的最短路径选优问题普遍存在，这些算法也为解决实际的交通运输问题提供了应用基础。

(2) 交通网络转运点有容量限制的最大流优化方法。

本方法针对的是交通网络的实际应用中，转运点往往会出现容量限制的问题。交通网络转运点出现容量限制时一般将转运点一分为二，但在大型、复杂的交通网络中，当有容量限制的转运点很多时，这种方法将会使交通网络的结构变得更加庞大，流量优化的过程会变得更加烦琐。此选优方法对有容量限制转运点的特点进行分析，再基于寻找增流链的算法，构造了大型、复杂交通网络转运点有容量限制的最大流优化算法。利用此算法可以解决大型、复杂交通网络中容量限制的转运点很多时的最大流应用优化问题，此算法也为解决实际的运输问题提供了应用基础。

(3) 交通网络转运点有流量需求的最大流优化方法。

本方法针对的是交通网络中某些中间节点有流量需求，即截流现象的问题。传统的最大流算法是把节点分为源、汇及中间点三类，在分配流量时必须满足容量限制条件和流量守恒条件。在实际应用中，会出现中间点不能绝对地满足流量守恒条件的情况，同时也不能简单地把网络图中的节点按照源、汇及中间节点进行归类。此选优方法针对交通网络中有流量需求的转运点既不遵从流量守恒条件又不能简单地按照源、汇及中间点进行归类的现象，设计了有流量需求转运点的构造规则，利用此规则将该类转运点一分为二，一个作为所需流量的汇节点，另外一个作为中间节点。根据 Ford-Fulkerson 算法寻找增流链的原理，针对包含有流量需求转运点的增流链，确定了寻找增流链方法、调整流量计算公式以及流量调整方法，从而设计了交通网络中转运点有流量需求的最大流分配算法，利用此算法，可以解决交通网络实际应用时转运点有流量需求的最大流分配问题。

(4) 交通网络两个相邻节点之间有流量约束的最大流优化方法。

本方法针对的是交通网络实际应用中，交通网络两个相邻节点之间流量有具体要求和约束的问题。传统的最大流算法对流量的分配是基于容量限制条件和流量守恒条件进行的，本优化方法对交通网络中两个相邻节点之间的流量约束问题进行了分析，基于寻找增流链的算法，构造了带有上限或下限或上下限的三种流量约束条件下的最大流分配算法，这些算法可以为解决实际的交通问题提供一定的应用基础。

(5) 交通网络两个节点之间有流量约束的最小代价最大流优化方法。

本方法针对的是交通网络实际应用中，两个节点之间流量有具体要求和约束条件的问题。传统的网络最小代价最大流的分配是在满足容量条件和流量守恒条件下，基于总代价最低的原则进行的，此选优方法针对交通网络两个节点之间有流量约束的最小代价最大流问题进行了分析，总结了两个节点之间的流量不能超过限制值、不能低于限制值以及在一定范围之内的三种约束条件，然后基于连续最短路算法中构造伴随增流网络的思路，设计了这三种约束条件下的最小代价最大流分配算法，此算法为解决实际的交通运输问题提供了应用基础。

（6）满足交通网络流量增长态势的扩能优化方法。

本方法针对的是交通网络的实际应用中，交通流量发展态势超出现存网络的最大流量承载能力的情况，需要考虑如何提高网络的输送能力，即如何对交通网络进行扩能。本扩能优化方法在基于发展态势的流量需求、扩能代价最低以及扩能拥堵程度高的线路条件下，构造了最优的扩能算法，利用此算法可以选择出交通网络中最优的扩能路线。在交通运输领域，由于流量的发展态势需要扩能的问题普遍存在，本扩能优化方法可以为交通网络的扩能决策、优化、设计等提供应用基础。

（7）基于消圈算法的拥挤网络分流优化方法。

本方法针对的是拥挤网络流分布不均匀现象，基于消圈算法思想对拥挤网络流深入研究，以均衡拥挤路段和相应平行路段的流量。以拥挤网络中实时流量为研究对象，建立模型，模型以交通网络总阻抗最小为目标，设定路段容量、饱和度、流量守恒等约束条件。初始容量值为 $0.75C$ 时构建增流网络寻找负回路，调整回路流量，算法中阻抗随流量实时更新，对含拥挤路段回路采用阶梯式扩容来不断调整流量，直至实现拥挤路段和平行路段流量均匀分布。

第 3 章 约束条件下的交通网络最短路径选优方法

最短路问题是图论的核心问题之一，常用的算法主要有 Dijkstra 算法、Bellman-Ford 算法以及 SPFA 算法等，这些算法是许多更深层算法的基础。面对实际应用背景中的具体问题，直接使用这些算法并不能对有约束条件的最短路进行选择，所以有必要在这些经典算法基础之上，构造可行的基于约束条件的最短路算法。本章通过对约束条件的分析和分类，再结合具体的约束条件，对 Dijkstra 算法进行了利用和改造，构建了五种最短路求解算法。

3.1 Dijkstra 算法描述

把一个网络图用 $G = (V, E, W)$ 表示，其中节点集合为 $V = \{v_i | i = 1, 2, \cdots, n\}$，边集合为 $E = \{e(v_i, v_j) | v_i, v_j \in V\}$，$W$ 为边的权集，$W = \{W(v_i, v_j) | v_i, v_j \in V\}$。假设最短路起点为 v_1，终点为 v_n，步骤如下：

第一步：设集合 $S = \{v_1\}$，$T = \{v_2, \cdots, v_i, \cdots, v_n\}$，$L(v_1) = 0$，$L(v_i) = +\infty$，其中 $i = 2, \cdots, n$。

第二步：求出 $L(v_j) = \min\{L(v_i)+W_{ij}\ ;\ L(v_j) | v_i \in S, v_j \in T\}$。指定节点标号集合 $S_j = \{$前一个节点$\}$。

第三步：求出 $L(v_i) = \min\{L(v_j) | v_j \in T\}$。

第四步：将 v_i 从集合 T 中去掉，加入到集合 S 中。

第五步：依次求 $L(v_j) = \min\{L(v_i)+W_{ij}\ ;\ L(v_j) | v_j \in T\}$。指定节点标号集合 $S_j = \{$前一个节点$\}$。

第六步：从第三步迭代进行处理，直至节点 $v_n \notin T$。

第七步：$L(v_n)$ 值即为最短路径长，通过 S_j 之间的关联找出最短路径。

为了 Dijkstra 算法引用的方便，这里假设用 Dijkstra(G, v_s, v_t) 表示 Dijkstra 算法，其中 G 表示网络图，v_s 表示最短路径起点，v_t 表示最短路径终点。

3.2 约束条件的分析及分类

为了描述图 G 的最短路径有约束条件，我们将 Dijkstra 算法的描述用

Dijkstra$\{G, v_s, v_t, L|(A)\}$表示，其中$L|(A)$表示在约束条件A下的最短路径L。针对Dijkstra算法，约束条件$A = \varnothing$，即对最短路径没有约束条件的Dijkstra算法用Dijkstra$\{G, v_s, v_t, L|(\varnothing)\}$表示。最短路径有约束条件的五种情况描述如下：

（1）最短路径必须经过某节点。

假设最短路径必须经过节点v_i，用Dijkstra$\{G, v_s, v_t, L|(L \supset v_i)\}$来描述此约束条件。

（2）最短路径不能经过某节点。

假设最短路径不能经过节点v_i，用Dijkstra$\{G, v_s, v_t, L|(v_i \not\subset L)\}$来描述此约束条件。

（3）最短路径必须经过某节点但不能经过某节点。

假设最短路径必须经过节点v_i但不能经过节点v_j，用Dijkstra$\{G, v_s, v_t, L|(L \supset v_i \text{ and } v_j \not\subset L)\}$来描述此约束条件。

（4）最短路径若经过某节点就不能经过某节点。

假设最短路径如果经过节点v_i就不能经过节点v_j，用Dijkstra$\{G, v_s, v_t, L|(\text{if } L \supset v_i \text{ then } v_j \not\subset L)\}$来描述此约束条件。

（5）最短路径若经过某节点就必须经过某节点。

假设最短路径如果经过节点v_i就必须经过节点v_j，用Dijkstra$\{G, v_s, v_t, L|(\text{if } L \supset v_i \text{ then } L \supset v_j)\}$来描述此约束条件。

3.3 约束条件下的算法

3.3.1 最短路径必须经过某节点的算法

1. 算法思想

在计算过程中，用约束节点将图G分为两部分，用Dijkstra算法分别求出起点到约束节点的最短路径和约束节点到终点的最短路径，再将两个最短路径合二为一。

2. 算法过程

假设网络图中起点为v_1，终点为v_n，最短路径必须经过的节点为v_i，步骤如下：

第一步：用约束节点v_i将图G分为G_1、G_2两部分，其中$v_n \not\subset G_1$，$v_1 \not\subset G_2$。

第二步：针对图G_1调用Dijkstra算法，在Dijkstra算法描述的第一步使集合T不包含节点v_n，即$v_n \not\subset T$；调用结果用Dijkstra$\{G_1, v_1, v_i, L|(v_n \not\subset T)\}$表示。

第三步：针对图 G_2 调用 Dijkstra 算法，在 Dijkstra 算法描述的第一步使集合 T 不包含节点 v_1，即 $v_1 \not\subset T$；调用结果用 Dijkstra$\{G_2, v_i, v_n, L|(v_1 \not\subset T)\}$ 表示。

第四步：图 G 中节点 v_1 到节点 v_n 的最短路径即为：

Dijkstra$\{G, v_1, v_n, L|(L \supset v_i)\}$
= Dijkstra$\{G_1, v_1, v_i, L|(v_n \not\subset T)\} \cup$ Dijkstra$\{G_2, v_i, v_n, L|(v_1 \not\subset T)\}$。

3.3.2 最短路径不能经过某节点的算法

1. 算法思想

在计算过程中，将图 G 转变为不含约束节点的新图，再用 Dijkstra 算法求出新图中起点到终点的最短路径。

2. 算法过程

假设网络图中起点为 v_1，终点为 v_n，最短路径不能经过的节点为 v_i，步骤如下：

第一步：用约束节点 v_i 将图 G 转变为图 G^n，其中 $v_i \not\subset G^n$。

第二步：针对图 G^n 调用 Dijkstra 算法，在 Dijkstra 算法描述的第一步使集合 T 不包含节点 v_i，即 $v_i \not\subset T$；调用结果用 Dijkstra$\{G^n, v_1, v_n, L|(v_i \not\subset T)\}$ 表示。

第三步：图 G 中节点 v_1 到节点 v_n 的最短路径为：

Dijkstra$\{G, v_1, v_n, L|(v_i \not\subset L)\}$ = Dijkstra$\{G^n, v_1, v_n, L|(v_i \not\subset T)\}$。

3.3.3 最短路径必须经过某节点但不能经过某节点的算法

1. 算法思想

在计算过程中，将图 G 转变为不包含不能经过某节点的新图，再用必须经过的节点将新图分为两部分，然后用 Dijkstra 算法分别求出起点到必须经过节点的最短路径和必须经过节点到终点的最短路径，再将两个最短路径合二为一。

2. 算法过程

假设网络图中起点为 v_1，终点为 v_n，最短路径必须经过节点 v_i 但不能经过节点 v_j，步骤如下：

第一步：用约束节点 v_j 将图 G 转变为图 G^n，其中 $v_j \not\subset G^n$。

第二步：用约束节点 v_i 将图 G^n 分为 G_1^n、G_2^n 两部分，其中 $v_n \not\subset G_1^n$，$v_1 \not\subset G_2^n$。

第三步：针对图 G_1^n 调用 Dijkstra 算法，调用结果用 Dijkstra$\{G_1^n, v_1, v_i, L|(\varnothing)\}$

表示。

第四步：针对图 G_2^n 调用 Dijkstra 算法，调用结果用 Dijkstra$\{G_2^n, v_i, v_n, L|(\varnothing)\}$ 表示。

第五步：图 G^n 中间节点 v_1 到节点 v_n 的最短路径为：

Dijkstra$\{G^n, v_1, v_n, L|(L \supset v_i)\}$
= Dijkstra$\{G_1^n, v_1, v_i, L|(\varnothing)\} \cup$ Dijkstra$\{G_2^n, v_i, v_n, L|(\varnothing)\}$。

第六步：图 G 中节点 v_1 到节点 v_n 的最短路径即为：

Dijkstra$\{G, v_s, v_t, L|(L \supset v_i \text{ and } v_j \not\subset L)\}$ = Dijkstra$\{G^n, v_1, v_n, L|(v_i \not\subset L)\}$。

3.3.4 最短路径若经过某节点就不能经过另一个节点的算法

1. 算法思想

在计算过程中，主要分为三个过程：

第一个过程：将图 G 转变为不包含经过某节点的新图，计算出最短路径。

第二个过程：将图 G 转变为不包含不能经过某节点的新图，计算出必须经过某节点的最短路径。

第三个过程：将第一个过程和第二个过程计算出的最短路径取最短的即可。

2. 算法过程

假设网络图中起点为 v_1，终点为 v_n，最短路径如果经过节点 v_i 就不能经过节点 v_j，步骤如下：

第一步：用约束节点 v_i 将图 G 转变为图 G^{n1}，其中 $v_i \not\subset G^{n1}$。

第二步：针对图 G^{n1} 调用 Dijkstra 算法，在 Dijkstra 算法描述的第一步使集合 T 不包含节点 v_i，即 $v_i \not\subset T$；调用结果用 Dijkstra$\{G^{n1}, v_1, v_n, L|(v_i \not\subset T)\}$ 表示。

第三步：用约束节点 v_j 将图 G 转变为图 G^{n2}，其中 $v_j \not\subset G^{n2}$；再用约束节点 v_i 将图 G^{n2} 分为 G_1^{n2}、G_2^{n2} 两部分，其中 $v_n \not\subset G_1^{n2}$，$v_1 \not\subset G_2^{n2}$，表示方式如下：

（1）针对图 G_1^{n2} 调用 Dijkstra 算法，调用结果用 Dijkstra$\{G_1^{n2}, v_1, v_i, L|(\varnothing)\}$ 表示。

（2）针对图 G_2^{n2} 调用 Dijkstra 算法，调用结果用 Dijkstra$\{G_2^{n2}, v_i, v_n, L|(\varnothing)\}$ 表示。

（3）图 G^{n2} 中节点 v_1 到节点 v_n 的最短路径即为：

Dijkstra$\{G^{n2}, v_1, v_n, L|(L \supset v_i)\}$
= Dijkstra$\{G_1^{n2}, v_1, v_i, L|(\varnothing)\} \cup$ Dijkstra$\{G_2^{n2}, v_i, v_n, L|(\varnothing)\}$。

第四步：图 G 中节点 v_1 到节点 v_n 的最短路径为：

Dijkstra$\{G, v_s, v_t, L|(\text{if } L \supset v_i \text{ then } v_j \not\subset L)\}$
= min$\{$Dijkstra$\{G^{n1}, v_1, v_n, L|(v_i \not\subset T)\}$, Dijkstra$\{G^{n2}, v_1, v_n, L|(L \supset v_i)\}\}$。

3.3.5 最短路径若经过某节点就必须经过另一个节点的算法

1. 算法思想

在计算过程中，主要分为三个过程：

第一个过程：将图 G 转变为不包含经过某节点的新图，计算出最短路径。

第二个过程：对图 G 计算出起点到经过某节点的最短路、计算出经过某节点到必须经过某节点的最短路径和必须经过某节点到终点的最短路径，再将三个最短路径合并。

第三个过程：将第一个过程和第二个过程计算出的最短路径取最短的即可。

2. 算法过程

假设网络图中起点为 v_1，终点为 v_n，最短路径如果经过节点 v_i 就必须经过节点 v_j，步骤如下：

第一步：用约束节点 v_i 将图 G 转变为图 G^n，其中 $v_i \not\subset G^n$。

第二步：针对图 G^n 调用 Dijkstra 算法，在 Dijkstra 算法描述的第一步使集合 T 不包含节点 v_i，即 $v_i \not\subset T$；调用结果用 Dijkstra$\{G^n, v_1, v_n, L|(v_i \not\subset T)\}$ 表示。

第三步：计算经过节点 v_i 同时经过节点 v_j 的最短路径。

（1）针对图 G 调用 Dijkstra 算法，在 Dijkstra 算法描述的第一步使集合 T 不包含节点 v_j、v_n，即 $v_j \not\subset T$，$v_n \not\subset T$；调用结果用 Dijkstra$\{G, v_1, v_i, L|(v_j \not\subset T, v_n \not\subset T)\}$ 表示。

（2）针对图 G 调用 Dijkstra 算法，在 Dijkstra 算法描述的第一步使集合 T 不包含节点 v_1、v_n，即 $v_1 \not\subset T$，$v_n \not\subset T$；调用结果用 Dijkstra$\{G, v_i, v_j, L|(v_1 \not\subset T, v_n \not\subset T)\}$ 表示。

（3）针对图 G 调用 Dijkstra 算法，在 Dijkstra 算法描述的第一步使集合 T 不包含节点 v_1、v_i，即 $v_1 \not\subset T$，$v_i \not\subset T$；调用结果用 Dijkstra$\{G, v_j, v_n, L|(v_1 \not\subset T, v_i \not\subset T)\}$ 表示。

（4）图 G 中经过节点 v_i 同时经过节点 v_j 的最短路径为：

Dijkstra$\{G, v_1, v_n, L|(L \supset v_i \text{ and } L \supset v_j)\}$
= Dijkstra$\{G, v_1, v_i, L|(v_j \not\subset T, v_n \not\subset T)\} \cup$ Dijkstra$\{G, v_i, v_j, L|(v_1 \not\subset T, v_n \not\subset T)\}$
$\cup$ Dijkstra$\{G, v_j, v_n, L|(v_1 \not\subset T, v_i \not\subset T)\}$。

第四步：图 G 中若经过节点 v_i 就必须经过节点 v_j 从节点 v_1 到节点 v_n 的最

短路径即为：

Dijkstra$\{G, v_s, v_t, L|(\text{if } L \supset v_i \text{ then } L \supset v_j)\}$

= min$\{$Dijkstra$\{G^n, v_1, v_n, L|(v_i \not\subset T)\}$, Dijkstra$\{G, v_1, v_n, L|(L \supset v_i \text{ and } L \supset v_j)\}\}$。

3.4 算法示例

例 3.1 已知某公共交通网如图 3.1 所示，图中数据表示最短距离，现在需要在站点 v_1 和 v_{10} 间开通一条新公交线路，要求新公交线路若经过站点 v_6，就不能经过站点 v_9。

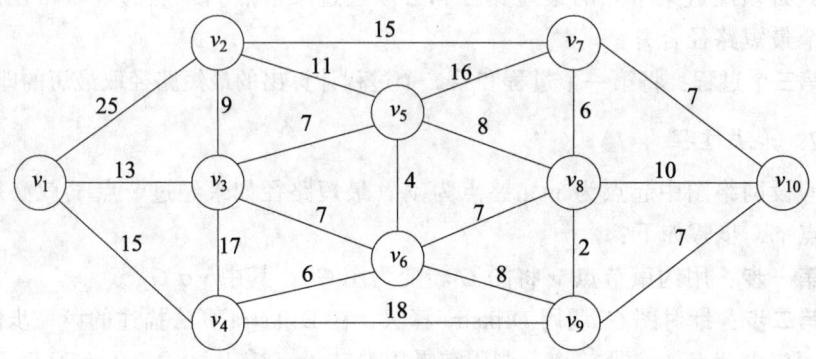

图 3.1 公共交通网络

（1）在求解过程中，主要分为三个过程：

第一个过程：将网络图转变为不包含站点 v_6 的新图，计算出最短路径。

第二个过程：再将网络图转变为不包含站点 v_9 的新图，计算出必须经过站点 v_6 的最短路径。

第三个过程：将第一个过程和第二个过程计算出的最短路径取最短。

（2）用 G 表示图 3.1 的公共交通区域网，求解步骤如下：

第一步：用约束站点 v_6 将图 G 转变为图 G^1，其中 $v_6 \not\subset G^1$，即当针对图 G 调用 Dijkstra 算法时，在 Dijkstra 算法描述的第一步使集合 T 不包含站点 v_6，即 $v_6 \not\subset T$。通过调用 Dijkstra 算法，求出公共交通区域网 G 中不经过站点 v_6 的最短路径如下：

$$\text{Dijkstra}\{G, v_1, v_{10}, L|(v_6 \not\subset T)\} = \{v_1, v_3, v_5, v_8, v_{10}\},$$

路径长度为 38。

第二步：用约束站点 v_9 将图 G 转变为图 G^2，其中 $v_9 \not\subset G^2$，再用约束站点 v_6 将图 G^2 分为 G_1^2、G_2^2 两部分，其中 $v_{10} \not\subset G_1^2$，$v_1 \not\subset G_2^2$。

① 对图 G_1^2 调用 Dijkstra 算法，通过调用 Dijkstra 算法，求出公共交通区域网 G 中不经过站点 v_9 由站点 v_1 到站点 v_6 间的最短路径如下：

$$\text{Dijkstra}\{G_1^2, v_1, v_6, L|(\emptyset)\} = \{v_1, v_3, v_6\},$$

路径长度为 20。

② 对图 G_2^2 调用 Dijkstra 算法，通过调用 Dijkstra 算法，求出公共交通区域网 G 中不经过站点 v_9 由站点 v_6 到站点 v_{10} 间的最短路径如下：

$$\text{Dijkstra}\{G_2^2, v_6, v_{10}, L|(\emptyset)\}\} = \{v_6, v_8, v_{10}\},$$

路径长度为 17。

③ G 中必须经过站点 v_6 不经过站点 v_9 的最短路径为：

$\text{Dijkstra}\{G, v_1, v_{10}, L|(L \supset v_6, v_9 \not\subset L)\}$
$= \text{Dijkstra}\{G_1^2, v_1, v_6, L|(\emptyset)\} \cup \text{Dijkstra}\{G_2^2, v_6, v_{10}, L|(\emptyset)\}\}$
$= \{v_1, v_3, v_6, v_8, v_{10}\}$，

路径长度为 37。

第三步：图 G 中若经过站点 v_6，就不能经过站点 v_9 的最短路径即为：

$\text{Dijkstra}\{G, v_1, v_{10}, L|(\text{if } L \supset v_6 \text{ then } v_9 \not\subset L)\}$
$= \min\{\text{Dijkstra}\{G, v_1, v_{10}, L|(v_6 \not\subset T)\}, \text{Dijkstra}\{G, v_1, v_{10}, L|(L \supset v_6, v_9 \not\subset L)\}\}$
$= \text{Dijkstra}\{G, v_1, v_{10}, L|(L \supset v_6, v_9 \not\subset L)\}$。

则在图 3.1 的公共交通区域网中，若经过站点 v_6 就不能经过站点 v_9 的新公交线路为：$v_1 \to v_3 \to v_6 \to v_8 \to v_{10}$，路径长度为 37。

例 3.2 已知某公共交通网如图 3.2 所示，图中数据表示最短距离，现在需要在站点 v_1 和 v_{10} 间开通一条新公交线路，要求新公交线路若经过站点 v_6，就必须经过站点 v_9。

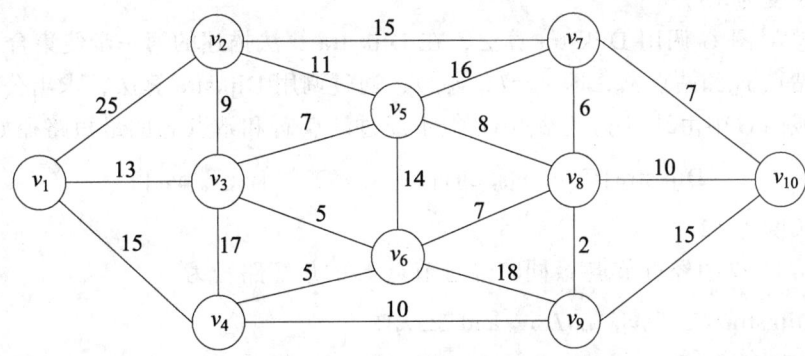

图 3.2 公共交通网络

（1）在求解过程中，主要分为以下三个过程：

第一个过程：将网络图转变为不包含站点 v_6 的新图，计算出最短路径。

第二个过程：对网络图计算出站点 v_1 到站点 v_6 的最短路径、站点 v_6 到站点 v_9 的最短路径和站点 v_9 到站点 v_{10} 的最短路径，再将三个最短路径合并。

第三个过程：将第一个过程和第二个过程计算出的最短路径取最短。

（2）用 G 表示图 3.2 的公共交通区域网，求解步骤如下：

第一步：用约束站点 v_6 将图 G 转变为图 G^1，其中 $v_6 \not\subset G^1$，即当针对图 G 调用 Dijkstra 算法时，在 Dijkstra 算法描述的第一步使集合 T 不包含站点 v_6，即 $v_6 \not\subset T$。通过调用 Dijkstra 算法，求出公共交通区域网 G 中不经过站点 v_6 的最短路径如下：

$$\text{Dijkstra}\{G, v_1, v_{10}, L|(v_6 \not\subset T)\} = \{v_1, v_3, v_5, v_8, v_{10}\},$$

路径长度为 38。

第二步：计算经过站点 v_6 同时经过站点 v_9 的最短路径：

① 对图 G 调用 Dijkstra 算法，在 Dijkstra 算法描述的第一步使集合 T 不包含站点 v_9 和站点 v_{10}，即 $v_9 \not\subset T$，$v_{10} \not\subset T$，通过调用 Dijkstra 算法，求出公共交通区域网 G 中由站点 v_1 到站点 v_6 但不经过站点 v_9 和站点 v_{10} 的最短路径如下：

$$\text{Dijkstra}\{G, v_1, v_6, L|(v_9 \not\subset T, v_{10} \not\subset T)\} = \{v_1, v_3, v_6\},$$

路径长度为 18。

② 对图 G 调用 Dijkstra 算法，在 Dijkstra 算法描述的第一步使集合 T 不包含站点 v_1 和站点 v_{10}，即 $v_1 \not\subset T$，$v_{10} \not\subset T$，通过调用 Dijkstra 算法，求出公共交通区域网 G 中由站点 v_6 到站点 v_9 但不经过站点 v_1 和站点 v_{10} 的最短路径如下：

$$\text{Dijkstra}\{G, v_6, v_9, L|(v_1 \not\subset T, v_{10} \not\subset T)\} = \{v_6, v_4, v_9\},$$

路径长度为 15。

③ 对图 G 调用 Dijkstra 算法，在 Dijkstra 算法描述的第一步使集合 T 不包含站点 v_1 和站点 v_6，即 $v_1 \not\subset T$，$v_6 \not\subset T$，通过调用 Dijkstra 算法，求出公共交通区域网 G 中由站点 v_9 到站点 v_{10} 但不经过站点 v_1 和站点 v_6 的最短路径如下：

$$\text{Dijkstra}\{G, v_9, v_{10}, L|(v_1 \not\subset T, v_6 \not\subset T)\} = \{v_9, v_8, v_{10}\},$$

路径长度为 12。

④ 图 G 中经过节点 v_6 同时经过节点 v_9 的最短路径为：

$\text{Dijkstra}\{G, v_1, v_{10}, L|(L \supset v_6 \text{ and } L \supset v_9)\}$

$= \text{Dijkstra}\{G, v_1, v_6, L|(v_9 \not\subset T, v_{10} \not\subset T)\} \cup \text{Dijkstra}\{G, v_6, v_9, L|(v_1 \not\subset T, v_{10} \not\subset T)\}$

$\cup \text{Dijkstra}\{G, v_9, v_{10}, L|(v_1 \not\subset T, v_6 \not\subset T)\}$

$= \{v_1, v_3, v_6, v_4, v_9, v_8, v_{10}\}$,

路径长度为 45。

第三步：图 G 中若经过站点 v_6，就必须经过站点 v_9 的最短路径为：

Dijkstra$\{G, v_1, v_{10}, L|(\text{if } L\supset v_6 \text{ then } L\supset v_9)\}$

$= \min\{\text{Dijkstra}\{G, v_1, v_{10}, L|(v_6\not\subset T)\}, \text{Dijkstra}\{G, v_1, v_{10}, L|(L\supset v_6 \text{ and } L\supset v_9)\}\}$

$= \text{Dijkstra}\{G, v_1, v_{10}, L|(v_6\not\subset T)\}$

$= \{v_1, v_3, v_5, v_8, v_{10}\}$,

路径长度为 38。

则在图 3.2 的公共交通区域网中，若经过站点 v_6 就必须经过站点 v_9 的新公交线路为：$v_1 \to v_3 \to v_5 \to v_8 \to v_{10}$，路径长度为 38。

通过两个实例验证说明了基于 Dijkstra 算法的五种约束条件下的最短调配路径选优算法的可行性，为解决有约束条件的交通网络最短路径应用问题提供了理论基础。

3.5 结论

本章交通网络最短路径选优方法的主要内容是基于 Dijkstra 算法，将最短路径针对节点的约束条件结合起来，构造了五个算法，这五个算法可以对有节点约束条件的最短路径问题进行优化。对于最短路径要求经过某个边或某个链路的问题，可以不必建立复杂的算法，在本章算法的基础上，进行相应的应用即可。

尽管本章的五个算法描述清晰、特点明确，但在不断变化的交通网络中仍存在许多亟待解决的问题，需要不断探讨和研究，尤其是最短路径具有不确定性以及交通网络态势变化的最短路径等问题，就有必要和其他理论有机结合进行相关的研究。

第4章　交通网络转运点有容量限制的最大流优化方法

传统的最大流算法针对的是转运点有容量限制的问题，解决方法是将该转运点一分为二，把转运点的容量限制转化为边的容量限制，再调用相关算法进行处理。这种方法改变了网络图的结构，而当针对大型、复杂的交通网络，且大量转运点有容量限制时，此方法将会使交通网络结构变得更加庞大和复杂，而且流量分配的计算过程也变得更加烦琐，所以在充分利用传统算法的基础之上，有必要对大量转运点有容量限制的大型、复杂的交通网络，设计简洁、可行而且不需要改变网络图结构的最大流分配算法。

4.1　基于寻找增流链且转运点有容量限制的 Ford-Fulkerson 算法描述

把一个交通网络图用 $G = (V, E, C, F, X, Y)$ 来表示，其中节点集合 $V = \{v_i | i = 1, 2, \cdots, n\}$，边集合 $E = \{e(v_i, v_j) | v_i, v_j \in V\}$，$C$ 为边的容量，F 为边的流量，X 中的节点 x 为图 G 的源，Y 中的节点 y 为图 G 的汇，$I = V-(X \cup Y)$ 中的节点为图 G 的转运点，步骤如下：

第一步：给图 G 一个初始流（一般为平凡流），给节点 x 标号并置入集合 A 中。

第二步：对有容量限制的转运点 v，将该转运点拆成 v 与 v' 两个节点，原网络中以 v 为终点的边仍与 v 连接，以 v 为起点的边与 v' 连接，令 $C(v, v')$ 为转运点 v 的限制容量，把转运点 v 的容量限制转化为边 (v, v') 的容量限制。

第三步：寻找源 x 到汇 y 的增流链 Q：

（1）与转运点 v 相关的边的增流条件：如果边 (v, z) 为前向边，且流量 $f(e) < C(e)$；如果边 (v, z) 为后向边，且流量 $f(e) > 0$。

（2）对满足以上条件的转运点 v 进行标记，格式为 $(u, 边的方向, l(v))$，其中 u 为标记点 v 的前一个节点；v 为终点时边的方向用 + 表示，$l(v) = \min\{l(u), C(u, v)-f(u, v)\}$；$v$ 为始点时边的方向用 − 表示，$l(v) = \min\{l(u), f(u, v)\}$。

第四步：从汇 y 进行反向追踪，可得到增流链 Q 以及调整量 $l(Q) = l(y)$。

第五步：利用修改流性质进行调整：

（1）将增流链 Q 的前向边加上调整量 $l(Q)$；

（2）将增流链 Q 的后向边减去调整量 $l(Q)$；

（3）非增流链 Q 的边的调整量不变。

第六步：返回第三步，不断循环，直到不能找到增流链为止。

为了 Ford-Fulkerson 算法引用的方便，这里假设用 Ford-Fulkerson(G) 表示 Ford-Fulkerson 算法，其中 G 表示交通网络图。

4.2 大量转运点有容量限制的交通网络最大流分配算法

1. 算法思想

Ford-Fulkerson 算法是基于寻找增流链进行流量调整的算法，确定增流链调整量时，需要求出链路中每条边的流量调整量，然后取这些调整量的最小值作为整个增流链的调整量。由于转运结点有容量限制，那么以该节点为终点的所有边的流量之和不能超过该节点的容量，因此在确定与容量限制节点有关联的增流链的调整量时，应该将节点的限制容量也考虑在内，然后在此基础上进行流量分配。针对有容量限制的节点必须满足以下规则：

规则1：有容量限制的节点接收的流量之和不能超过该节点的容量限制值。

规则2：有容量限制的节点仍然遵循流量守恒条件。

2. 算法过程

把一个交通网络图的转运点集合 I 分为有容量限制的节点集合 I_1 和没有容量限制的节点集合 I_2，即 $I = I_1 \cup I_2$ 并且 $I_1 \cap I_2 = \varnothing$，设 I_1 中转运点 v_i 的容量限制值为 Z_i，$\sum f(u, v_i)$ 表示以 v_i 为终点的所有边的流量之和。算法步骤如下：

第一步：给图 G 一个初始流（一般为平凡流），给节点 x 标号并置入集合 A 中。

第二步：寻找源 x 到汇 y 的增流链 Q：

（1）与转运结点 v_i 相关的边的增流条件：

条件一：边 (v_i, v_j) 为前向边，$v_j \in I_1$，$f(e) < C(e)$ 且 $Z_j - \sum f(u, v_j) > 0$；

条件二：边 (v_i, v_j) 为前向边，$v_j \in I_2$，$f(e) < C(e)$；

条件三：边 (v_i, v_j) 为后向边，$f(e) > 0$。

（2）对满足以上条件的节点 v_i 进行标记$(u,$ 边的方向$, l(v_i))$；其中 u 为标记点 v_i 的前一个节点；v_i 为终点时边的方向用 + 表示，v_i 为始点时边的方向用 - 表示；调整量 $l(v_i)$ 的确定如下：

① 当 v_i 为终点时，若 $v_i \in I_1$，则 $l(v_i) = \min\{l(u), C(u, v_i) - f(u, v_i), Z_i - \sum f(u, v_i)\}$；

② 当 v_i 为终点时，若 $v_i \in I_2$，则 $l(v_i) = \min\{l(u), C(u, v_i) - f(u, v_i)\}$；

③ 当 v_i 为始点时，则 $l(v_i) = \min\{l(u), f(u, v_i)\}$。

第三步：从汇 y 进行反向追踪，可得到增流链 Q 以及调整量 $l(Q) = l(y)$。

第四步：利用修改流性质进行调整：

（1）将增流链 Q 的前向边加上调整量 $l(Q)$；

（2）将增流链 Q 的后向边减去调整量 $l(Q)$；

（3）非增流链 Q 的边的调整量不变。

第五步：返回第二步，不断循环，直到不能找到增流链为止。

4.3 算法示例

假设某铁路网络如图 4.1 所示，图中数据表示区段间最大通行能力，即区段间每天发送的最大可能列车对数，同时知道车站 v_5 的最大接发车能力为每天 3 对列车，要求在考虑车站 v_5 容量限制的条件下，设计该铁路网的最大流分配方案。

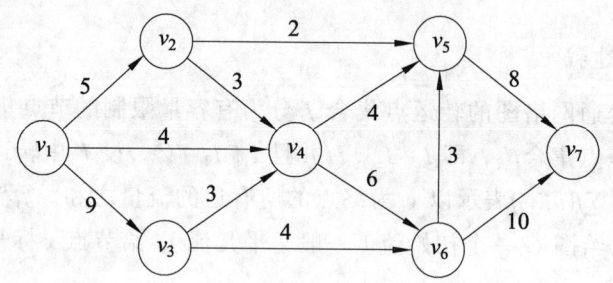

图 4.1 铁路交通网络结构图

一般的处理方法是将转运结点 v_5 进行一分为二，但这样就改变了网络图的结构和属性，尤其是针对大型、复杂网络，会使网络规模庞大、结构复杂。而此算法的最大特点是不改变网络图结构和属性，只是在确定与容量限制节点有关联的增流链的调整量时，将节点的限制容量也考虑在内。流量分配主要过程如下：

第一步：给定初始流，如图 4.2 所示。

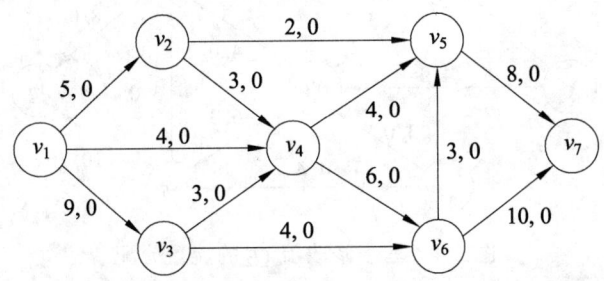

图 4.2 初始流量的交通网络结构图

第二步：寻找源 v_1 到汇 v_7 的增流链 Q_1，假设寻找到增流链 Q_1 为 $v_1 \rightarrow v_3 \rightarrow v_6 \rightarrow v_7$，在此增流链中不包含容量限制节点 v_5，所以 Q_1 的调整量为：

$l(Q_1) = \min\{l(v_1, v_3), l(v_3, v_6), l(v_6, v_7)\}$

$= \min\{C(v_1, v_3)-f(v_1, v_3), C(v_3, v_6)-f(v_3, v_6), C(v_6, v_7)-f(v_6, v_7)\}$

$= \min\{9-0, 4-0, 10-0\}$

$= 4$。

第三步：利用修改流性质对 Q_1 进行调整，结果如图 4.3 所示。

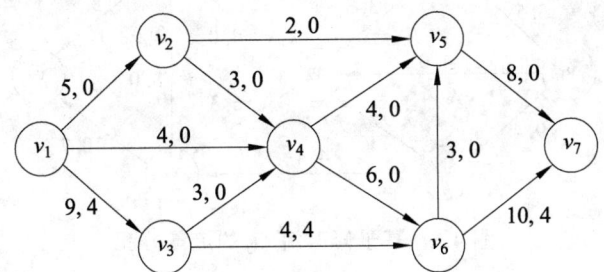

图 4.3 基于修改流 Q_1 的流量分配

第四步：继续寻找源 v_1 到汇 v_7 的增流链 Q_2，假设寻找到增流链 Q_2 为 $v_1 \rightarrow v_2 \rightarrow v_4 \rightarrow v_6 \rightarrow v_7$，此增流链不包含容量限制节点 v_5，所以 Q_2 的调整量为：

$l(Q_2) = \min\{l(v_1, v_2), l(v_2, v_4), l(v_4, v_6), l(v_6, v_7)\}$

$= \min\{C(v_1, v_2)-f(v_1, v_2), C(v_2, v_4)-f(v_2, v_4), C(v_4, v_6)-f(v_4, v_6), C(v_6, v_7)-f(v_6, v_7)\}$

$= \min\{5-0, 3-0, 6-0, 10-4\}$

$= 3$。

第五步：利用修改流性质对 Q_2 进行调整，结果如图4.4所示。

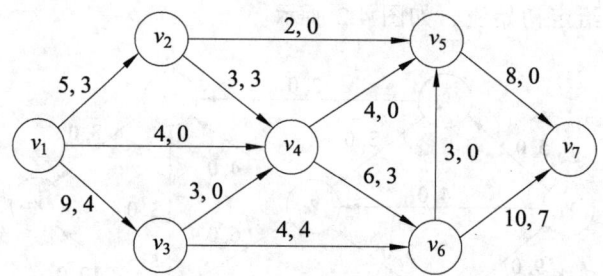

图4.4 基于修改流 Q_2 的流量分配

第六步：继续寻找源 v_1 到汇 v_7 的增流链 Q_3，假设寻找到增流链 Q_3 为 $v_1 \to v_2 \to v_5 \to v_7$，此增流链中包含容量限制节点 v_5，所以 Q_3 的调整量为：

$l(Q_3) = \min\{l(v_1, v_2), l(v_2, v_5), l(v_5, v_7), Z_5 - [f(v_2, v_5) + f(v_4, v_5) + f(v_6, v_5)]\}$

$= \min\{C(v_1, v_2) - f(v_1, v_2), C(v_2, v_5) - f(v_2, v_5), C(v_5, v_7) - f(v_5, v_7), 3 - [0+0+0]\}$

$= \min\{5-3, 2-0, 8-0, 3-0\}$

$= 2$。

第七步：利用修改流性质对 Q_3 进行调整，结果如图4.5所示。

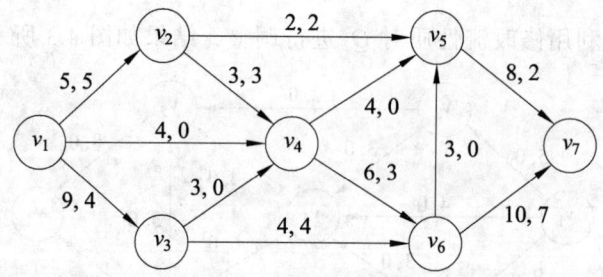

图4.5 基于修改流 Q_3 的流量分配

第八步：继续寻找源 v_1 到汇 v_7 的增流链 Q_4，假设寻找到增流链 Q_4 为 $v_1 \to v_4 \to v_5 \to v_7$，此增流链中包含容量限制节点 v_5，所以 Q_4 的调整量为：

$l(Q_4) = \min\{l(v_1, v_4), l(v_4, v_5), l(v_5, v_7), Z_5 - [f(v_2, v_5) + f(v_4, v_5) + f(v_6, v_5)]\}$

$= \min\{C(v_1, v_4) - f(v_1, v_4), C(v_4, v_5) - f(v_4, v_5), C(v_5, v_7) - f(v_5, v_7), 3 - [2+0+0]\}$

$= \min\{4-0, 4-0, 8-2, 3-2\}$

$= 1$。

第九步：利用修改流性质对 Q_4 进行调整，结果如图4.6所示。

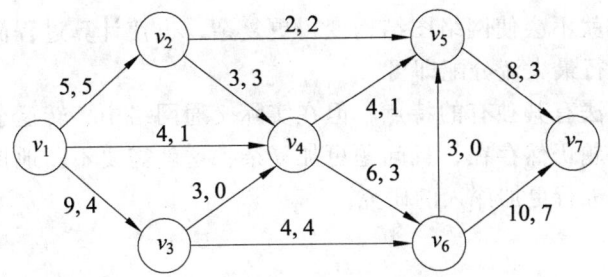

图 4.6　基于修改流 Q_4 的流量分配

此过程确保了节点 v_5 接收流量不超过容量限制值,即车站 v_5 最大接发车能力为每天 3 对列车。

第十步:继续寻找增流链,并利用修改流性质进行调整,最终结果如图 4.7 所示。

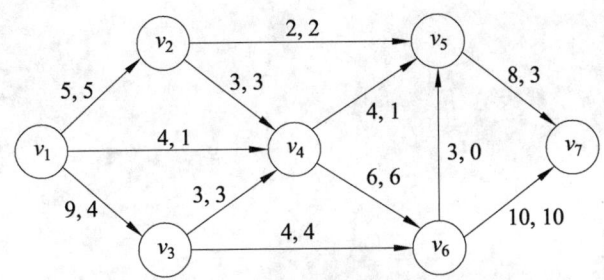

图 4.7　最大流量分配方案

可以继续寻找到源 v_1 到汇 v_7 的增流链,但若继续进行流量调整,就会使节点 v_5 接收的流量超过容量限制,所以基于节点 v_5 容量约束的最大流方案如图 4.7 所示。

尽管此示例不是大型复杂的交通网络,但针对含有大量转运点有容量限制的大型复杂网络时,此算法不改变网络图的结构和属性,而且调整量的计算以及流量分配的过程适合信息化方式处理。

4.4　结论

本章研究的主要内容是将 Ford-Fulkerson 算法和大型复杂交通网络中大量转运节点有容量限制的条件结合起来,构造了算法。此算法不必将有容量限制的节点一分为二,即不必改变网络图的结构,只在 Ford-Fulkerson 算法中判断增流的条件及确定增流量大小的过程中,将节点的容量限制条件考虑在内即可，这样就不会使网络图结构变得更复杂，也使计算过程简单化，利用此算法直接进行最大流分配即可。

尽管此算法有其独有的特点，但在实际交通网络中，转运节点的容量限制不确定等问题仍然存在，且问题更加复杂，这就需要不断地探讨，与其他理论有机结合进行更加深入的研究。

第5章 交通网络转运点有流量需求的最大流优化方法

在实际的交通网络应用中，转运结点有流量需求的问题普遍存在，这类节点不能简单地按照源、汇及中间节点归类，同时也违背流量守恒条件，因此直接使用传统的算法已不能很好地解决这类最大流分配问题。在转运结点有流量需求的条件下，借鉴 Ford-Fulkerson 算法中只考虑交通网络分配流量最大化而不考虑分配流量最优化的思路，构造转运结点有流量需求的最大流分配算法，为解决实际的运输问题提供应用基础。

5.1 Ford-Fulkerson 算法描述

用 $G=(V,E,C,F,X,Y)$ 表示交通网络图，其中节点集合 $V=\{v_i|i=1,2,\cdots,n\}$，边集合 $E=\{e(v_i,v_j)|v_i,v_j\in V, i=1,2,\cdots n, j=1,2,\cdots,n\}$，$C$ 为边的容量集合，F 为边的流量集合，集合 X 中的节点 x 为图 G 的源，集合 Y 中的节点 y 为图 G 的汇，$I=V-(X\cup Y)$ 中的节点为图 G 的中间点。为了 Ford-Fulkerson 算法引用的方便，这里假设用 Ford-Fulkerson(G)表示 Ford-Fulkerson 算法，其中 G 表示网络图。基于寻找增流链的传统 Ford-Fulkerson(G)算法的主要步骤如下：

第一步：给图 G 赋初始流（一般为平凡流），给节点 x 标号。

第二步：寻找源 x 到汇 y 的增流链 Q：

（1）与节点 v 相关的边的增流条件：① 如果边(v,z)为前向边，且流量 $f(e)<C(e)$；② 如果边 $e(v,z)$为后向边，且流量 $f(e)>0$。

（2）对满足以上条件的节点 v 进行标记，格式为$(u, 边的方向, l(v))$，其中 u 为标记点 v 的前一个节点；v 为终点时边的方向用 + 表示，$l(v) = \min\{l(u), C(u,v)-f(u,v)\}$；$v$ 为始点时边的方向用 − 表示，$l(v) = \min\{l(u), f(u,v)\}$。

第三步：从汇 y 进行反向追踪，可得到增流链 Q 以及调整量 $l(Q) = l(y)$。

第四步：利用修改流性质进行调整：

（1）将增流链 Q 的前向边加上调整量 $l(Q)$；

（2）将增流链 Q 的后向边减去调整量 $l(Q)$；

（3）非增流链 Q 的边的调整量不变。

第五步：返回第二步，不断循环，直到不能找到增流链为止。

Ford-Fulkerson 算法是在容量限制条件和流量守恒条件下分配流量的，如果交通网络中存在有流量需求的转运结点，Ford-Fulkerson 算法就不能分配最大流量。

5.2 转运点有流量需求的算法规则

有流量需求的转运结点不遵循流量守恒条件，同时又具有中间节点的属性。按照这两个特点，将该类节点一分为二，一个作为汇接收需求的流量，另一个作为中间节点转运流量，在此基础上进行流量的最大化分配。一分为二后的两个新节点必须满足以下规则：

规则 1：作为汇的新节点，必须接收而且维持原节点的需求数量。

规则 2：作为中间点的新节点，在流量调整过程中必须遵循流量守恒条件。

规则 3：作为汇的新节点接收的流量与作为中间节点的新节点接收的流量之和不能超过以原有节点为终点的所有边的容量之和。

规则 1 是保证转运结点的流量需求，规则 2 是保证转运结点发挥中间节点的作用，规则 3 是使有流量需求的转运结点遵循容量限制条件。

5.3 转运点有流量需求的算法步骤

假设交通网络图 G 的转运结点 v_i 有流量需求，需求量为 Z，根据 Ford-Fulkerson 算法思想以及 5.2 节中的三个规则，转运结点有流量需求的最大流分配算法步骤如下：

第一步：将图 G 的转运结点 v_i 拆成 v_i 和 v_i' 两个节点，构造新的交通网络图，用 G' 表示，其中图 G' 中的节点 v_i 和 v_i' 满足如下条件：

（1）图 G 中以节点 v_i 为终点和以节点 v_i 为起点的边在图 G' 中仍与节点 v_i 连接，即图 G' 中的节点 v_i 和图 G 中的节点 v_i 保持同样的连接关系。

（2）图 G 中以节点 v_i 为终点的边在图 G' 中再分别与节点 v_i' 连接，图 G 中以节点 v_i 为起点的边在图 G' 中不再与节点 v_i' 连接。

（3）图 G 中节点 v_i 以外的节点在图 G' 中保持原来的连接关系。

（4）将 G' 转化为单源单汇的网络，假设新的汇为 y'，边 (v_i', y') 的容量为图 G 中的转运结点 v_i 的流量需求 Z。

第二步：寻找增流链，执行以下过程：

（1）按照标记法先找从起点 x 到节点 v_i' 的不饱和链 Q_1。

（2）对增流链 $Q_1+(v_i', y')$ 按照修改流性质和规则 1 进行流量调整，其调整量为 $\min\{l(Q_1), C(v_i', y')-f(v_i', y')\}$。

（3）若边 (v_i', y') 的流量等于节点 v_i 的流量需求值 Z，停止，否则，返回第二步中的过程（1）。

第三步：在满足规则 2 的基础上，对图 G' 继续调用 Ford-Fulkerson(G') 算法，但为了满足规则 3，如果增流链包含节点 v_i，设 $\sum C(u, v_i)$ 表示以 v_i 为终点的所有边的容量之和，$\sum f(u, v_i)$ 表示以 v_i 为终点的所有边的流量之和，对节点 v_i 进行如下标记：

（1）如果 v_i 为终点，$l(v_i) = \min\{l(u), C(u, v_i)-f(u, v_i), \sum C(u, v_i)-\sum f(u, v_i)\}$；

（2）如果 v_i 为始点，$l(v_i) = \min\{l(u), f(u, v_i)\}$。

第四步：返回第三步，不断循环，直到不能找到增流链为止。

5.4　算法示例

已知某交通网络如图 5.1 所示，图中数据表示节点间最大通行能力及初始平凡流，即边的容量、零流，要求满足节点 v_6 流量需求 5 的条件下，分配该交通网络的最大流方案。

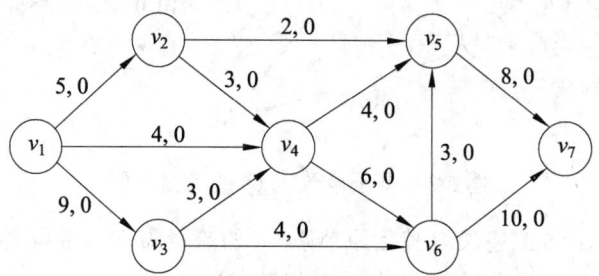

图 5.1　初始流量的交通网络结构图

流量最大化分配的过程如下：

第一步：根据算法过程中的第一步，将交通网络图 5.1 的转运结点 v_6 拆分成 v_6 和 v_6' 两个节点，同时将交通网络转化为单源单汇网络，构造新的运输网络图，如图 5.2 所示。

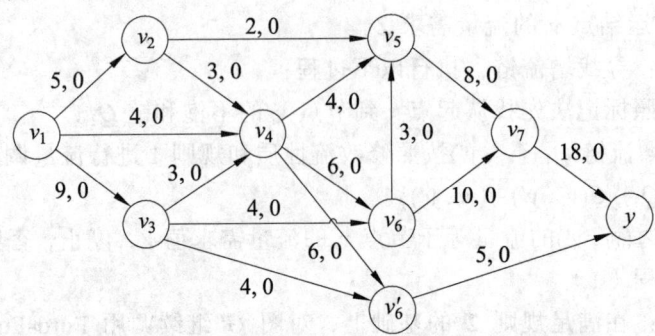

图 5.2　转运结点 v_6 拆成 v_6 和 v_6' 后新的交通网络图

第二步：在图 5.2 中寻找源 v_1 到 v_6' 的不饱和链 Q_1。假设寻找到的不饱和链 Q_1 为 $v_1 \to v_3 \to v_6'$，则增流链 $Q_1+(v_6', y)$ 的调整量为：

$$l(Q_1+(v_6', y)) = \min\{l(Q_1), C(v_6', y)-f(v_6', y)\}$$
$$= \min\{C(v_1, v_3)-f(v_1, v_3), C(v_3, v_6')-f(v_3, v_6'), C(v_6', y)-f(v_6', y)\}$$
$$= \min\{9-0, 4-0, 5-0\}$$
$$= 4。$$

第三步：对修改流 Q_1 进行调整，结果如图 5.3 所示。

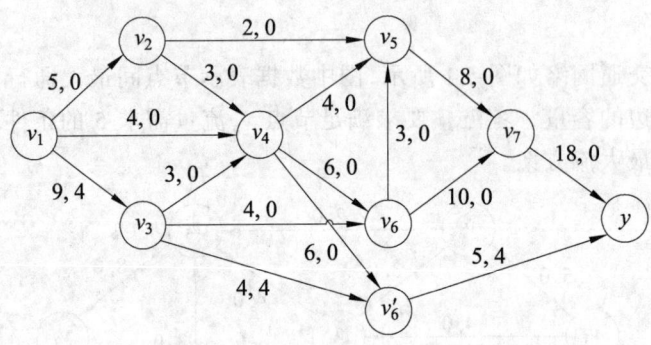

图 5.3　基于修改流 Q_1 的流量分配

第四步：图 5.3 还没有满足原节点 v_6 的流量需求，继续寻找源 v_1 到 v_6' 的不饱和链 Q_2。假设寻找到的不饱和链 Q_2 为 $v_1 \to v_2 \to v_4 \to v_6'$，则增流链 $Q_2+(v_6', y)$ 的调整量为：

$$l(Q_2+(v_6', y)) = \min\{l(Q_2), C(v_6', y)-f(v_6', y)\}$$
$$= \min\{C(v_1, v_2)-f(v_1, v_2), C(v_2, v_4)-f(v_2, v_4),$$
$$C(v_4, v_6')-f(v_4, v_6'), C(v_6', y)-f(v_6', y)\}$$

= min{5-0, 3-0, 6-0, 5-4}
= 1。

第五步：对修改流 Q_2 进行调整，结果如图 5.4 所示，此时已经满足原节点 v_6 需求的流量 5。

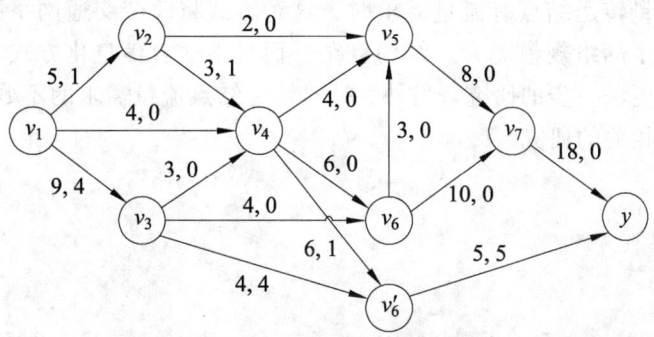

图 5.4 基于修改流 Q_2 的流量分配

第六步：调用 Ford-Fulkerson(G')算法，寻找包含节点 v_6 但不包含节点 v_6' 的增流链，然后利用修改流性质进行调整，循环进行，最后的最大流量分配方案如图 5.5 所示。

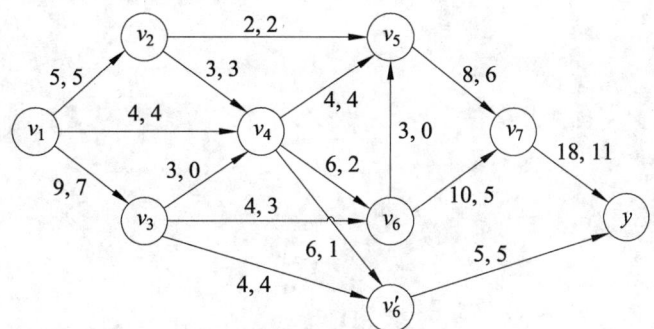

图 5.5 最大流量分配方案

上述示例只给出了一个节点有流量需求的处理方法，当多个节点有流量需求时，此算法仍然可以将有需求的节点一分为二，相同步骤进行流量分配即可。

5.5 结论

基于 Ford-Fulkerson 算法中对交通网络寻找增流链和利用修改流进行流量调整的思路，对交通网络转运结点有流量需求的问题进行了分析，在满足此类转运结点流量需求、发挥中间节点作用和遵循容量限制条件的前提条件下，构造了最大流分配算法，并通过示例对算法进行了验证，此算法为有同类截流现象的最大流分配问题提供了借鉴。

在交通网络中，有许多问题需要不断的探讨和研究，当大型、复杂交通网络中有大量转运结点有流量需求时，这种方式将改变交通网络图的结构和属性，造成了网络规模庞大、结构复杂，而且不适合信息化方式处理，所以有必要进行更深一步的研究。另外，针对转运结点流量需求的不确定等问题，也需要进行相关的研究。

第 6 章　交通网络两个相邻节点之间有流量约束的最大流优化方法

传统的 Ford-Fulkerson 算法是在容量限制条件和流量守恒条件下,基于寻找增流链对流量进行最大化的分配,而对于两个关联节点之间的流量分配没有任何约束条件。在实际应用中,往往对交通网络中两个相邻节点之间的流量有具体的要求和约束,直接使用传统算法已不能很好地解决此类最大流分配问题,所以有必要在传统算法基础之上,构造可行的有约束条件的最大流分配算法。本章针对交通网络中最大流分配要求两个相邻节点之间的流量不能超过限制值、不能低于限制值以及在一定范围之内这三种约束条件进行了分析和分类,基于 Ford-Fulkerson 算法中寻找增流链的思路,结合两个相邻节点之间流量有具体要求和约束条件,构造了三种最大流分配算法。

6.1　两个相邻节点之间流量有约束的分析及分类

本章算法是在 Ford-Fulkerson 算法寻找增流链思路基础上进行改进的,Ford-Fulkerson 算法在第五章第一节进行了具体描述,也说明了 Ford-Fulkerson 算法用 Ford-Fulkerson(G) 来表示。为了描述图 G 中两个相邻节点之间流量有条件约束,将 Ford-Fulkerson 算法的描述形式采用 Ford-Fulkerson$\{G, \text{MAXFlow}|(A)\}$ 来表示,其中 MAXFlow$|(A)$ 表示在约束条件 A 下的最大流量。针对 Ford-Fulkerson 算法,约束条件 $A = \emptyset$,即对两个相邻节点之间最大流不存在约束条件的 Ford-Fulkerson 算法用 Ford-Fulkerson $\{G, \text{MAXFlow}|(\emptyset)\}$ 表示。对两个相邻节点之间流量有约束的三种情况进行如下描述:

(1) 两个相邻节点之间流量不能超过限制值。

假设两个相邻节点 v_i 和节点 v_j 之间流量不能超过限制值 Z,用 Ford-Fulkerson$\{G, \text{Flow}|(\text{Flow}(v_i, v_j) \leqslant Z)\}$ 来描述此约束条件。

(2) 两个相邻节点之间流量不能低于限制值。

假设两个相邻节点 v_i 和节点 v_j 之间流量不能低于限制值 Z,用 Ford-

Fulkerson$\{G, \text{MAXFlow}|(\text{Flow}(v_i, v_j) \geqslant Z)\}$来描述此约束条件。

（3）两个相邻节点之间流量在一定范围之内。

假设两个相邻节点 v_i 和节点 v_j 之间流量在限制值 Z_1 和 Z_2 之间，用 Ford-Fulkerson$\{G, \text{MAXFlow}|(Z_1 \leqslant \text{Flow}(v_i, v_j) \leqslant Z_2)\}$来描述此约束条件。

6.2 两个相邻节点之间流量有约束的算法

6.2.1 两个相邻节点之间流量不能超过限制值的算法

1. 算法思想

将限制节点之间的容量值用限制值作为新的容量，因为流量的分配必须满足容量限制条件，那么在计算过程中，限制节点之间的流量不会超过新的容量值。

2. 算法过程

假设节点 v_i 和节点 v_j 之间流量不能超过限制值 Z，步骤如下：

第一步：用限制值 Z 代替图 G 中的 $C(v_i, v_j)$，即 $C(v_i, v_j) = Z$，将变化后的图用 G^n 表示。

第二步：针对新图 G^n 调用 Ford-Fulkerson 算法，即 Ford-Fulkerson$\{G^n, \text{MAXFlow}|(\varnothing)\}$。

第三步：图 G 中节点 v_i 和节点 v_j 之间流量不能超过限制值 Z 的最大流即为：

$$\text{Ford-Fulkerson}\{G, \text{MAXFlow}|(\text{Flow}(v_i, v_j) \leqslant Z)\}$$
$$= \text{Ford-Fulkerson}\{G^n, \text{MAXFlow}|(\varnothing)\}。$$

6.2.2 两个相邻节点之间流量不能低于限制值的算法

1. 算法思想

在计算过程中，先利用增流链方法将图 G 中两个限制节点之间的流量调整到限制值，在此基础上进行流量分配，但限制节点之间的流量必须满足以下规则：

规则1：新的增流链如果包含两个限制节点，并且两个限制节点的边为前向边，那么该边的流量调整量为容量减去流量。

规则 2：新的增流链如果包含两个限制节点，并且两个限制节点的边为后向边，那么该边的流量调整量为流量减去限制值。

规则 1 是使两个限制节点之间的流量在限制值基础上进行流量增加，规则 2 是使两个限制节点之间流量的减少不低于限制值。

2. 算法过程

假设节点 v_i 和节点 v_j 之间的流量不能低于限制值 Z，步骤如下：

第一步：如果边 (v_i, v_j) 的流量小于限制值 Z，进行以下过程：

（1）按照标记法先找从起点 x 到节点 v_i 的不饱和链 Q_1。

（2）按照标记法再找从节点 v_j 到终点 y 的不饱和链 Q_2。

（3）确定增流链 $Q_1+(v_i, v_j)+Q_2$ 的调整量：

$$l(Q_1+(v_i, v_j)+Q_2) = \min\{l(Q_1), C(v_i, v_j)-f(v_i, v_j), l(Q_2)\}.$$

（4）对增流链 $Q_1+(v_i, v_j)+Q_2$ 按照修改流性质进行流量调整，如果两个限制节点之间的流量大于等于限制值 Z，就转到第二步，否则返回过程（1）。

第二步：对图 G 调用 Ford-Fulkerson(G)，如果增流链 Q 包含边 (v_i, v_j)，为了满足规则 1 和规则 2，增流链 Q 的调整量按如下确定：

（1）如果边 (v_i, v_j) 为前向边，$l(Q) = \min\{l(Q_1), C(v_i, v_j)-f(v_i, v_j), l(Q_2)\}$；

（2）如果边 (v_i, v_j) 为后向边，$l(Q) = \min\{l(Q_1), f(v_i, v_j)-Z, l(Q_2)\}$；

第三步：返回第二步不断循环，直到不能找到增流链为止。

用 Ford-Fulkerson$\{G, \text{MAXFlow}|(\text{Flow}(v_i, v_j) \geq Z)\}$ 来代替以上过程。

6.2.3 两个相邻节点之间流量在一定范围之内的算法

1. 算法思想

先将限制节点之间的容量值用最大限制值作为新的容量，因为流量的分配必须满足容量限制条件，那么在计算过程中，限制节点之间的流量不会超过新的容量值；再利用增流链方法将图 G 中两个限制节点之间的流量调整到最小限制值，在此基础上进行流量分配，但限制节点之间的流量必须满足以下规则：

规则 3：新的增流链如果包含两个限制节点，并且两个限制节点的边为前向边，那么该边的流量调整量为新的容量（最大限制值）减去流量。

规则 4：新的增流链如果包含两个限制节点，并且两个限制节点的边为后向边，那么该边的流量调整量为流量减去最小限制值。

规则 3 是使两个限制节点之间的流量不超过最大限制值，规则 4 是保证两个限制节点之间的流量不低于最小限制值。

2. 算法过程

假设节点 v_i 和节点 v_j 之间的流量在限制值 Z_1 和 Z_2 之间，步骤如下：

第一步：用限制值 Z_2 代替图 G 中 $C(v_i, v_j)$，即 $C(v_i, v_j) = Z_2$，将变化后的图用 G^n 表示。

第二步：在满足规则 3 和规则 4 的基础上对新图 G^n 调用 6.3.2 中的算法，即：

Ford-Fulkerson$\{G^n,$ MAXFlow$|$(Flow$(v_i, v_j) \geqslant Z_1)\}$。

则图 G 中节点 v_i 和节点 v_j 之间流量在限制值 Z_1 和 Z_2 之间的最大流即为：

Ford-Fulkerson$\{G,$ MAXFlow$|(Z_1 \leqslant$ Flow$(v_i, v_j) \leqslant Z_2)\}$
= Ford-Fulkerson$\{G^n,$ MAXFlow$|$(Flow$(v_i, v_j) \geqslant Z_1)\}$。

6.3 算法示例

已知某交通网络如图 6.1 所示，图中数据表示节点之间的最大通行能力，即边容量，请分配最大的流量，要求节点 v_6 到节点 v_5 之间的流量在 8 和 10 之间。

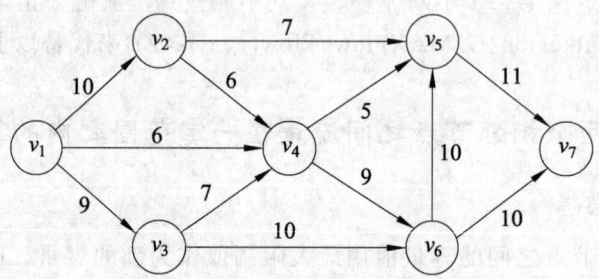

图 6.1 交通网络结构图

如果不考虑节点 v_6 到节点 v_5 之间的流量要求条件，直接调用 Ford-Fulkerson 算法即可，但针对约束条件，需要利用本章涉及的算法，流量分配主要过程如下：

第一步：将节点 v_6 到节点 v_5 之间的流量限制值用 Z_1 和 Z_2 表示，即 $Z_1 = 8$，$Z_2 = 10$，给一个初始流，同时用限制值 Z_2 代替交通网络图中的 $C(v_6, v_5)$，即 $C(v_6, v_5) = Z_2 = 10$，如图 6.2 所示。

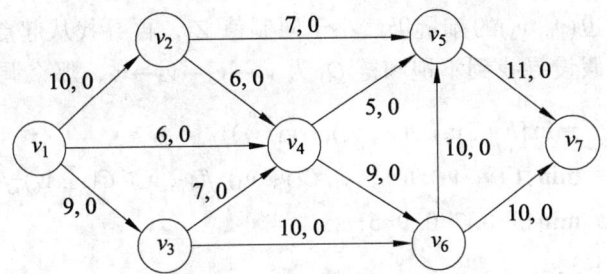

图 6.2 初始流量的交通网络结构图

第二步：边 (v_6, v_5) 的流量不小于限制值 Z_1，先寻找从起点 v_1 到节点 v_6 的不饱和链，假设寻找到不饱和链 Q_1 为 $v_1 \to v_4 \to v_6$，那么调整量为：

$$l(Q_1) = \min\{l(v_1, v_4), l(v_4, v_6)\}$$
$$= \min\{C(v_1, v_4) - f(v_1, v_4), C(v_4, v_6) - f(v_4, v_6)\}$$
$$= \min\{6-0, 9-0\}$$
$$= 6,$$

再寻找从节点 v_5 到终点 v_7 的不饱和链 Q_2 为 $v_5 \to v_7$，那么调整量为：

$$l(Q_2) = \min\{l(v_5, v_7)\} = \min\{C(v_5, v_7) - f(v_5, v_7)\}$$
$$= \min\{11-0\}$$
$$= 11,$$

增流链 $Q_1 + (v_6, v_5) + Q_2$ 的调整量为：

$$l(Q_1 + (v_6, v_5) + Q_2) = \min\{l(Q_1), C(v_6, v_5) - f(v_6, v_5), l(Q_2)\}$$
$$= \min\{6, 10-0, 11\}$$
$$= 6。$$

利用修改流性质进行调整，结果如图 6.3 所示。

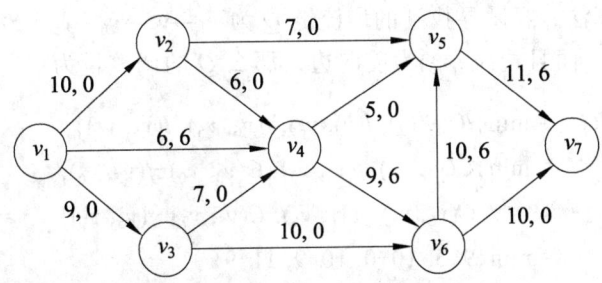

图 6.3 基于修改流的流量分配

第三步：边(v_6, v_5)的流量仍然小于限制值Z_1，再寻找从起点v_1到节点v_6的不饱和链，假设寻找到不饱和链Q_1为$v_1 \rightarrow v_3 \rightarrow v_4 \rightarrow v_6$，那么调整量为：

$$l(Q_1) = \min\{l(v_1, v_3), l(v_3, v_4), l(v_4, v_6)\}$$
$$= \min\{C(v_1, v_3)-f(v_1, v_3), C(v_3, v_4)-f(v_3, v_4), C(v_4, v_6)-f(v_4, v_6)\}$$
$$= \min\{9-0, 7-0, 9-6\}$$
$$= 3,$$

再寻找从节点v_5到终点v_7的不饱和链Q_2为$v_5 \rightarrow v_7$，那么调整量为：

$$l(Q_2) = \min\{l(v_5, v_7)\} = \min\{C(v_5, v_7)-f(v_5, v_7)\} = \min\{11-6\} = 5,$$

增流链$Q_1+(v_6, v_5)+Q_2$的调整量为：

$$l(Q_1+(v_6, v_5)+Q_2) = \min\{l(Q_1), C(v_6, v_5)-f(v_6, v_5), l(Q_2)\}$$
$$= \min\{3, 10-6, 5\}$$
$$= 3。$$

利用修改流性质进行调整，结果如图6.4所示。

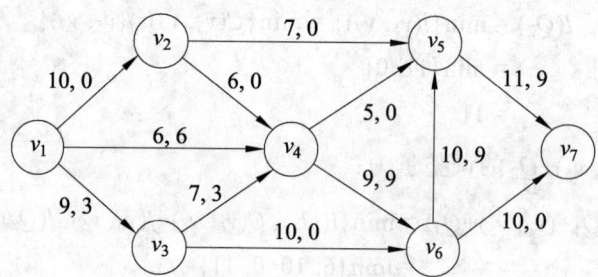

图6.4　基于修改流的流量分配

第四步：边(v_6, v_5)的流量已经满足限制值Z_1要求，对图调用Ford-Fulkerson(G)算法，假设寻找到的增流链Q为$v_1 \rightarrow v_3 \rightarrow v_6 \rightarrow v_5 \rightarrow v_7$，此增流链中包含边$(v_6, v_5)$，而且边$(v_6, v_5)$为前向边，那么$Q$的调整量为：

$$l(Q) = \min\{l(v_1, v_3), l(v_3, v_6), l(v_6, v_5), l(v_5, v_7)\}$$
$$= \min\{C(v_1, v_3)-f(v_1, v_3), C(v_3, v_6)-f(v_3, v_6),$$
$$C(v_6, v_5)-f(v_6, v_5), C(v_5, v_7)-f(v_5, v_7)\}$$
$$= \min\{9-3, 10-0, 10-9, 11-9\}$$
$$= 1。$$

利用修改流性质进行调整，结果如图 6.5 所示。

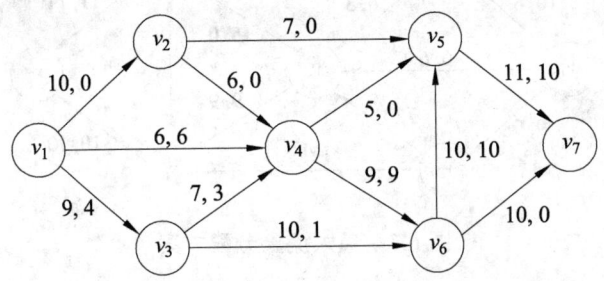

图 6.5　基于修改流的流量分配

第五步：继续对图调用 Ford-Fulkerson(G)算法，假设寻找到的增流链 Q 为 $v_1 \to v_2 \to v_5 \to v_6 \to v_7$，此增流链包含边($v_6, v_5$)，而且边($v_6, v_5$)为后向边，那么 Q 的调整量为：

$$l(Q) = \min\{l(v_1, v_2), l(v_2, v_5), f(v_6, v_5)-Z_1, l(v_6, v_7)\}$$
$$= \min\{C(v_1, v_2)-f(v_1, v_2), C(v_2, v_5)-f(v_2, v_5),$$
$$f(v_6, v_5)-Z_1, C(v_6, v_7)-f(v_6, v_7)\}$$
$$= \min\{10-0, 7-0, 10-8, 10-0\}$$
$$= 2。$$

此过程确保边(v_6, v_5)的流量不违反限制值 Z_1 的要求，利用修改流性质进行调整，结果如图 6.6 所示。

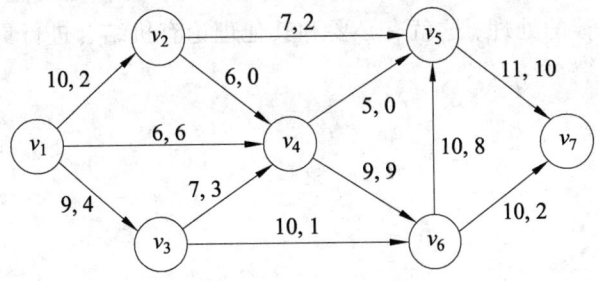

图 6.6　基于修改流的流量分配

第六步：按照以上思路继续对图调用 Ford-Fulkerson(G)算法，最终结果如图 6.7 所示。

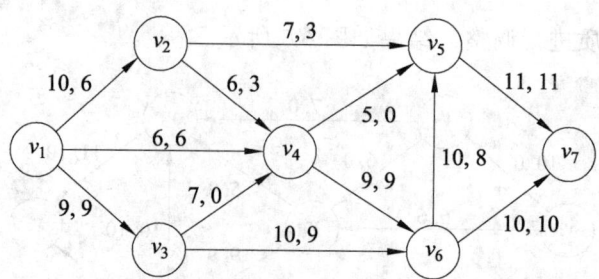

图 6.7 最大流量分配方案

可以继续寻找到源 v_1 到汇 v_7 的增流链,但若继续进行流量调整,就会使边(v_6, v_5)的流量违反限制值 Z_1 的要求,所以基于节点 v_6 到节点 v_5 之间的流量在 8 和 10 之间的最终最大流方案如图 6.7 所示。

6.4 结论

本章研究的主要内容是将 Ford-Fulkerson 算法和交通网络中两个相邻节点之间有流量约束条件结合起来,构造了三个算法。在这三个算法基础上,对有同类约束条件的最大流问题可以进行相应的应用,同时在交通网络的控制和管理中,对交通流预疏导问题、交通网络态势控制问题以及交通流均衡问题起着借鉴作用。

此三个算法步骤清晰,特点独特,可进行良好的运用,但在实际的交通网络中,仍存在许多问题需要不断的探讨和研究,尤其是对流量不确定问题等需要更加完善的处理,这就有必要和其他理论有机结合进行更深入的研究。

第7章 交通网络两个节点间有流量约束的最小代价最大流优化方法

在实际应用中，往往对交通网络中两个关联节点之间的流量有具体的要求和约束条件，直接使用传统算法已不能很好地解决有约束条件的最小代价流分配问题，所以有必要在传统算法基础之上，对网络中两个关联节点之间有流量约束条件的最小代价流问题做进一步研究，从而构造可行的有约束条件的最小代价流分配算法。

针对交通网络中最小代价最大流的分配问题，本章对两个节点之间的流量不能超过限制值、不能低于限制值以及在一定范围之内这三种约束条件进行了分析和分类，基于连续最短路算法的思路，结合两个节点之间的流量有具体的要求和约束条件限制，构造了三种最小代价最大流分配算法。

7.1 两个节点之间流量有约束条件的分析

为了连续最短路算法（Successive Shortest Path Algorithm）引用的方便，这里假设用 SSPA(G) 表示该算法，其中 G 表示网络图；同时为了描述图 G 中两个节点之间的流量有约束条件，将连续最短路算法的描述形式采用 SSPA$\{G, \text{MAXFlow}|(A)\}$ 来表示，其中 MAXFlow$|(A)$ 表示在约束条件 A 下的最小代价最大流。针对连续最短路算法，约束条件 $A = \varnothing$，即两个节点之间流量没有约束条件的连续最短路算法用 SSPA$\{G, \text{MAXFlow}|(\varnothing)\}$ 来表示。

对两个节点之间流量有约束条件的三种情况描述如下：

（1）两个节点之间的流量不能超过限制值。

假设节点 v_i 和 v_j 之间的流量不能超过限制值 Z，用 SSPA$\{G, \text{MAXFlow}|(\text{Flow}(v_i, v_j) \leqslant Z)\}$ 来描述此约束条件。

（2）两个节点之间的流量不能低于限制值。

假设节点 v_i 和 v_j 之间的流量不能低于限制值 Z，用 SSPA$\{G, \text{MAXFlow}|(\text{Flow}(v_i, v_j) \geqslant Z)\}$ 来描述此约束条件。

（3）两个节点之间的流量在一定范围之内。

假设节点 v_i 和节点 v_j 之间的流量值限制在 Z_1 和 Z_2 范围内，用 SSPA $\{G, \text{MAXFlow}|(Z_1 \leqslant \text{Flow}(v_i, v_j) \leqslant Z_2)\}$ 来描述此约束条件。

7.2 两个节点之间的流量有约束条件的算法

尽管两个节点之间的流量约束有三种情况，但我们仅针对情况（3）进行算法设计即可。

1. 算法思想

在计算过程中，先利用增流链方法将图 G 中两个限制节点之间的流量调整到限制值，但调整过程中必须满足以下规则：

规则 1：新的增流链必须包含两个限制节点并且尽可能是从源到汇的最短路径。

规则 2：如果新增流链中两个限制节点的边为前向边，那么该边流量调整量为最大限制值减去流量。

规则 3：如果新增流链中两个限制节点的边为后向边，那么该边流量调整量为流量减去最小限制值。

规则 1 是在满足代价最小情况下将两个限制节点之间的流量调整在最小限制值和最大限制值之间的前提，规则 2 是使两个限制节点之间的流量在最大限制值之内进行流量增加，规则 3 是使两个限制节点之间的流量的减少不低于最小限制值。

2. 算法过程

假设节点 v_i 和 v_j 之间流量限制的最小值为 Z_1，最大值为 Z_2，即 $Z_1 \leqslant \text{Flow}(v_i, v_j) \leqslant Z_2$，这里用 SSPA$\{G, \text{MAXFlow}|Z_1 \leqslant \text{Flow}(v_i, v_j) \leqslant Z_2\}$ 表示该算法，算法过程如下：

第一步：因为流量的分配必须满足容量限制条件，所以首先将限制节点之间的容量值用最大限制值 Z_2 做新的容量，即 $C(v_i, v_j) = Z_2$。

第二步：如果边 (v_i, v_j) 的流量小于最小限制值 Z_1，为了满足规则 1，需进行以下过程：

（1）在图 G 中找从起点 x 到节点 v_i 的关于代价 W 尽可能最短并且不饱和的链路 Q_1。

（2）在图 G 中找从节点 v_j 到终点 y 的关于代价 W 尽可能最短并且不饱和

的链路 Q_2。

（3）设不饱和链路 Q_1 的调整量为 $l(Q_1)$，不饱和链路 Q_2 的调整量为 $l(Q_2)$，则增流链 $Q_1 + (v_i, v_j) + Q_2$ 的调整量为：

$$l(Q_1 + (v_i, v_j) + Q_2) = \min\{l(Q_1), Z_1 - f(v_i, v_j), l(Q_2)\}。$$

（4）对增流链 $Q_1 + (v_i, v_j) + Q_2$ 按照修改流性质进行流量调整，如果两个限制节点之间的流量在限制值 Z_1 和 Z_2 之间，停止，否则，返回过程（1）。

第三步：构造图 G 的伴随流量 f 的增流网络 $G_f = (V', E', C', W', X', Y')$，$G_f$ 中顶点同 G 中顶点一样，即 $V' = V$、$X' = X$、$Y' = Y$，但 E'、C'、W' 的规则如下：

（1）针对边 (v_i, v_j)。

① 若 $f(v_i, v_j) < C(v_i, v_j)$ 且 $f(v_i, v_j) > Z_1$，则在 G_f 中构造两条边 $e_1 = (v_i, v_j)$ 和 $e_2 = (v_j, v_i)$，其中针对 e_1 有 $C'(v_i, v_j) = C(v_i, v_j) - f(v_i, v_j)$，$W'(v_i, v_j) = W(v_i, v_j)$；针对 e_2 有 $C'(v_j, v_i) = f(v_j, v_i) - Z_1$，$W'(v_j, v_i) = -W(v_i, v_j)$。

② 若 $f(v_i, v_j) < C(v_i, v_j)$ 且 $f(v_i, v_j) = Z_1$，则在 G_f 中构造一条边 $e = (v_i, v_j)$，其中针对 e 有 $C'(v_i, v_j) = C(v_i, v_j) - f(v_i, v_j)$，$W'(v_i, v_j) = W(v_i, v_j)$。

③ 若 $f(v_i, v_j) = C(v_i, v_j)$，则在 G_f 中构造一条边 $e = (v_j, v_i)$，其中针对 e 有 $C'(v_j, v_i) = C(v_i, v_j) - Z_1$，$W'(v_j, v_i) = -W(v_i, v_j)$。

（2）针对边 (v_i, v_j) 以外的边。

① 若 G 中 $f(u, v) < C(u, v)$ 且 $f(u, v) > 0$，则在 G_f 中构造两条边 $e_1 = (u, v)$ 和 $e_2 = (v, u)$，其中针对 e_1 有 $C'(u, v) = C(u, v) - f(u, v)$，$W'(u, v) = W(u, v)$；针对 e_2 有 $C'(v, u) = f(u, v)$，$W'(v, u) = -W(u, v)$。

② 若 $f(u, v) = 0$，则在 G_f 中构造一条边 $e = (u, v)$，其中 $C'(u, v) = C(u, v) - f(u, v)$，$W'(u, v) = W(u, v)$；

③ 若 G 中 $f(u, v) = C(u, v)$，则在 G_f 中构造一条边 $e = (v, u)$，其中 $C'(v, u) = f(u, v)$，$W'(v, u) = -W(u, v)$；

第四步：从增流网络 G_f 中找 x 到 y 的路径 f，若不存在，则 G 的流即为最小代价最大流，算法终止，否则找出由 x 到 y 关于代价 W 的最短路径 P，$W(P^*) = \min\{W(P)\}$。

第五步：求流的增加量 δ，$\delta = \min\{C'(e), e \in P^*\}$。

第六步：找出 G 中与最短路径 P^* 对应的边，它是一条由源 x 到汇 y 的增流链，对所有前向边的流量加上 δ，后向边的流量减去 δ，其他边的流量不变。

第七步：网络的流值 $\mathrm{Val}\, f^* = \mathrm{Val}\, f + \delta$，视 f^* 为 f，转第三步继续构造图 G

的伴随流量 f 的增流网络并继续调整。

7.3 算法示例

假设某交通网络如图 7.1 所示，图中线路数据分别表示容量、代价，请设计分配代价最低的最大流量方案，要求节点 v_6 到节点 v_5 之间的流量在 8 和 12 之间。

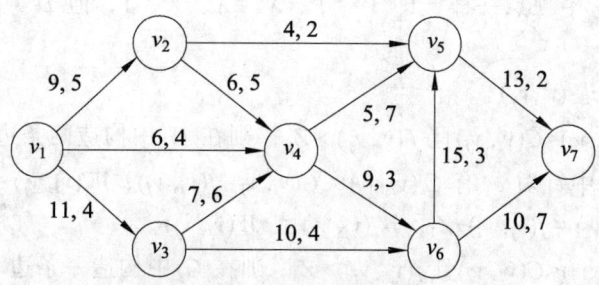

图 7.1 运输网络结构

如果不考虑节点 v_6 到节点 v_5 之间的流量要求条件，直接调用连续最短路算法即可，但针对约束条件，需要利用本章涉及的算法。分配代价最低的最大流量过程如下：

第一步：将节点 v_6 到节点 v_5 之间的流量限制值用 Z_1 和 Z_2 表示，即 $Z_1 = 8$，$Z_2 = 12$，给定一个初始流，同时用限制值 Z_2 代替网络图中边 (v_6, v_5) 的容量 $C(v_6, v_5)$，即 $C(v_6, v_5) = Z_2 = 12$，如图 7.2 所示。

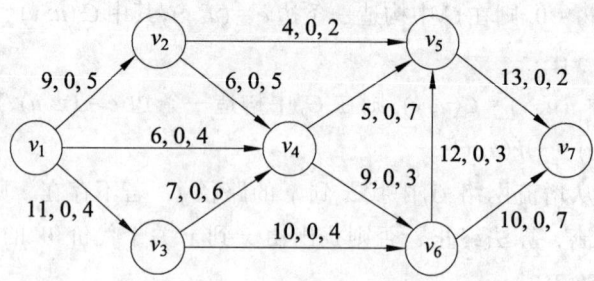

图 7.2 运输网络初始流结构

第二步：边 (v_6, v_5) 的流量不小于限制值 Z_1，先寻找从起点 v_1 到节点 v_6 的最短路径并且是不饱和的链路，假设寻找到不饱和的最短链路 Q_1 为 $v_1 \to v_4 \to v_6$，那么调整量为：

$$l(Q_1) = \min\{l(v_1, v_4), l(v_4, v_6)\}$$
$$= \min\{C(v_1, v_4) - f(v_1, v_4), C(v_4, v_6) - f(v_4, v_6)\}$$
$$= \min\{6-0, 9-0\}$$
$$= 6。$$

再寻找从节点 v_5 到终点 v_7 的不饱和最短链路 Q_2 为 $v_5 \rightarrow v_7$，那么调整量为：

$$l(Q_2) = \min\{l(v_5, v_7)\} = \min\{C(v_5, v_7) - f(v_5, v_7)\} = \min\{13-0\} = 13。$$

增流链 $Q_1+(v_6, v_5)+Q_2$ 的调整量为：

$$l(Q_1+(v_6, v_5)+Q_2) = \min\{l(Q_1), Z_1 - f(v_6, v_5), l(Q_2)\} = \min\{6, 8-0, 13\} = 6。$$

利用修改流性质进行调整，结果如图 7.3 所示。

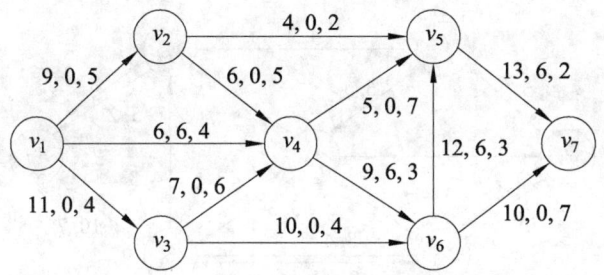

图 7.3　交通流分配第一次调整结果

第三步：边 (v_6, v_5) 的流量仍然小于限制值 Z_1，再寻找从起点 v_1 到节点 v_6 的不饱和最短链路，假设寻找到的 Q_1 为 $v_1 \rightarrow v_3 \rightarrow v_6$，那么调整量为：

$$l(Q_1) = \min\{l(v_1, v_3), l(v_3, v_6)\}$$
$$= \min\{C(v_1, v_3) - f(v_1, v_3), C(v_3, v_6) - f(v_3, v_6)\}$$
$$= \min\{11-0, 10-0\}$$
$$= 10。$$

再寻找从节点 v_5 到终点 v_7 的不饱和最短链路 Q_2 为 $v_5 \rightarrow v_7$，那么调整量为：

$$l(Q_2) = \min\{l(v_5, v_7)\} = \min\{C(v_5, v_7) - f(v_5, v_7)\} = \min\{13-6\} = 7。$$

增流链 $Q_1+(v_6, v_5)+Q_2$ 的调整量为：

$$l(Q_1+(v_6, v_5)+Q_2) = \min\{l(Q_1), Z_1 - f(v_6, v_5), l(Q_2)\} = \min\{10, 8-6, 7\} = 2。$$

利用修改流性质进行调整，结果如图 7.4 所示。

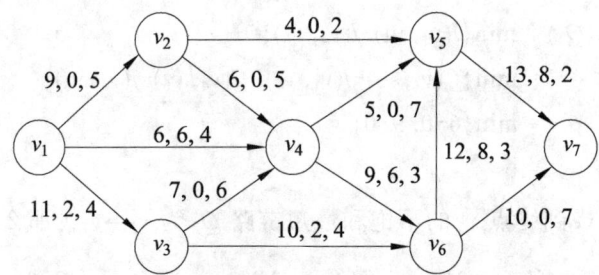

图 7.4 交通流分配第二次调整结果

第四步：边(v_6, v_5)的流量已经满足限制值 Z_1 的要求，对图 7.4 做增流网络，因为边(v_6, v_5)的流量不能小于 8，所以在增流网络中不能构造边(v_5, v_6)，结果如图 7.5 所示。

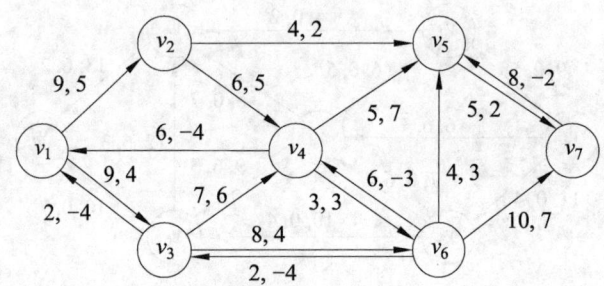

图 7.5 交通流分配第二次流后的增流网络图

第五步：在图 7.5 中找出从起点 v_1 到终点 v_7 的最短路径为 $v_1 \rightarrow v_2 \rightarrow v_5 \rightarrow v_7$，流的调整量为：

$$\delta = \min\{C'(e), e \in P^*\} = \{9, 4, 5\} = 4。$$

对图 7.5 进行流量调整，如图 7.6 所示。

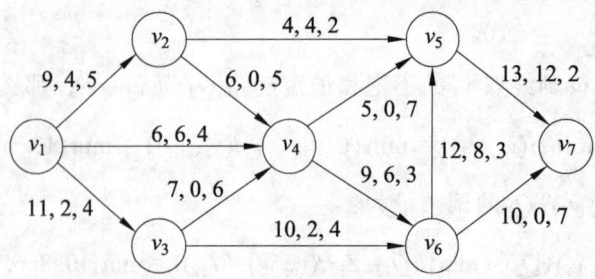

图 7.6 交通流分配第三次调整结果

第六步：对图 7.6 做增流网络，因为边 (v_6, v_5) 的流量不能小于 8，所以在增流网络中不能构造边 (v_5, v_6)，结果如图 7.7 所示。

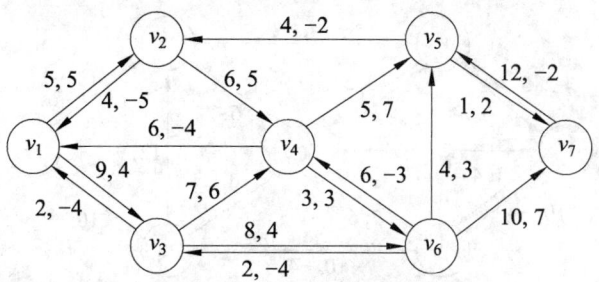

图 7.7 交通流分配第三次流后的增流网络图

第七步：在图 7.7 中找出从起点 v_1 到终点 v_7 的最短路径为 $v_1 \to v_3 \to v_6 \to v_5 \to v_7$，流的调整量为：

$$\delta = \min\{C'(e), e \in P^*\} = \{9, 8, 4, 1\} = 1,$$

对图 7.7 进行流量调整，如图 7.8 所示。

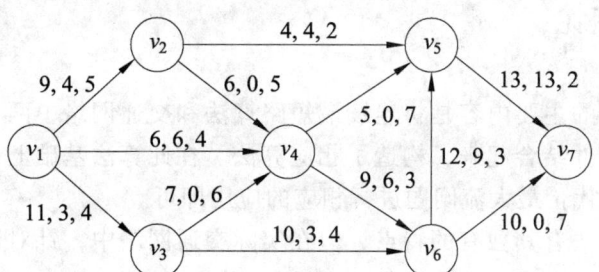

图 7.8 交通流分配第四次调整结果

第八步：对图 7.8 继续做增流网络并调整，结果如图 7.9 所示。

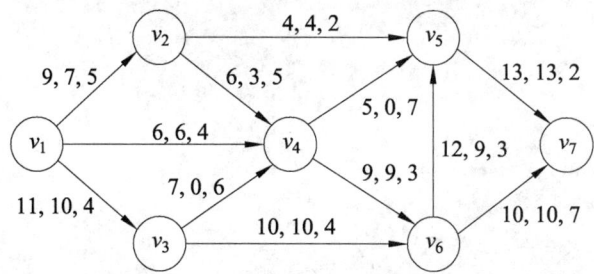

图 7.9 交通流分配第五次调整结果

第九步：对图 7.9 继续做增流网络，因为边 (v_6, v_5) 的流量值不能小于 8，所以在增流网络中构造边(v_5, v_6)的 $C'(v_5, v_6) = f(v_5, v_6)-Z = 9-8 = 1$，调流之后再次构造 G_f 图，如图 7.10 所示。

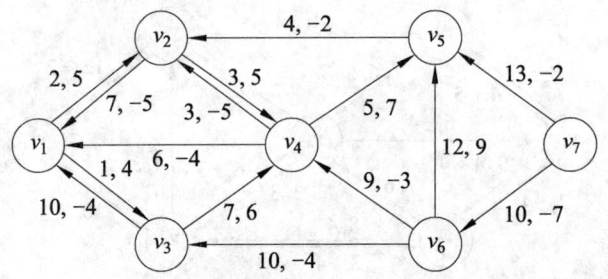

图 7.10 最后一次调流后的增流网络图

图 7.10 中不能找到从起点 v_1 到终点 v_7 的最短路径，而且图 7.9 中节点 v_6 到节点 v_5 之间的发送列车数也在 8 和 12 之间，所以开行列车代价最低而且节点 v_6 到节点 v_5 之间每天发送列车数在 8 和 12 之间的最大发车方案如图 7.9 所示。

7.4 结论

本章研究的主要内容是将连续最短路算法和交通网络中两个节点之间有流量约束的条件结合起来，构造了相应算法。在此算法基础上，对有同类约束条件的最小代价最大流问题进行相应的应用即可。

尽管此算法有其独有的特点，但在实际交通网络中，针对流量不确定等一系列问题，都需要进行更加深入的研究。

第 8 章　满足交通网络流量增长态势的扩能优化方法

传统的网络图应用优化算法可以解决最大流或最小代价流分配等问题，但在实际应用中，随着时间的推移，流量的发展态势往往会超出交通网络的最大承载能力，这就需要提高或改善整个交通网络的输送能力来满足流量发展态势的需要，否则会造成交通网络的拥堵甚至瘫痪。

尽管已有研究对交通网络防堵塞问题做了分析，但没有从现实流量态势的角度出发，另外，有些是以容差为基础对网络均衡做了定义，没有从流量分布的畅通程度或拥堵程度来界定网络均衡问题。针对整个交通网络的扩能，既要考虑流量的发展态势，也要考虑网络扩能的代价，另外，可能还需要考虑拥堵程度高的线路，在这些因素基础上来选择最优的扩能路线，从而提高整个交通网络能力，使交通网络进一步优化。

本章基于 Dijkstra 算法寻找最短路以及 Ford-Fulkerson 算法调整流量的思路，在考虑流量发展态势的预期流量、扩能代价最低以及尽可能对拥堵程度高的线路扩能三个前提条件下，设计了交通网络扩能优化的算法。

8.1　交通网络扩能分析

把交通网络图表示方式 $G = (V, E, C, W, F, X, Y)$ 扩展为 $G = (V, E, C, W, F, X, Y, P, O)$，其中节点集合 $V = \{v_i | i = 1, 2, \cdots, n\}$，线路集合 $E = \{e(v_i, v_j) | v_i, v_j \in V\}$，$C$ 为线路容量集合，W 为线路运行代价集合，F 为线路流量集合，集合 X 中的节点 x 为图 G 的源，集合 Y 中的节点 y 为图 G 的汇，$I = V - (X \cup Y)$ 中的节点为图 G 的中间点，P 表示线路容量扩建的单位代价，O 表示线路畅通程度，即 $O = C/F$，这里假设如果 $F = 0$，默认 $O = +\infty$。根据交通网络流量发展态势，在本章中用 Q 代表整个网络的预期流量上限。

根据流量发展态势的预期流量、扩能代价最低以及扩能拥堵程度高的线路这三个因素，其数学模型如式（8.1）所示。

目标函数：
$$\begin{cases} \min P = \sum p_{ij} \Delta c_{ij}, & (\text{总扩能代价}) \\ \max O = \sum o_{ij}, & (\text{总畅通程度}) \\ \max F(G) = Q, & (\text{网络的最大流量等于网络的态势流量}) \\ 0 \leqslant f_{ij} \leqslant c_{ij}, & (\text{容量限制条件}) \end{cases}$$

条件方程：$\sum f^+(v_i) = \sum f^-(v_i)$，（流量守恒条件）

(8.1)

其中：p_{ij}——线路(v_i, v_j)的容量扩建单位代价；

Δc_{ij}——线路(v_i, v_j)的容量扩建增量；

o_{ij}——线路(v_i, v_j)的畅通程度；

f_{ij}——线路(v_i, v_j)的流量；

$f^+(v_i)$、$f^-(v_i)$——节点v_i接收的流量和发出的流量，同时$v_i \notin X$，$v_i \notin Y$。

可以看出，此模型为多目标决策问题。针对多目标决策问题，会出现非劣解、无共同最优解或彼此无法比较等现象。多目标决策是半有序状态，直接解决多目标决策问题的最优化很困难，所以一般将多目标决策问题转化为单目标或双目标问题，常用的方法有主要目标法、线性加权法、功效系数法以及理想点法等。

交通网络扩能问题是对线路的容量进行增加，所以线路的容量限制条件不能作为约束，因此，这里利用主要目标法将式（8.1）所示的模型转化为式（8.2）所示的单目标模型。

目标函数：$\min P = \sum p_{ij} \Delta c_{ij}$，（总扩能代价）

条件方程：
$$\begin{cases} o_{ij} \leqslant o_{mn}, & (\text{被扩能线路的畅通程度低于其他线路的畅通程度}) \\ F(G) = Q, & (\text{网络的最大流量等于网络的态势流量}) \\ \sum f^+(v_i) = \sum f^-(v_i), & (\text{流量守恒条件}) \end{cases}$$

(8.2)

其中：p_{ij}——线路(v_i, v_j)的容量扩建单位代价；

Δc_{ij}——线路(v_i, v_j)的容量扩建增量；

o_{ij}、o_{mn}——线路(v_i, v_j)和线路(v_m, v_n)的畅通程度，同时$(v_i, v_j) \neq (v_m, v_n)$；

f_{ij}——线路(v_i, v_j)的流量；

$f^+(v_i)$、$f^-(v_i)$——节点v_i接收的流量和发出的流量，同时$v_i \notin X$，$v_i \notin Y$。

将式（8.1）所示的多目标决策模型转化为式（8.2）所示的单目标决策模型后，该模型是完全有序的，这样就把交通网络扩能问题转化为以扩能拥堵程度高的线路、发展态势的预期流量以及流量守恒为约束条件，以总扩能代价最低为主要目标的单目标决策模型。基于这样的单目标决策模型，需要构造一个优化算法来解决交通网络扩能问题。

8.2 交通网络扩能算法思路

交通网络的最大承载能力不能满足整个网络发展态势的流量需求，主要是容量限制了流量的进一步增加。根据式（8.2），扩能原则是选择扩能代价最低及畅通程度最低的线路。

Ford-Fulkerson 算法是在容量限制条件和流量守恒条件下构造增流网络，在增流网络中寻找关于代价的最短路径。为了利用 Ford-Fulkerson 算法，选择扩能代价和畅通程度乘积的方式作总代价，如式（8.3）所示：

$$w_{ij} = (p_{ij}\Delta c_{ij})\times o_{ij}, \tag{8.3}$$

其中：w_{ij}——线路(v_i, v_j)的扩建总代价；

p_{ij}——线路(v_i, v_j)的容量扩建单位代价；

Δc_{ij}——线路(v_i, v_j)的容量扩建增量；

o_{ij}——线路(v_i, v_j)的畅通程度。

因为线路畅通程度 $O = C/F$，O 的值越大，表明线路的畅通程度越大，即其拥堵程度越小；反之，表明线路的畅通程度越小，拥堵程度越大。在对线路进行扩容时，应选择畅通程度小的线路进行扩容，所以式（8.3）转化为式（8.4）：

$$w_{ij} = (p_{ij}\Delta c_{ij})\times(c_{ij}/f_{ij}), \tag{8.4}$$

其中：w_{ij}——线路(v_i, v_j)的扩建代价；

p_{ij}——线路(v_i, v_j)的容量扩建单位成本；

Δc_{ij}——线路(v_i, v_j)的容量扩建增量；

c_{ij}——线路(v_i, v_j)的容量；

f_{ij}——线路(v_i, v_j)的流量。

将式（8.4）中的代价 w_{ij} 看作连续最短路算法中的代价权 w，选择最优扩能方案，考虑以下因素：

（1）因为要考虑在现有最大流量基础上对交通网络进行扩能，所以不能将现有流量分布重新分配，即不能改变网络现有流量的流向及降低现有线路上的流量，因此不能直接采用 Ford-Fulkerson 算法来构造增流网络。

（2）借鉴 Ford-Fulkerson 算法的思路对流量进行递增调整，同时借鉴 Dijkstra 算法中的标记思路，寻找交通网络中扩能代价最低的路径，为此分别建立路径流量调整量模型、路径扩能代价计算模型以及标记模型：

① 从起点到节点 v_j 路径的流量调整量模型：

$$t(v_j) = \min\{t(v_i), \Delta f_{ij}\}, \quad (8.5)$$

其中：$t(v_j)$——起点到节点 v_j 的最小流量调整量；

$t(v_i)$——起点到节点 v_i 的最小流量调整量，v_i 为 v_j 的上一个关联节点；

Δf_{ij}——线路 (v_i, v_j) 的流量增量，若 $f_{ij} < c_{ij}$，$\Delta f_{ij} = c_{ij} - f_{ij}$，若 $f_{ij} \geq c_{ij}$，$\Delta f_{ij} = Q - f_{ij}$。

② 从起点到节点 v_j 路径的扩能代价计算模型：

$$w(v_j) = w(v_i) + w_{ij}, \quad (8.6)$$

其中：$w(v_j)$——起点到节点 v_j 的最小扩建总代价；

$w(v_i)$——起点到节点 v_i 的最小扩建总代价，v_i 为 v_j 的上一个关联节点；

w_{ij}——线路 (v_i, v_j) 的扩建代价；

基于式（8.4），将式（8.6）转换为式（8.7）：

$$w(v_j) = w(v_i) + (p_{ij}\Delta c_{ij}) \times (c_{ij}/f_{ij}), \quad (8.7)$$

其中：$w(v_j)$——起点到节点 v_j 的最小扩建总代价；

$w(v_i)$——起点到节点 v_i 的最小扩建总代价，v_i 为 v_j 的上一个关联节点；

p_{ij}——线路 (v_i, v_j) 的容量扩建单位代价；

c_{ij}——线路 (v_i, v_j) 的容量；

f_{ij}——线路 (v_i, v_j) 的流量；

Δc_{ij}——线路 (v_i, v_j) 的容量扩建增量，根据式（8.6），若 $f_{ij} + t(v_j) < c_{ij}$，$\Delta c_{ij} = 0$，若 $f_{ij} + t(v_j) \geq c_{ij}$，$\Delta c_{ij} = Q - c_{ij}$。

8.3 交通网络扩能算法

基于上述分析和在满足流量守恒的条件下，借鉴 Dijkstra 算法和连续最短路算法，交通网络扩能优化算法步骤如下：

第一步：以现有交通网络 $G = (V, E, C, W, F, X, Y, P, O)$ 的最大流量为给定初始流。

第二步：设集合 $S = \{v_1\}$，$T = \{v_2, \cdots, v_i, \cdots, v_n\}$，设 $t(v_1) = +\infty$，$w(v_1) = 0$，$w(v_i) = +\infty$，其中 $i = 2, \cdots, n$。

第三步：根据式（8.7），求出 $w(v_j) = \min\{w(v_i)+(p_{ij}\Delta c_{ij})\times(c_{ij}/f_{ij}); w(v_j)| v_i \in S, v_j \in T\}$。

第四步：求出 $w(v_i) = \min\{w(v_i)|v_i \in T\}$。

第五步：根据式（8.5），计算出 $t(v_i)$，然后给节点 v_i 做标记，标号为 $[v_k, t(v_i)]$，其中 v_k 为 v_1 到 v_i 最短路径中 v_i 的上一个关联节点。

第六步：将 v_i 从集合 T 中去掉，加入到集合 S 中。

第七步：根据式（8.7），再依次求 $w(v_j) = \min\{w(v_i) + (p_{ij}\Delta c_{ij}) \times (c_{ij}/f_{ij}); w(v_j)|v_i \in S, v_j \in T\}$，$v_i$ 为第四步中得出的节点。

第八步：从第四步迭代循环处理，直至节点 $v_n \notin T$，可以知道节点 v_n 标号中的 $w(v_j)$ 和 $t(v_j)$ 分别为 v_1 到 v_i 最短路径的总扩能代价和最小流量递增量。

第九步：以节点 v_n 开始，逆向依次从标号中找出节点 v_1 到节点 v_n 的最短路。

第十步：对最短路 (v_1, v_n) 的每个线路分别加上最小流量递增量 $t(v_n)$。

第十一步：设 $f^+(v_1)$ 为起始节点 v_1 发出的总流量，若 $f^+(v_1)<Q$，从第三步迭代循环，直到 $f^+(v_1) = Q$。

第十二步：找出 $f_{ij} \geq c_{ij}$ 的被扩能线路，分别计算出线路扩能代价以及交通网络总扩能代价。

8.4 算法示例

假设有一个交通网络如图 8.1 所示，已知该网络流量已经达到最大流状态 21，即该网络处于拥堵甚至瘫痪状态。根据分析，在一定预测期内网络发展态势流量可能达到 30，基于目前网络状态和流量发展态势，需要对该网络进行扩能，已知各个路段的单位扩能改造代价如表 8.1 所示，利用本章研究内容构造最优的扩能方案。

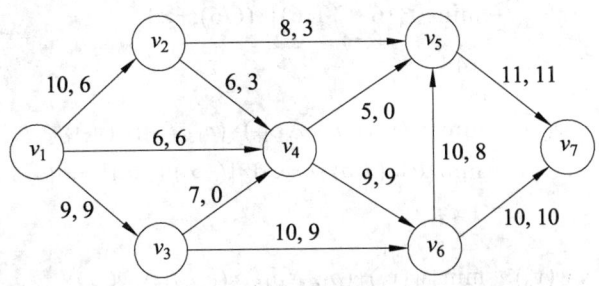

图 8.1　交通网络初始流量状态图

表 8.1　各个路段单位扩能改造代价

事项	v_1	v_2	v_3	v_4	v_5	v_6	v_7
v_1	$+\infty$	9	4	6	$+\infty$	$+\infty$	$+\infty$
v_2	$+\infty$	$+\infty$	$+\infty$	11	10	$+\infty$	$+\infty$
v_3	$+\infty$	$+\infty$	$+\infty$	11	$+\infty$	5	$+\infty$
v_4	$+\infty$	$+\infty$	$+\infty$	$+\infty$	8	9	$+\infty$
v_5	$+\infty$	$+\infty$	$+\infty$	$+\infty$	$+\infty$	$+\infty$	3
v_6	$+\infty$	$+\infty$	$+\infty$	$+\infty$	5	$+\infty$	7
v_7	$+\infty$	$+\infty$	$+\infty$	$+\infty$	$+\infty$	$+\infty$	$+\infty$

利用本章的研究思路及算法，扩能选优过程如下：

第一步：以目前的流量为初始流，已知 $Q = 30$。

第二步：设集合 $S = \{v_1\}$，$T = \{v_2, v_3, v_4, v_5, v_6, v_7\}$，设 $t(v_1) = +\infty$，$w(v_1) = 0$，$w(v_i) = +\infty$，其中 $i = 2, \cdots, 7$。

第三步：根据式（8.7），求出 $w(v_j) = \min\{w(v_1)+(p_{1j}\Delta c_{1j})\times(c_{1j}/f_{1j}); w(v_j) | v_1 \in S, v_j \in T\}$：

$$w(v_2) = \min\{w(v_1)+(p_{12}\Delta c_{12})\times(c_{12}/f_{12}); w(v_2)\}$$
$$= \min\{0+(9\times 0)\times(10/6); +\infty\}$$
$$= 0,$$

$$w(v_3) = \min\{w(v_1)+(p_{13}\Delta c_{13})\times(c_{13}/f_{13}); w(v_3)\}$$
$$= \min\{0+[4\times(30-9)]\times(9/9); +\infty\}$$
$$= 84,$$

$$w(v_4) = \min\{w(v_1)+(p_{14}\Delta c_{14})\times(c_{14}/f_{14}); w(v_4)\}$$
$$= \min\{0+[6\times(30-6)]\times(6/6); +\infty\}$$
$$= 144,$$

$$w(v_5) = \min\{w(v_1)+(p_{15}\Delta c_{15})\times(c_{15}/f_{15}); w(v_5)\}$$
$$= \min\{0+[(+\infty)\times(+\infty)]\times[(+\infty)/(+\infty)]; +\infty\}$$
$$= +\infty,$$

$$w(v_6) = \min\{w(v_1)+(p_{16}\Delta c_{16})\times(c_{16}/f_{16}); w(v_6)\}$$
$$= \min\{0+[(+\infty)\times(+\infty)]\times[(+\infty)/(+\infty)]; +\infty\}$$
$$= +\infty,$$

$$w(v_7) = \min\{w(v_1)+(p_{17}\Delta c_{17})\times(c_{17}/f_{17}); w(v_7)\}$$
$$= \min\{0+[(+\infty)\times(+\infty)]\times[(+\infty)/(+\infty)]; +\infty\}$$
$$= +\infty。$$

第四步：求出 $w(v_i) = \min\{w(v_j)|v_j\in T\}$，则

$$w(v_2) = \min\{w(v_2), w(v_3), w(v_4), w(v_5), w(v_6), w(v_7)\}$$
$$= \{0, 84, 144, +\infty, +\infty, +\infty\}$$
$$= 0。$$

第五步：根据式（8.5），$t(v_2) = \min\{t(v_1), \Delta f_{12}\} = \min\{+\infty, 10-6\} = 4$，给节点 v_2 做标记，标号为$(v_1, t(v_2))$，即$(v_1, 4)$。

第六步：将 v_2 从集合 T 中去掉，加入到集合 S 中。

第七步：根据式（8.7），再依次求 $w(v_j) = \min\{w(v_2)+(p_{2j}\Delta c_{2j})\times(c_{2j}/f_{2j}); w(v_j)|v_2\in S, v_j\in T\}$：

$$w(v_3) = \min\{w(v_2)+(p_{23}\Delta c_{23})\times(c_{23}/f_{23}); w(v_3)\}$$
$$= \min\{0+[(+\infty)\times(+\infty)]\times[(+\infty)/(+\infty)]; 84\}$$
$$= 84,$$

$$w(v_4) = \min\{w(v_2)+(p_{24}\Delta c_{24})\times(c_{24}/f_{24}); w(v_4)\}$$
$$= \min\{0+[11\times(6-3)]\times(6/3); 144\}$$
$$= 66,$$

$$w(v_5) = \min\{w(v_2)+(p_{25}\Delta c_{25})\times(c_{25}/f_{25}); w(v_5)\}$$
$$= \min\{0+(10\times 0)\times(8/3); +\infty\}$$
$$= 0,$$

$$w(v_6) = \min\{w(v_2)+(p_{26}\Delta c_{26})\times(c_{26}/f_{26}); w(v_6)\}$$
$$= \min\{0+[(+\infty)\times(+\infty)]\times[(+\infty)/(+\infty)]; +\infty\}$$
$$= +\infty,$$

$$w(v_7) = \min\{w(v_2)+(p_{27}\Delta c_{27})\times(c_{27}/f_{27}); w(v_7)\}$$
$$= \min\{0+[(+\infty)\times(+\infty)]\times[(+\infty)/(+\infty)]; +\infty\}$$
$$= +\infty。$$

第八步：$w(v_5) = \min\{w(v_3), w(v_4), w(v_5), w(v_6), w(v_7)\} = \{84,66,0,+\infty,+\infty\} = 0$。

第九步：根据式（8.5），$t(v_5) = \min\{t(v_2), \Delta f_{25}\} = \min\{4, 8-3\} = 4$，给节点 v_5 做标记，标号为$(v_2, t(v_5))$，即$(v_2, 4)$。

第十步：将 v_5 从集合 T 中去掉，加入到集合 S 中。

第十一步：根据式（8.7），再依次求 $w(v_j) = \min\{w(v_5)+(p_{5j}\Delta c_{5j})\times(c_{5j}/f_{5j}); w(v_j)|v_5\in S, v_j\in T\}$：

$$w(v_3) = \min\{w(v_5)+(p_{53}\Delta c_{53})\times(c_{53}/f_{53}); w(v_3)\}$$
$$= \min\{0+[(+\infty)\times(+\infty)]\times[(+\infty)/(+\infty)]; 84\}$$
$$= 84,$$

$$w(v_4) = \min\{w(v_5)+(p_{54}\Delta c_{54})\times(c_{54}/f_{54}); w(v_4)\}$$
$$= \min\{0+[(+\infty)\times(+\infty)]\times[(+\infty)/(+\infty)]; 66\}$$
$$= 66,$$

$$w(v_6) = \min\{w(v_5)+(p_{56}\Delta c_{56})\times(c_{56}/f_{56}); w(v_6)\}$$
$$= \min\{0+[(+\infty)\times(+\infty)]\times[(+\infty)/(+\infty)]; +\infty\}$$
$$= +\infty,$$

$$w(v_7) = \min\{w(v_5)+(p_{57}\Delta c_{57})\times(c_{57}/f_{57}); w(v_7)\}$$
$$= \min\{0+[3\times(30-11)]\times(11/11); +\infty\}$$
$$= 57。$$

第十二步：$w(v_7) = \min\{w(v_3), w(v_4), w(v_6), w(v_7)\} = \{84, 66, +\infty, 57\} = 57$。

第十三步：根据式（8.5），$t(v_7) = \min\{t(v_5), \Delta f_{57}\} = \min\{4, 30-11\} = 4$，给节点 v_7 做标记，标号为 $(v_5, t(v_7))$，即 $(v_5, 4)$。

第十四步：终点节点 $v_7 \notin T$，第一过程结束。

第十五步：以节点 v_7 开始，逆向依次从标号中找出节点 v_1 到节点 v_7 的最短路为 $v_1 \to v_2 \to v_5 \to v_7$，该最短路的最小流量递增量为 4，对该最短路上每个线路的流量分别加上 4，如图 8.2 所示。

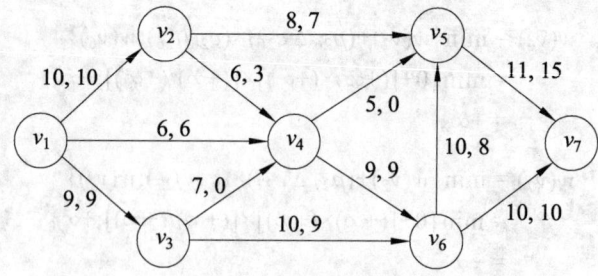

图 8.2　基于一次扩能的流量分配

第十六步：起始节点 v_1 发出总流量为 $f_{12}+f_{14}+f_{13} = 10+6+9 = 25 < Q$，对图 8.2 继续按照同样的思路从第三步迭代，最终结果如图 8.3 所示。

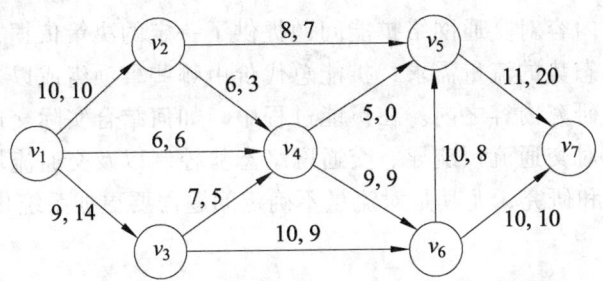

图 8.3 满足约束的流量分配最终结果

第十七步：起始节点 v_1 发出的总流量为 $f_{12}+f_{14}+f_{13}=10+6+14=30=Q$，此时网络流量已经被调整到网络发展态势流量 30，调整结束。

第十八步：在图 8.3 中寻找被扩能线路、计算线路扩能代价及计算总扩能代价，如表 8.2 所示。

表 8.2 网络扩能优化方案

被扩能线路	扩能增量($f_{ij}-c_{ij}$)	扩能代价 $p_{ij}\times(f_{ij}-c_{ij})$
(v_1, v_3)	14−9 = 5	4×5 = 20
(v_5, v_7)	20−11 = 9	3×9 = 27
合计	14	47

该示例只是针对本章研究的内容对实际问题进行的简化，主要为了说明扩能优化的思路及算法过程。

8.5 结论

本章主要以流量发展态势的流量需求为目标，以网络扩能代价最低以及拥堵程度高的线路优先扩能为条件，来设计最优的交通网络扩能方案。基于 Dijkstra 算法寻找最短路以及 Ford-Fulkerson 算法调整流量的思路，构建了扩能方案的多目标数学模型（8.1）；针对多目标问题的特点，将公式（8.1）做了单目标转换，构建了扩能方案的单目标数学模型（8.2）；在公式（8.2）的基础上，提出了扩能总代价计算公式（8.3）和（8.4）；为了利用 Dijkstra 算法和连续最短路算法，构建了公式（8.5）、公式（8.6）及公式（8.7）。这些公式主要是用来计算交通网络中从起点开始的最短路径的流量调整量以及扩能代价，在此基础上设计了交通网络扩能优化算法并用示例对算法做了一定说明。

本章研究内容对交通网络扩能问题提供了一定的决策依据，但如何预测交通网络发展态势的流量需求，扩能总代价由哪些事项组成以及如何计算等问题不在本章研究内容之内。在扩能过程中，如何结合实际交通网络控制和管理的工作，对交通流预疏导、交通网络态势控制以及交通流均衡等问题需要不断的探讨和研究，尤其是对流量不确定问题需要更加系统化的研究。

第 9 章 基于消圈算法的拥挤网络流分流优化方法

实际道路网中交通拥挤已成常态，从局部拥挤网络来看，交通流分布不均匀现象十分明显。在有限的道路资源下，只有通过提高道路利用率来缓解交通拥堵。在城市道路网络中，主干道发生常发性拥堵，而部分次干道或支路较通畅，使本应进入拥挤路段的流量转移到邻近通畅路，因此均衡路网交通流或交通压力将变得十分重要。同时，虽然当路网流量达到极限值或者堵塞时，出行者会避开拥挤网络选择次短路径绕行，直到流量自动达到稳态即路网均衡状态，但是流量达到稳态的过程需要一定的时间，自动达到稳态后交通拥挤的经济损失已经产生。如果对拥挤路段的实时流量主动去分流，不但能有效预防拥挤，而且交通拥挤引起的损失也会相应减少。在拥堵路段实时流量主动转移的过程中，如何实现拥挤交通网络在"量"方面的精确分流，就需要对拥挤网络流量的调整和控制进行深入研究。

9.1 拥挤网络流问题模型的建立

考虑拥挤网络的复杂性，以小范围拥挤网络作为研究对象来解决拥挤网络实时流量分布不均的问题。而在实际路网中，实时流量来源于区域的多个 OD 对，来源和去向无法获知，因而，假设经过拥挤网络的交通流均是从某一起点出发途径所研究网络且最终都到达某一终点。在这种情况下，构造一拥挤交通网络 $G = (V, E)$，建立拥挤网络流问题模型，并确定所建模型的目标函数和约束条件。以路段交通总阻抗最小为目标，以节点、路段流量守恒等为约束，并且使所有路段饱和度尽可能小，最终获取拥挤路网中各路段的调整量，并针对拥挤交通流提出均衡方法。

传统的均衡是在考虑拥挤对走行时间影响的网络中，当网络达到均衡状态时，每对 OD 间各条被使用的路线具有相等且最小的走行时间，其他任何未被使用的路线，其走行时间大于或等于最小走行时间。而在本章中所谓的均衡是指在实时的拥挤交通网络中，将拥挤路段的流量转移至较畅通路段，使交通流达到一个稳态。当拥挤网络满足以下两个条件时，判定拥挤交通网络达到均衡状态：(1) 交通总阻抗最小，即网络中不存在负代价圈；(2) 拥挤路段饱和度在不小于畅通路段饱和度情形下达到最小。这两种条件下获得的目标解是一个次优解。

1. 目标函数

在拥挤路段流量转移过程中，是以交通阻抗最小为原则来实现的。因此，拥挤网络流问题模型优化目标是使拥挤网络中总交通阻抗最小。

$$\min Z = \sum_{i=1}^{n}\sum_{j=1}^{m} x_{ij} \cdot t_{ij}, \quad (9.1)$$

式中，x_{ij}——路段(v_i, v_j)流量；

t_{ij}——路段(v_i, v_j)交通阻抗值（代价值），$i = 1, 2, 3, \cdots, n$；$j = 1, 2, 3, \cdots, m$；$i \neq j$。

2. 约束条件

（1）路段流量约束：

$$0 \leqslant x_{ij} \leqslant c_{ij}, \quad (9.2)$$

$$c_{ij} = (0.75 + 0.01n) \cdot C_{ij}, \quad n = 0, 1, 2, 3, \cdots,$$

式中，x_{ij}——路段(v_i, v_j)流量；

c_{ij}——路段(v_i, v_j)容量界值；

C_{ij}——路段(v_i, v_j)的道路通行能力。

（2）路段饱和度约束：

算法中拥挤路段的饱和度减小，其平行路段的饱和度相应增加，最终均衡的网络拥挤路段的饱和度应不小于平行路段的最大饱和度，以免造成平行路段发生拥堵。当拥挤路段的最小饱和度小于平行路段的饱和度时，达到收敛，取上一次迭代值。

$$\min\left(\frac{x_{ij}}{C_{ij}}\right) \geqslant \max\left(\frac{x_{ij}^1}{C_{ij}^1}, \frac{x_{ij}^2}{C_{ij}^2}, \cdots\right), \quad (9.3)$$

式中，$\min\left(\dfrac{x_{ij}}{C_{ij}}\right)$——拥挤路段饱和度所能减小的最小值；

$\max\left(\dfrac{x_{ij}^1}{C_{ij}^1}, \dfrac{x_{ij}^2}{C_{ij}^2}, \cdots\right)$——拥挤路段对应各平行路段中的最大饱和度。

（3）总体流量守恒约束：

$$\sum_{i=1}^{n}\sum_{j=1}^{m} f^{+}(x_{ij}) = \sum_{i=1}^{n}\sum_{j=1}^{m} f^{-}(x_{ij}), \quad (9.4)$$

式中，$f^+(x_{ij})$——拥挤网络中路段(v_i, v_j)的流量增加值；

$f^-(x_{ij})$——拥挤网络中路段(v_i, v_j)的流量减少值。

9.2 拥挤网络中消圈算法描述

9.2.1 算法思想

消圈算法是解决最小代价流问题的方法之一，其应用于交通网络的主要思想是：在构建的网络 G 中，将初始容量值设定为 0.75 倍的通行能力值，代价值为路段交通阻抗，构造一次增流网络并寻找出负回路，求得最小调整量，调整后更新路段交通阻抗。若交通网络中不再含有拥挤路段，则算法结束；否则，将含有拥挤路段的回路阶梯式增容，继续构造增流网络寻找负回路，调整流量，直至拥挤路段的饱和度等于平行路段的最大饱和度，算法结束。最终使拥挤路段的饱和度降到最低，均衡含拥挤路段的回路，其他路段的饱和度则控制在 0.75 以下以保证路段畅通。

拥挤网络的本质就是交通流量分布不均匀。对算法过程所产生的调整量和调整方法通过交通管控措施来精确地诱导实时交通流，使各路段的使用率控制在界定值以内，也就是有一定的饱和度。利用上述思想以拥挤网络交通阻抗（代价）最小为目标，获取拥挤网络中各个路段的调整量，对交通流的精确控制具有重要的意义，对拥挤网络问题的有效解决也会有一定的帮助。

为将图论中的消圈算法应用到拥挤网络中，仿照城市小范围区域道路网或是微循环网络，该路网由拥挤路段及与其有一定相关性的相邻路段组成，构造一拥挤交通网络 $G = (V, E, C, F, W, V_1, V_n)$，其中 V 为顶点集合（含起讫点）即交通网络中各个交叉口，$V = (v_1, v_2, \cdots, v_n)$；$E$ 为边集合即两交叉口之间路段，$E = (e_1, e_2, \cdots, e_n)$；$C$ 为容量的集合，$C = (c_1, c_2, \cdots, c_n)$；$F$ 为实时交通流量集合，$F = (f_1, f_2, \cdots, f_n)$；$W$ 为网络中代价集合即路段阻抗；V_1 为交通网络起点，V_n 为交通网络终点，交通网络中边的参数形式可以表示为 (c_{ij}, f_{ij}, w_{ij}) 或 $(c_{ij}, f(x_{ij}), w(x_{ij}))$，$x_{ij}$ 为路段(v_i, v_j)的流量。

9.2.2 算法中计算规则

（1）c_{ij} 值的界定：

规则 1：依据中国道路服务水平分类，当饱和度 $V/C > 0.75$ 时，交通状态为不稳定车流，交通状况为拥挤甚至堵塞。因此，c_{ij} 初始值界定为 $0.75C$，

其中 C 值为道路通行能力,以此控制拥堵发生。当拥挤路段饱和度无法通过消圈算法控制在 0.75 以内时,则含拥挤路段的回路阶梯式扩容,扩容公式为 $c = (0.75+0.01n) \cdot C$,直至路段的饱和度达到均衡。

(2)调整量确定规则:

规则 2:在负回路中,若边(v_i, v_j)为前向边,且$f_{ij} < c_{ij}$时,$\delta^+ = \min\{\delta^+, c_{ij} - f_{ij}\}$。此时意味着边流量只能增加,流量不能超过容量界值。

规则 3:在负回路中,若边(v_i, v_j)为后向边,且$f_{ij} > 0$时,$\delta^- = \min\{\delta^-, f_{ij}\}$。此时意味着边流量只能减少,流量不能减少为 0。

规则 4:当$f_{ij} > c_{ij}$,即该路段流为拥挤路段时,若在负回路中,则可以直接减流;若不在负回路中,拥挤路段流量不能直接转移至其他路段,因而只能通过回路扩容方式使其包含在负回路中来调整流量。扩容后,仅对含拥挤路段的回路进行调整,以保证其他路段的饱和度在 0.75 以下。

(3)各边(路段)调整量计算规则:

规则 5:若边(v_i, v_j)为前向边,则流边的参数可更改为$(c_{ij}, f_{ij} + \delta, w_{ij})$,若边$(v_i, v_j)$为后向边,则流边的参数可更改为$(c_{ij}, f_{ij} - \delta, w_{ij})$。

(4)多个负回路调整优先级原则:

规则 6:拥挤交通网络中可能会存在多个负回路,负回路先后调整顺序会影响最终各路段调整流量的分布。为实现缓解路段拥堵和总代价值到达最小的目的,应优先选择负回路代价值差大的回路调整。代价值差越大的回路优先调整,说明算法向最小代价目标优化更快一步。当负回路代价值差一致时,则应优先选择含拥堵路段的回路,旨在优先解决拥堵最为严重的路段。

(5)负回路调整次数规则:

规则 7:算法中规定在每个固定的容量值下,负回路只限调整一次。每次负回路调整后,相应的交通阻抗值会变化,负回路又会逆向形成,算法陷入正逆回路无限循环迭代的过程,无法收敛,示意图如图 9.1 所示。而该负回路调整后,要基于原交通阻抗值达到代价最优,符合对原始路网寻优原则。而

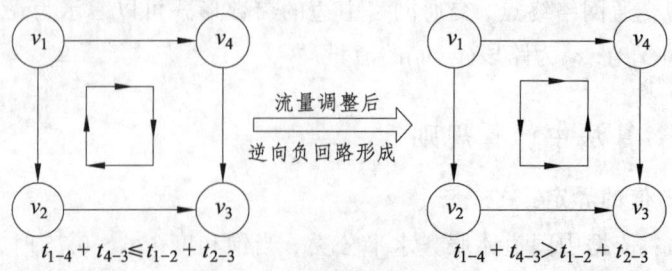

图 9.1 逆向负回路的形成

某一负回路调整后的阻抗更新是为路网中其他负回路提供实时数据,因为存在两个负回路相邻的情况,一个负回路参数值变化之后,必须在相邻负回路调整之前实时更新,否则会影响算法结果的正确性。

（6）流量守恒规则：

规则 8：整个网络中,流量的增加量等于流量的减少量：

$$f^+(G) = f^-(G)。\quad (9.5)$$

9.2.3 算法步骤

基于上述算法思想和计算规则,算法步骤如下：

第一步：先将拥挤交通网络 G 中的容量界值设定为 $0.75C$。

第二步：基于上述消圈算法思想,构建伴随网络流 f 的增流网络 G_f 并寻找负回路,负回路代价值 $W(C) = \sum_{e \in C} W_e < 0$,调整流量,调整量为 $\delta = \min\{\delta^+(e), \delta^-(e), e 为 G_f 中负回路的边\}$；对于拥挤交通网络 G 中的增流圈,若为方向与负回路方向一致的不饱和边,则需将该边的流量增加 δ,若为方向与负回路方向不一致的不饱和边,则需将该边的流量减少 δ。

第三步：更新路段阻抗,直至每一负回路都调整一次。因为路段阻抗随流量变化而变化,但相对原回路总的交通阻抗值是最小的,所以不考虑新的负回路带来的影响。路段阻抗值是根据美国联邦公路局的 BPR 阻抗函数公式求出的。在算例中,α、β 参数的取值分别为 $\alpha = 0.15$、$\beta = 4$。

$$t_a = t_0 \cdot \left[1 + \alpha \left(\frac{Q_a}{C_a}\right)^\beta\right],\quad (9.6)$$

式中,t_a——路段 a 的阻抗；

t_0——路段 a 上车辆自由行驶所需要的阻抗时间；

Q_a——路段 a 的实时交通量；

C_a——路段 a 的实际通行能力；

α、β——阻滞系数,道路交通阻抗越大,阻滞系数值越大,在实例分析中可根据不同的道路等级由实际数据用回归分析求得。

第四步：判断拥挤网络中是否还含有拥挤路段,即所有路段的饱和度是否均小于 0.75,若是,则算法结束；若否,继续下一步。

第五步：将含拥挤路段的回路按照公式 $c = (0.75+0.01n) \cdot C$ 阶梯式扩容。

第六步：每扩容一次,构建伴随网络流 f 的增流网络 G_f 并寻找含拥挤路段的负回路,负回路代价值 $W(C) = \sum_{e \in C} W_e < 0$,调整流量,调整量为 $\delta = \min\{\delta^+(e),$

$\delta^-(e), e$ 为 G_f 中负回路的边}；对于拥挤交通网络 G 中的增流圈，若为方向与负回路方向一致的不饱和边，则需将该边的流量增加 δ，若为方向与负回路方向不一致的不饱和边，则需将该边的流量减少 δ。

第七步：更新路段阻抗，直至拥挤路段的饱和度小于平行路段的最大饱和度，算法结束。最终容量值为 $c = [0.75+0.01(n-1)] \cdot C$，饱和度取第 $n-1$ 次迭代时的饱和度。

第八步：计算拥挤网络中各个路段的流量调整量，并根据其算法过程得到所有路段的流量调整方法，即确定交通流的合理去向。结合整个拥挤网络实际情况确定网络中各个路段的一个实际调整量，进行结果分析，算法结束。

依据上述算法步骤，整个算法的流程图如图 9.2 所示。

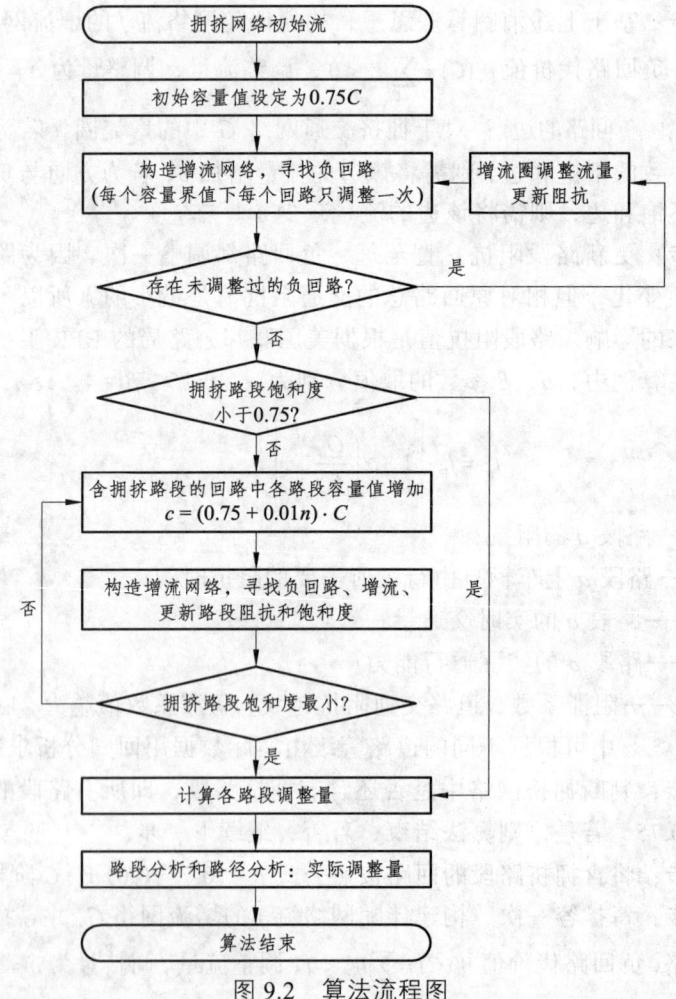

图 9.2 算法流程图

9.3 算例分析

9.3.1 算例介绍

本章以 9 节点的方格网络为例详细阐述上述算法在拥挤网络中的应用，同时通过该算法来解决关于拥挤网络流问题的模型。图 9.3 给出了初始拥挤网络图，已知路段容量、路段实时交通量和交通阻抗，路段容量初始值为道路通行能力的 0.75 倍，图中拥挤网络中路段 v_5-v_8、v_3-v_6 为拥挤路段，饱和度大于 0.75，其他路段的饱和度均在 0.75 以下。为了体现实时性和便于计算，图 9.3 给出的路段容量值和路段实时交通量均以 5min 为单位计（单位：pcu/5min/ln）。

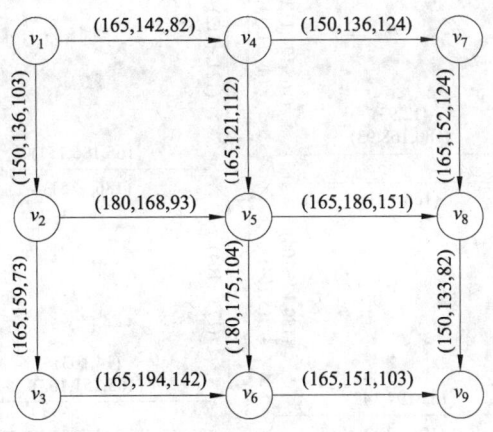

图 9.3 初始拥挤网络图

9.3.2 算例求解

通过上述算法确定拥挤路段流量转移至畅通路段的调整量和调整方法，达到拥挤网络交通总阻抗最小，同时使拥挤路段的饱和度尽可能地降低，避免交通相邻畅通路段的拥堵。

第一步：在容量值为 $0.75C$ 的拥挤交通网络 G 中，构建伴随网络流 f 的增流网络 G_f 并寻找负回路：v_4-v_7-v_8-v_5-v_4、v_2-v_5-v_6-v_3-v_2、v_1-v_4-v_5-v_2-v_1。优先调整含拥挤路段且代价值差大的负回路：

负回路 v_2-v_5-v_6-v_3-v_2 的代价值 $W(C) = \sum_{e \in C} W_e = -18$，调整量为 $\delta = \min\{12, 5, 194, 159\} = 5$，将增流圈方向与负回路方向一致的不饱和边 v_2-v_5、v_5-v_6 的流量增加 5，而将方向不一致的边 v_3-v_6、v_2-v_3 的流量减少 5，更新路段阻抗；

负回路 v_4-v_7-v_8-v_5-v_4 的代价值 $W(C) = \sum_{e \in C} W_e = -14$，调整量为 $\delta = \min\{14, 13, 186, 121\} = 13$，将增流圈方向与负回路方向一致的不饱和边 v_4-v_7、v_7-v_8 的流量增加 13，而将方向不一致的边 v_5-v_8、v_4-v_5 的流量减少 13，更新路段阻抗；

负回路 v_1-v_4-v_5-v_2-v_1 的代价值 $W(C) = \sum_{e \in C} W_e = -2$，调整量为 $\delta = \min\{23, 44, 168, 136\} = 23$，更新路段阻抗。

调整过程如图 9.4 所示，调整结果如图 9.5 所示，调整后的各路段参数值如表 9.1 所示。

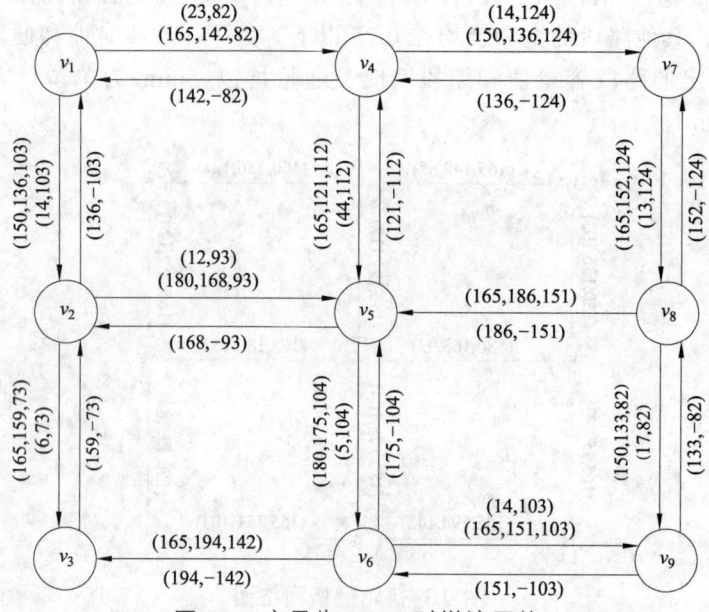

图 9.4　容量为 $0.75C$ 时增流网络

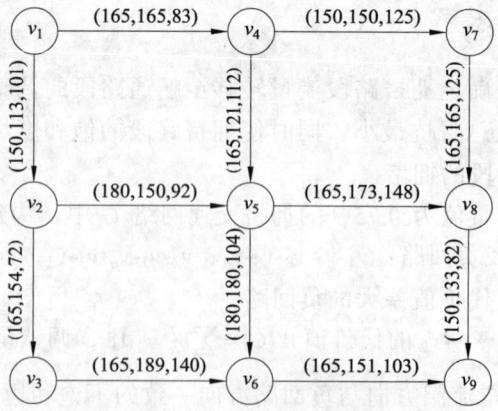

图 9.5　容量为 $0.75C$ 时负回路调整结果

表 9.1　容量为 0.75C 时各路段参数值

路段	调整后流量	调整量 δ	阻抗 t_a	饱和度 V/C
v_1-v_2	113	-23	101	0.57
v_1-v_4	165	23	83	0.75
v_4-v_5	131	10	112	0.60
v_4-v_7	149	13	125	0.75
v_2-v_5	150	-18	92	0.63
v_2-v_3	154	-5	72	0.70
v_5-v_8	173	-13	148	0.79
v_5-v_6	180	5	104	0.75
v_3-v_6	189	-5	140	0.86
v_7-v_8	165	13	125	0.75
v_5-v_9	151	0	103	0.69
v_8-v_9	133	0	82	0.67

第二步：判断拥挤网络中是否还含有拥挤路段，即拥挤路段中是否还存在饱和度大于 0.75 的路段，若否，则算法结束；若是，继续下一步。

第三步：将含拥挤路段的回路按照公式 $c = (0.75+0.01n) \cdot C$ 阶梯式扩容。将拥挤网络图中含拥挤路段的回路容量值更改为 $0.76C$，构建伴随网络流 f 的增流网络 G_f 并寻找含拥挤路段的负回路：v_4-v_7-v_8-v_5-v_4、v_2-v_5-v_6-v_3-v_2，如图 9.6 所示。

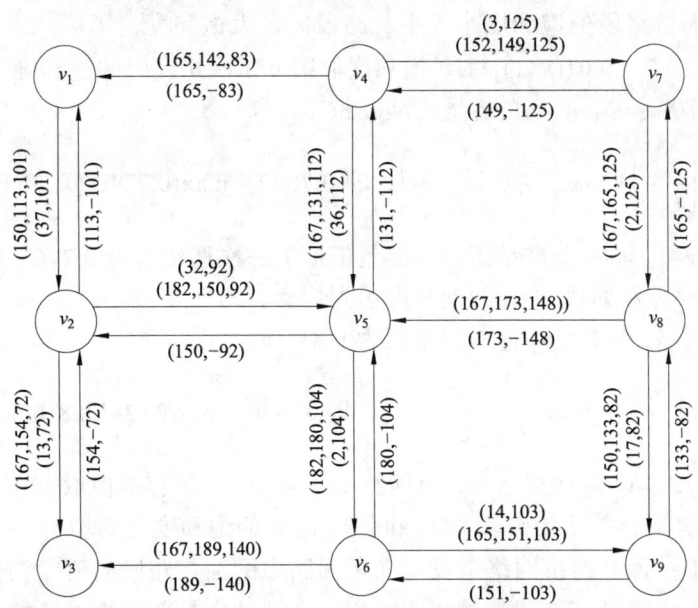

图 9.6　容量为 $0.76C$ 时增流网络

负回路 v_2-v_5-v_6-v_3-v_2 的代价值 $W(C)=\sum_{e\in C}W_e=-16$，调整量为 $\delta=\min\{32,2,154,189\}=2$，更新路段阻抗；

负回路 v_4-v_7-v_8-v_5-v_4 的代价值 $W(C)=\sum_{e\in C}W_e=-10$，调整量为 $\delta=\min\{3,2,131,173\}=2$，更新路段阻抗。

调整结果如图 9.7 所示。

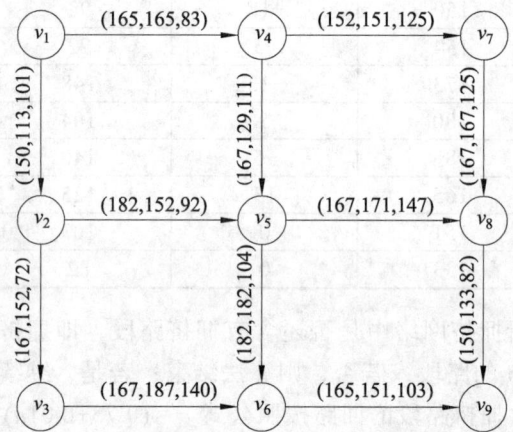

图 9.7 容量为 $0.76C$ 时负回路调整结果

第四步：继续将含拥挤路段的回路按照公式 $c=(0.75+0.01n)\cdot C$ 阶梯式扩容，直至拥挤路段的饱和度小于平行路段的最大饱和度，算法结束。最终容量值为 $c=[0.75+0.01(n-1)]\cdot C$，饱和度取第 $n-1$ 次迭代时的饱和度。

当负回路 v_4-v_7-v_8-v_5-v_4 的容量值为 $0.78C$ 时，

$$\min\left(\frac{x_{58}}{C_{58}}\right)<\max\left(\frac{x_{47}^1}{C_{47}^1},\frac{x_{78}^2}{C_{78}^2},\cdots\right)，即\ 0.7600<\max(0.7740,0.7764)，$$

负回路 v_4-v_7-v_8-v_5-v_4 调整结束，其容量值取上一次迭代值为 $0.77C$，有平行关系的路段 v_5-v_8 和路段 v_7-v_8 的饱和度达到均衡，均为 0.77。

当负回路 v_2-v_5-v_6-v_3-v_2 的容量值为 $0.81C$ 时，

$$\min\left(\frac{x_{36}}{C_{36}}\right)<\max\left(\frac{x_{25}^1}{C_{25}^1},\frac{x_{56}^2}{C_{56}^2},\cdots\right)，即\ 0.7936<\max(0.6345,0.8100)，$$

负回路 v_2-v_5-v_6-v_3-v_2 调整结束，负回路 v_2-v_5-v_6-v_3-v_2 的容量值取上一次迭代值为 $0.80C$，有平行关系的路段 v_3-v_6 和路段 v_5-v_6 的饱和度达到均衡，均为 0.80。

第五步：计算拥挤网络中没有在负回路中的拥挤路段的流量调整量，得到所有路段的流量可能调整量和调整方法，并结合整个拥挤网络的实际情况确定网络中各个路段的一个实际调整量。调整结果如图9.8，阶梯式扩容后的调整结果如表9.2所示。

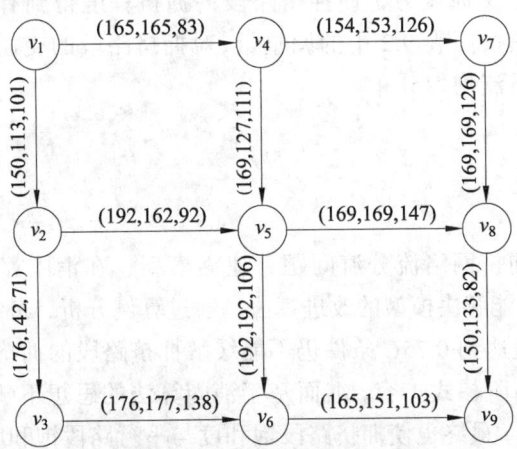

图 9.8　阶梯式扩容后调整结果

表 9.2　阶梯式扩容后调整结果表

路段	通行能力 C (pcu/5min)	$0.75C$ (pcu/5min)	容量值为 $0.75C$ 时调整量 δ	容量值为 $0.75C$ 时调整后饱和度 V/C	扩容后调整量 δ	调整后流量	扩容后饱和度 V/C	原饱和度 f/C
v_1-v_2	200	150	−23	0.57	0	131	0.57	0.68
v_1-v_4	220	165	23	0.75	0	147	0.75	0.65
v_4-v_5	220	165	10	0.60	−4	109	0.58	0.55
v_4-v_7	200	150	13	0.75	4	153	0.77	0.68
v_2-v_5	240	180	−18	0.63	12	180	0.68	0.7
v_2-v_3	220	165	−5	0.70	−12	142	0.65	0.72
v_5-v_8	220	165	−13	0.79	−4	169	0.77	0.85
v_5-v_6	240	180	5	0.75	12	192	0.80	0.73
v_3-v_6	220	165	−5	0.86	−12	177	0.80	0.88
v_7-v_8	220	165	13	0.75	4	169	0.77	0.69
v_5-v_9	220	165	0	0.69	0	151	0.69	0.69
v_8-v_9	200	150	0	0.67	0	133	0.67	0.67

9.3.3　算法结果分析

由于拥挤网络容量限制，拥挤路段的饱和度不可能降低到畅通水平内，即饱和度 0.75 以下，但是通过算法上的改进，拥挤路段 v_3-v_6、v_5-v_8 的饱和度均降低了 0.08，拥挤路段 v_3-v_6 的饱和度和平行路段 v_5-v_6 的饱和度均为 0.80，拥挤路段 v_5-v_8 的饱和度和平行路段 v_4-v_7 和 v_7-v_8 的饱和度均为 0.77，通过平行路段分担一部分交通压力，使拥挤路段的拥挤程度得到有效缓解。利用一定的交通管制方法按照表 9.2 中的调整量，对拥挤路段的交通流进行约束性控制，实现路网交通流均匀分布。

9.4 结论

针对实时的拥挤网络流分流问题，建立模型，在消圈算法思想基础上深入研究，得到一种能解决模型的改进算法。通过算例分析，最终得到以下结论：

（1）在容量值达到 $0.75C$ 条件仍不能缓解拥挤路段的拥挤状态时，在含拥挤路段的回路采用阶梯式扩容，继而基于消圈算法的思想不断调整流量，使拥挤路段饱和度降低，最终也使拥挤路段饱和度与平行路段饱和度达到均衡状态。

（2）算法虽能提供调整量和调整方案，但需要一定的交通管制方法或者一定的强制性措施引导实时车辆改变路径，实现流量均匀分布。

多品种流交通网络应用优化

无论是常用的 Ford-Fulkerson 算法、网络单纯形算法（Graph Simplex Algorithm）、松弛算法（Relaxation Algorithm）、消圈算法（Cycle-Canceling Algorithm）、瑕疵算法（Out-of-Kilter Algorithm）等，还是解决相对复杂问题的流变换、流分解、组合应用、多品种流及预流推进等新的理论和方法，基本都是针对单品种流网络进行的，这些算法都不能解决或者不能彻底解决多品种流网络的应用优化问题。然而在实际领域中，尤其是交通运输领域的交通网络应用中，普遍出现了多品种流问题，而针对多品种流网络尤其是多品种流交通网络，研究成果微乎其微，因此，有必要对多品种交通网络的特性进行分析，以便进行深入、系统的应用基础理论研究。

本篇主要是针对多品种流交通网络应用优化的研究，包括八个方面的内容：

（1）容量无差异运送代价无差异条件下，基于网络图重构的多品种流交通网络最大流优化方法。

本方法是针对交通网络的实际应用中，在容量无差异运送代价无差异条件下的多品种流交通网络最大流问题的优化方法。此优化方法基于 Ford-Fulkerson 算法在单一品种网络中最大流量分配的思路，通过对多品种交通网络的特性进行分析，再利用网络图重构的手段将多源多汇的多品种流交通网络构建成单源单汇的形式，然后设计了容量无差异运送代价无差异条件下的多品种流交通网络最大流优化方法。该方法为解决实际交通网络的相关问题提供了应用基础理论。

（2）容量无差异运送代价无差异条件下，基于网络图重构且运送路径有限制的多品种流交通网络最小代价流优化方法。

本方法是针对交通网络的实际应用中，在容量无差异运送代价无差异条件下，出现一些品种流有运送路径限制的多品种流交通网络最小代价流问题的优化方法。此优化方法对交通网络中多品种流及其流动现象进行分析，借鉴

Ford-Fulkerson 算法构造伴随增流网络的思路，构建多品种流交通网络的顺推重构方法，并在此基础上，构造了有运送路径限制的多品种流交通网络最小代价流优化方法。此方法为解决多品种交通网络实际应用中容量无差异运送代价无差异条件下，一些品种有运送路径限制的现象，提供了应用基础理论。

（3）容量无差异运送代价无差异条件下，基于复合参数及复合指标的多品种流交通网络最小代价流优化方法。

本方法是针对交通网络的实际应用中，在容量无差异运送代价无差异条件下多品种流交通网络最小代价流问题的优化方法。此优化方法对容量无差异而且运送代价无差异的多品种流交通网络进行分析，在借鉴连续最短路算法和 Ford-Fulkerson 算法基础上，构造了基于复合参数和复合指标的多品种流交通网络最小代价流优化方法。此方法避免了改变网络图结构的不足，也为解决交通运输领域出现容量无差异运送代价无差异条件下多品种流交通网络的相关问题提供了应用基础理论。

（4）容量有差异运送代价无差异条件下，基于复合参数及复合指标的多品种流交通网络最小代价流优化方法。

本方法是针对交通网络的实际应用中，在容量有差异运送代价无差异条件下多品种流交通网络最小代价流问题的优化方法。此优化方法对容量有差异运送代价无差异的多品种流交通网络进行分析，在借鉴连续最短路算法和 Ford-Fulkerson 算法基础上，构造了基于复合参数和复合指标的多品种流交通网络最小代价流优化方法。此方法避免了改变网络图结构的不足，也为解决交通运输领域出现容量有差异运送代价无差异条件下多品种流交通网络的相关问题提供了一定的应用基础理论。

（5）容量有差异运送代价无差异条件下，基于复合参数及复合指标且转运点接发能力有限制的多品种流交通网络最小代价流优化方法。

本方法是针对交通网络的实际应用中，在容量有差异运送代价无差异条件下，出现一些转运点有接发能力限制的多品种流交通网络最小代价流问题的优化方法。此优化方法在借鉴连续最短路算法和 Ford-Fulkerson 算法基础上，针对多品种流交通网络在流量运送时，各分品种在各边容量有差异而且出现转运点有接发能力限制的情况下，通过寻找能够成为增流链的边，对增流链的总调整量和分品种最大可能调整量的调整规则进行了研究，从而构造了基于复合参数和复合指标的最小代价流优化方法。此优化方法不需要改变网络结构或构造增流网络，避免了二次求解的同时，也为交通运输领域出现容量有差异运送代价无差异条件下，解决转运点接发能力有限制的多品种流交通网络相关问题提供了便利的应用基础理论。

（6）容量无差异运送代价有差异条件下，基于复合参数及复合指标的多品种流交通网络最小代价流优化方法。

本方法是针对交通网络的实际应用中，多品种流交通网络应用中出现在同一个阶段不同品种流运送代价也可能不尽相同但容量无差异的最小代价流问题的优化方法。此优化方法对运送代价有差异的多品种流交通网络进行分析，在借鉴连续最短路算法和Ford-Fulkerson算法基础上，构造了基于复合参数和复合指标的最小代价流算法。此方法不需要改变网络结构或构造增流网络，避免了二次求解的同时，也为交通运输领域出现容量无差异但运送代价有差异条件下，解决多品种流交通网络相关问题提供了便利的应用基础理论。

（7）容量无差异运送代价有差异条件下，基于复合参数及消圈算法的多品种流交通网络最小代价流均衡优化方法。

本方法是针对容量无差异但运送代价有差异条件下，对多品种流交通网络最小代价流进行均衡分配的优化方法。此优化方法基于多品种流思想对车流进行划分，将最小代价流算法结合交通网络和交通流特性实现路段流量均衡。算法以交通总阻抗最小以及将各个路段的饱和度控制在 0.75 及以下为目标，以服务水平分类确定的交通拥堵状态和多品种流中大、小车型流的分配比为约束获取各路段流量精确调整量，将交通网络中路段阻抗随流量调整实时更新，最终使拥挤网络流达到均衡状态。该算法为解决交通网络流控制和车辆导航路径诱导，让出行者避开拥堵路段和选择阻抗最小路径出行提供一定依据。

（8）容量有差异运送代价有差异条件下，基于复合参数及复合指标的多品种流交通网络最小代价流优化方法。

本方法是针对容量有差异而且运送代价也有差异条件下，多品种流交通网络最小代价流问题的优化方法。此优化方法以传统的连续最短路算法和Ford-Fulkerson算法为核心思想，建立了容量有差异而且运送代价也有差异的多品种流问题的思路，从而构造了复合参数和复合指标，并设计了优化规则及其相应的算法。此方法不需要改变网络结构或构造增流网络，避免了二次求解的同时，也为解决交通运输领域出现容量有差异而且运送代价也有差异条件下的多品种流交通网络相关问题提供了应用基础理论。

第 10 章 容量无差异运送代价无差异的多品种流交通网络应用优化方法

本章针对容量无差异而且运送代价也无差异的多品种流交通网络相关问题建立了应用优化方法，包括三部分：

(1) 基于网络图重构的多品种流交通网络最大流优化方法。

(2) 基于网络图重构且运送路径有限制的多品种流交通网络最小代价流优化方法。

(3) 基于复合参数及复合指标的多品种流交通网络最小代价流优化方法。

10.1 基于网络图重构的多品种流交通网络最大流优化方法

交通网络中最大流量的分配问题，通常是针对单一品种流量分配进行的，即在保持容量约束与流量守恒的条件下，选择基于 Ford-Fulkerson 算法对流量进行调整，来达到交通网络的最大流状态。但在实际应用中，多品种流交通网络的最大流分配常常会在交通网络中出现，但是相应的研究成果很少，因此，在借鉴传统的网络流理论及算法的基础上，通过明确每一个品种在网络中的流量分配，构建了基于网络图重构的多品种流交通网络最大流分配算法。

为了解释说明交通网络的多品种流问题，也为了清晰地阐述多品种流交通网络最大流分配的算法研究，先给出多品种流交通网络的一个引例。

引例 10.1 有交通网络如图 10.1 所示，分别给出了运送能力和运送代价，即边的容量、代价。其中 x_1 生产Ⅰ和Ⅲ两种产品，数量分别为 7 吨和 4 吨；x_2 生产Ⅱ和Ⅲ两种产品，数量分别为 5 吨和 7 吨；x_3 生产Ⅰ和Ⅱ两种产品，数量分别为 6 吨和 3 吨。y_1、y_2、y_3 为三个需求地，y_1 需要Ⅰ和Ⅲ两种产品，需求量分别为 6 吨和 7 吨；y_2 需要Ⅱ和Ⅲ两种产品，需求量分别为 3 吨和 9 吨；y_3 需要Ⅰ和Ⅱ两种产品，需求量分别为 7 吨和 8 吨。

针对此引例，传统的交通网络最大流分配算法，不能完全适用于多品种交通网络的流量分配问题，所以有必要研究多品种流交通网络的最大流分配算法。

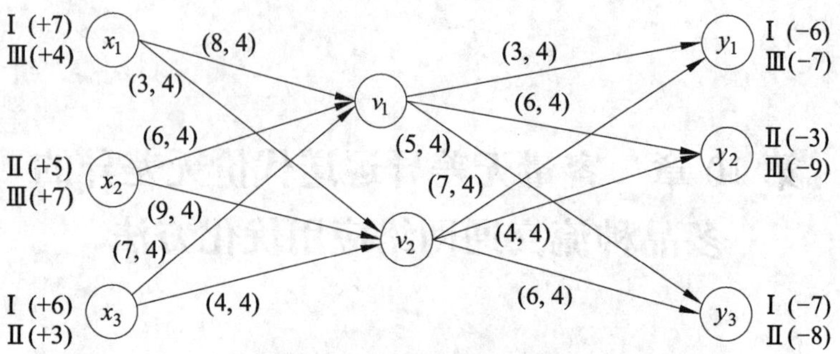

图 10.1　交通网络的引例

10.1.1　多品种交通网络的最大流问题分析

给定交通网络 $G = (V, E, C, F, W, X, Y)$，其中 $V = (v_1, v_2, \cdots, v_n)$，$E = (e_1, e_2, \cdots, e_m)$。对顶点集合 V 取定两个非空子集 X、Y，X 为只发出流量的顶点集合，Y 为只接收流量的顶点集合，且 $X \cap Y = \varnothing$，把 X 中的顶点 x_i 称为网络 G 的源，Y 中的顶点 y_i 称为网络 G 的汇。针对边 e_i 赋予两个非负整数参数 c_{ij}、f_{ij}，分别为边 (v_i, v_j) 的容量、流量。设顶点 $v_i \notin X, Y$，即 v_i 为中间点，用 $f^+(v_i)$ 表示顶点 v_i 发出的流量之和，$f^-(v_i)$ 表示顶点 v_i 接收的流量之和。设 k 为多品种流中的第 k 个品种流，其中 $k = 1, 2, \cdots, q$。f_{ijk} 为第 k 个品种流在边 (v_i, v_j) 上的流量，$f^+(v_{ik})$ 表示顶点 v_i 发出第 k 个品种流的流量之和，$f^-(v_{ik})$ 表示顶点 v_i 接收第 k 个品种流的流量之和。

针对多品种交通网络图，边 (v_i, v_j) 要遵从两个约束条件：

（1）所有品种的流量之和须小于该边的容量，即 $0 \leqslant \sum\limits_{k=1}^{q} f_{ijk} \leqslant c_{ij}$；

（2）所有中间点 v_i 都要遵从流量守恒条件，即在保证所有品种的总流量守恒的同时，也要保证每一个品种的分流量守恒，即：

$$\sum_{k=1}^{q} f^+(v_{ik}) = \sum_{k=1}^{q} f^-(v_{ik}), \ f^+(v_{ik}) = f^-(v_{ik})。$$

基于以上分析，多品种交通网络的最大流分配模型如式（10.1）所示：

$$\max z = \sum_{k=1}^{q} f_{ijk},$$

$$\text{s.t.} \begin{cases} 0 \leqslant \sum\limits_{k=1}^{q} f_{ijk} \leqslant c_{ij}, & \text{（总量约束条件）} \\ \sum\limits_{k=1}^{q} f^+(v_{ik}) = \sum\limits_{k=1}^{q} f^-(v_{ik}), & \text{（总流量守恒条件）} \\ f^+(v_{ik}) = f^-(v_{ik}), & \text{（品种分流量守恒条件）} \\ f_{ij} = \sum\limits_{r=1}^{q} f_{ijr}。 & \text{（边流量等于分量之和）} \end{cases} \quad (10.1)$$

10.1.2 最大流算法思路

基于 Ford-Fulkerson 算法的思路，本章针对多品种交通网络问题设计了其最大流算法。先将多源多汇的交通网络图 G 化为单源单汇形式的网络图 G_n，边 (v_i, v_j) 的属性为容量、流量，表现形式设为 $\left[c_{ij}, \dfrac{f_{ij}}{(f_{ij1},\cdots,f_{ijk},\cdots,f_{ijq})}\right]$，其中 f_{ij} 表示边 (v_i, v_j) 的总流量，f_{ijk} 表示各品种的分流量。再给定网络图 G_n 一个初始的可行流 f（也可以是零流），对结点进行标号，判断和寻找是否存在增流链，如果不存在，则当前网络已为最大流，算法停止；如果存在增流链，再根据其调整值，调整网络，直至没有增流链，算法停止。

针对最大流算法，设计节点 v_j 的标号形式如下：$[v_i, 边的方向, l^k(v_j)]$，其中 v_i 表示被标号点 v_j 的前一个顶点；边的方向通过 "+" 或 "-" 表示前向边或后向边；$l^k(v_j)$ 表示增流链中针对 k 品种的调整量。

10.1.3 最大流算法步骤

算法步骤如下：

第一步：将 G 转换为单源单汇的结构形式，构建新的网络图 G_n：

（1）**单源的构建**：

① 基于所有源 x_i 共有的品种数 q，在 G 中设定 q 个新源 x^k，同时将顶点 x^k 与生产 k 品种的顶点 x_i 相连，构建出边 (x^k, x_i)。该边的容量 $c(x^k, x_i)$ 等于网络 G 的源 x_i 所生产的第 k 个品种的数量。

② 设定 x 作为单源，同时构建边 (x, x^k)，该边的容量 $c(x, x^k) = \sum\limits_{i=1}^{n} c(x^k, x_i)$。

（2）**单汇的构建**：

① 基于所有汇 y_i 共需要的品种数 q，在 G 中设定 q 个新汇 y^k，同时将接收 k 品种的顶点 y_i 与顶点 y^k 相连，构建出边 (y_i, y^k)。该边的容量 $c(y_i, y^k)$ 等于交通网络 G 的汇 y_i 所需要的第 k 个品种的数量。

② 设定 y 作为单汇，同时构建边 (y^k, y)，该边的容量 $c(y^k, y) = \sum\limits_{i=1}^{n} c(y_i, y^k)$。

第二步：设集合 $X = \{x, x^k, x_i \mid k = 1, 2, \cdots, q; i = 1, 2, \cdots, n\}$、$V = \{v_i \mid i = 1, 2, \cdots, n\}$、$Y = \{y_i, y^k, y \mid k = 1, 2, \cdots, q; i = 1, 2, \cdots, n\}$，并给定网络图 G_n 一个初始流（一般为零流），即初始的 $\dfrac{f_{ij}}{(f_{ij1},\cdots,f_{ijk},\cdots,f_{ijq})}$ 均为 $\dfrac{0}{(0,\cdots,0,\cdots,0)}$，设源 x 的增流量 $l(x) = +\infty$，可以对源 x 标号为 $(0, +, +\infty)$。

第三步：对与 x 有直接连线的顶点 x^k 标号，其中边 (x, x^k) 为前向边。若 $f_{xk} = c_{xk}$，此时该边流量不能增加，则不对 x^k 标号，即不能对 k 品种进行流量调整；若 $f_{xk} < c_{xk}$，此时流量能增加，存在 $l^k(v_x) = \min\{l(x), c_{xk} - f_{xk}\}$，则顶点 x^k 标号为 $[x, +, l^k(v_x)]$，可判断出此时是对该路径的 k 品种进行流量调整。

第四步：继续检查，判断之后的边 (v_i, v_j) 能否成为增流链的边，边 (v_i, v_j) 成为增流链中的边必须满足如下条件：

（1）当 $v_j \in X, V$ 时，判断边 (v_i, v_j) 是否为增流链中的边，分以下两种情况：

① 当边 (v_i, v_j) 为前向边时：若 $f_{ij} < c_{ij}$，则该边流量可以增加，边 (v_i, v_j) 为增流链中的边，那么 $l^k(v_j) = \min\{l^k(v_i), c_{ij} - f_{ij}\}$，且顶点 v_j 标号为 $[v_i, +, l^k(v_j)]$；若 $f_{ij} = c_{ij}$，则该边流量不可以增加，即不对顶点 v_j 标号。

② 当边 (v_i, v_j) 为后向边时：若 $f_{ij} > 0$，则该边流量可以减少，边 (v_i, v_j) 为增流链中的边，那么 $l^k(v_j) = \min\{l^k(v_i), f_{ij}, f_{ijk}\}$，且顶点 v_j 标号为 $[v_i, -, l^k(v_j)]$；若 $f_{ij} = 0$，则该边流量不可以减少，即不对顶点 v_j 标号。

（2）当 $v_j \in Y$ 时，判断边 (v_i, v_j) 是否为增流链中的边，分以下两种情况：

① 当 $v_j \in y_i$ 时，设 v_m 为 y_i 的前一个顶点，判断边 (v_m, y_i) 是否为增流链中的边，方法同上。

② 当 $v_i \in y_i$，$v_j \in y^k$ 时，判断边 (y_i, y^k) 是否为增流链中的边，又分以下两种情况：

a. 顶点 y_i 与顶点 y^k 有直接连线，则判断边 (y_i, y^k) 能否成为增流链中的边，若边 (y_i, y^k) 为增流链中的边，那么对顶点 y^k 标号，若边 (y_i, y^k) 不为增流链中的边，那么不对顶点 y^k 标号。具体方法同上。

b. 顶点 y_i 与顶点 y^k 没有直接连线，则边 (y_i, y^k) 不为增流链中的边，那么不对顶点 y^k 标号。

若顶点 y^k 被标号，则转第五步；若顶点 y^k 没被标号，说明此路径无法找到一条增流链，返回第三步重新寻找增流链。

第五步：当汇 y 被标号，说明存在增流链，此时按照标号方式的第一项，从汇 y 进行反向追踪，可得到增流链 Q，以及调整量 $l^k(Q) = l^k(y)$。流量的调整按照以下规则进行：

（1）边 (v_i, v_j) 在增流链中为前向边时，边的流量调整为 $\dfrac{f_{ij} + l^k(Q)}{(f_{ij1}, \cdots, f_{ijk} + l^k(Q), \cdots, f_{ijq})}$，其余品种的流量保持不变。

（2）边 (v_i, v_j) 在增流链中为后向边时，边的流量调整为 $\dfrac{f_{ij} - l^k(Q)}{(f_{ij1}, \cdots, f_{ijk} - l^k(Q), \cdots, f_{ijq})}$，其余品种的流量保持不变。

第六步：返回第三步，不断循环，直到不能找到增流链为止，即此时网络已为最大流。同时可确定多品种流交通网络 G_n 在最大流情况下，各品种的流量分配方案。

10.1.4 算法示例

为了更好地解释说明多品种流交通网络的最大流分配算法，下面利用本章的算法对引例 10.1 进行求解。

第一步：将图 10.1 的交通网络转换为单源单汇的网络图 G_n，并给 G_n 一个初始流，给定源 x 标号$(0, +, +\infty)$，如图 10.2 所示，边旁数据依次表示容量、流量。

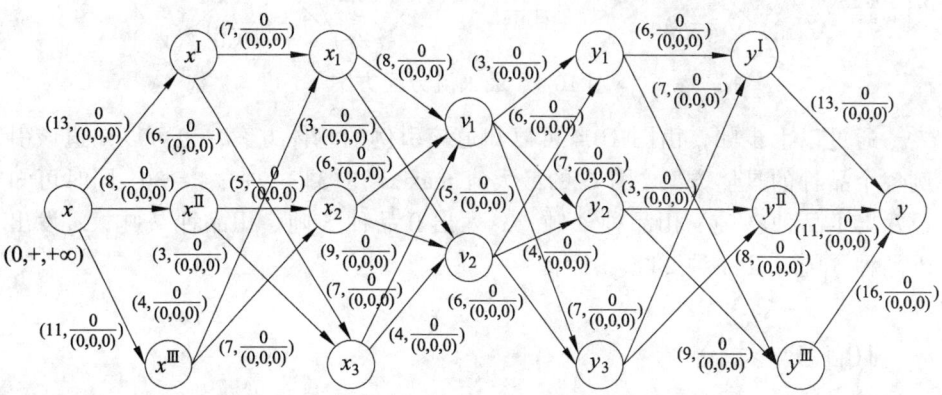

图 10.2 交通网络的初始流

第二步：利用标号法寻找从源 x 到汇 y 的一条增流链 $x \to x^I \to x_1 \to v_1 \to y_1 \to y^I \to y$，$l^I(Q) = \min\{13, 7, 8, 3, 6, 13\} = 3$，该增流链包含边 (x, x^I)，因此可对 I 品种增流，按照 Ford-Fulkerson 算法的思路调整流量，如图 10.3 所示。

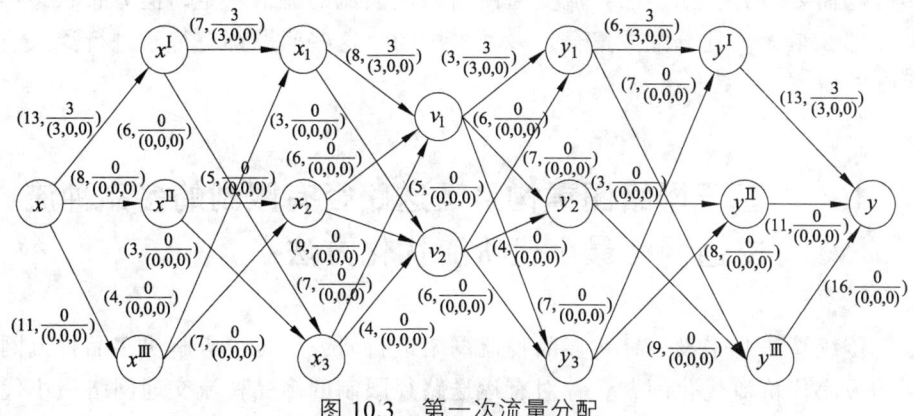

图 10.3 第一次流量分配

第三步：反复迭代寻找增流链，对其对应品种进行流量调整，其余步骤省略，最终结果如图 10.4 所示。

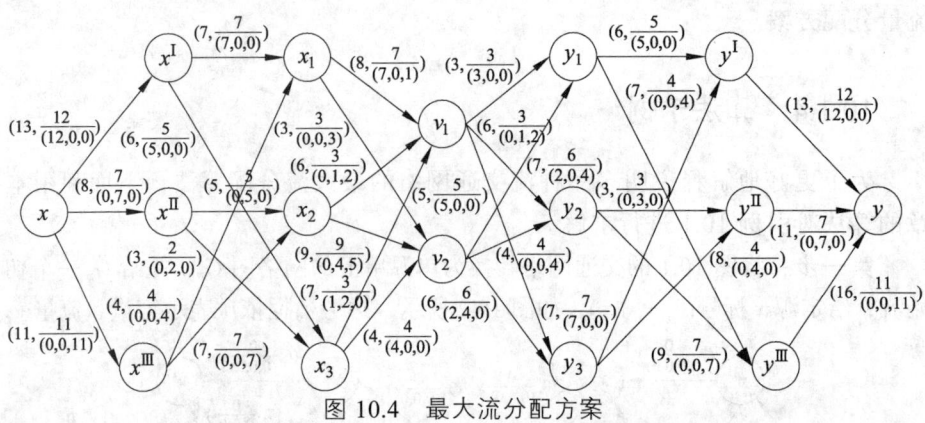

图 10.4　最大流分配方案

通过以上步骤，由图 10.4 可以知道该引例的总体方案，也可以知道该引例各个品种的具体方案。图 G 的最大流 $\max z = 8+3+3+9+3+4 = 30$，同时可知 x_1 发出 Ⅰ 品种 7 吨、Ⅲ 品种 4 吨；x_2 发出 Ⅱ 品种 5 吨、Ⅲ 品种 7 吨；x_3 发出 Ⅰ 品种 5 吨、Ⅱ 品种 2 吨。

10.1.5　结论

本方法通过对多品种流交通网络进行分析，将多源多汇网络图构建成单源单汇的网络图形式，再基于 Ford-Fulkerson 算法中寻找增流链以及流量调整的思路，设计了适合于容量无差异而且运送代价也无差异的多品种流交通网络最大流优化的算法，并通过示例进行了验证。在交通网络中，仍然存在许多问题需要研究，如多品种流交通网络的最大流的流值一定，但分布状态不同，那么最大流的分配方案会是多种多样的，这些问题都有待于进行深入、系统的研究。

10.2　基于网络图重构且运送路径有限制的多品种流交通网络最小代价流优化方法

传统算法几乎没有针对多品种流网络进行研究，也没有解决多品种流网络的最小代价流优化问题，针对有运送路径限制的多品种流交通网络最小代价流问题的研究成果更是缺乏。本优化方法在借鉴传统算法的基础上，针对容量无差异运送代价也无差异的条件下，运送路径有限制的多品种流交通网络最小代价流问题做了相应的研究。

为了说明交通网络的多品种流问题，也为了清晰地阐述本章最小代价流算法的研究，下面先给出多品种流交通网络的一个简单引例。

引例10.2 有交通网络如图10.5所示,分别给出了运送能力和运送代价，即边的容量、代价。其中 x_1 有Ⅰ和Ⅱ两种产品，数量分别为6吨和5吨；x_2 有Ⅱ和Ⅲ两种产品，数量分别为4吨和12吨；x_3 有Ⅰ和Ⅲ两种产品，数量分别为8吨和7吨。y_1、y_2、y_3 为三个需求地，y_1 需要Ⅰ和Ⅱ两种产品，需求量分别为6吨和7吨；y_2 需要Ⅱ和Ⅲ两种产品，需求量分别为4吨和9吨；y_3 需要Ⅰ和Ⅲ两种产品，需求量分别为8吨和13吨。产品的运送路径有如下限制：x_2 处的产品Ⅱ只能直接运送到需求地 y_2，x_3 处的产品Ⅲ不能直接运送到需求地 y_3。现在需要设计的方案是，在满足总运送代价最少的前提下，将尽可能多的产品运送到需求地。

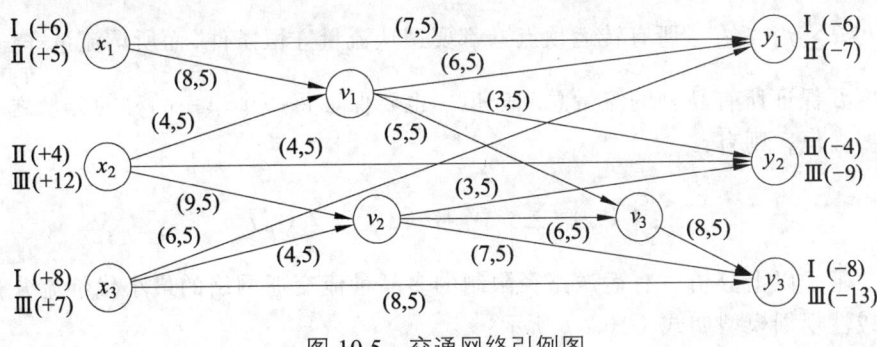

图 10.5　交通网络引例图

针对此引例，再利用传统的最小代价流算法，已不能设计出可行的优化分配方案，所以有必要研究有运送路径限制的多品种流交通网络最小代价流分配问题。

10.2.1　多品种流交通网络问题分析

下面对有运送路径限制的多品种流交通网络特点进行分析。

给定交通网络 $G = (V, E, C, F, W, X, Y)$，其中 $V = (v_1, v_2, \cdots, v_n)$，$E = (e_1, e_2, \cdots, e_m)$。对顶点集合 V 取定两个非空子集 X、Y，X 为只发出流量的顶点集合，Y 为只接收流量的顶点集合，且 $X \cap Y = \emptyset$，把 X 中的顶点 x 称为网络 G 的源，Y 中的顶点 y 称为网络 G 的汇。针对边 e_i 赋予三个非负整数参数 c_{ij}、

f_{ij}、w_{ij}，分别为边(v_i, v_j)的容量、流量、代价。设顶点$v_i \notin X$、Y，即v_i为转运点，用$f^+(v_i)$表示顶点v_i发出的流量之和，$f^-(v_i)$表示顶点v_i接收的流量之和。设分配目标流的流值为A，f_A为流值为A的网络流，即$\text{Val } f = A$。

在单一品种流的交通网络中，每一个单一品种在每一个阶段，即在每个边上的代价是一样的。但在实际的多品种流交通网络中，同一个阶段的不同品种流的代价可能不同，即同样边上的不同品种流，其代价可能也有差异，针对此类相关问题将在后续章节中进行介绍，在这里假定同一个阶段的不同品种流的代价一样，即边上的代价针对所有品种都是一样的。

设k为多品种流中的第k个品种流，其中$k = 1, 2, \cdots, q$。f_{ijk}为第k个品种流在边(v_i, v_j)上的流量，$f^+(v_{ik})$表示顶点v_i发出第k个品种流的流量之和，$f^-(v_{ik})$表示顶点v_i接收第k个品种流的流量之和。

针对运送路径的限制，如果要求顶点v_o的第k个品种不能发往顶点v_p，则有$f_{opk} = 0$；如果要求顶点v_s的第k个品种只能发往顶点v_t，则有$f^+(v_{sk}) = f_{stk}$。边(v_i, v_j)要遵从容量约束条件，即所有品种的流量之和要小于该边的容量，则有$0 \leqslant \sum_{k=1}^{q} f_{ijk} \leqslant c_{ij}$。所有转运顶点$v_i$都要遵从流量守恒条件，而所谓流量守恒，是既要保证所有品种的流量总和守恒，也要保证每一个单一品种的分量之和也要守恒，则有：

$$\sum_{k=1}^{q} f^+(v_{ik}) = \sum_{k=1}^{q} f^-(v_{ik}), \quad f^+(v_{ik}) = f^-(v_{ik})。$$

基于以上分析，有运送路径限制的多品种流交通网络的最小代价流分配的线性规划模型如式（10.2）所示：

$$\min z = \sum_{i,j=1}^{n} \sum_{k=1}^{q} f_{ijk} w_{ij},$$

$$\text{s.t.} \begin{cases} f_{opk} = 0, & \text{（运送路径限制条件）} \\ f^+(v_{sk}) = f_{stk}, & \text{（运送路径限制条件）} \\ 0 \leqslant \sum_{k=1}^{q} f_{ijk} \leqslant c_{ij}, & \text{（容量约束条件）} \\ \sum_{k=1}^{q} f^+(v_{ik}) = \sum_{k=1}^{q} f^-(v_{ik}), & \text{（总流量守恒条件）} \\ f^+(v_{ik}) = f^-(v_{ik}), & \text{（品种分流量守恒条件）} \\ f_{ij} = \sum_{k=1}^{q} f_{ijk}, & \text{（总流量等于分量之和）} \\ \sum f^+(x_i) = \sum f^-(y_i) \leqslant A。 & \text{（目标流限制条件）} \end{cases} \quad (10.2)$$

针对模型（10.2）所刻画的多品种流交通网络，需要设计特定的最小代价流的分配算法。

10.2.2 算法设计

在 Ford-Fulkerson 算法中，增流网络的构建是基于流的品种单一而且流的运送路径没有限制进行的，但针对有运送路径限制的多品种流交通网络，就不能直接利用该算法来构建增流网络。

为了利用 Ford-Fulkerson 算法中构建增流网络的方法，就需要将有运送路径限制的多品种流交通网络，转换为品种流单一而且流的运送路径没有限制的交通网络。

1. 交通网络重构

为了将多品种流的运送转换为单一品种流的运送，需要对交通网络图进行重构。将原来的多品种流交通网络图用 G 表示，将重构后的图用 G_n 表示。重构方法如下：

（1）原有多品种流交通网络 G 转换为单一品种流交通网络 G_n。

第一步：顶点重构：

① 若 G 中的源 x_i 有 $g(g>1)$ 个品种，在 G_n 中就构建 g 个源 x_i^k。

② 针对 G 中的转运点 v_i，判断 v_i 接收的品种数 r，如果 $r>1$，在 G_n 就构建 r 个转运点 v_i^k。

③ 若 G 中的汇 y_i 需要 $h(h>1)$ 个品种，在 G_n 中就构建 h 个汇 y_i^k。

第二步：边重构：

① 若 G 中有边 (x_i, v_i)，但在 G_n 中没有关于 k 对等的顶点 x_i^k、v_i^k，不构建边；若 G 中有边 (x_i, v_i)，同时在 G_n 中有关于 k 对等的顶点 x_i^k、v_i^k，就构建边 (x_i^k, v_i^k)，G_n 中边 (x_i^k, v_i^k) 的容量、代价和 G 中边 (x_i, v_i) 的一样，即 $c(x_i^k, v_i^k) = c(x_i, v_i)$，$w(x_i^k, v_i^k) = w(x_i, v_i)$。

② 若 G 中有边 (v_i, v_j)，但在 G_n 中没有关于 k 对等的顶点 v_i^k、v_j^k，不构建边；若 G 中有边 (v_i, v_j)，同时在 G_n 中有关于 k 对等的顶点 v_i^k、v_j^k，就构建边 (v_i^k, v_j^k)，G_n 中边 (v_i^k, v_j^k) 的容量、代价和 G 中边 (v_i, v_j) 的一样，即 $c(v_i^k, v_j^k) = c(v_i, v_j)$，$w(v_i^k, v_j^k) = w(v_i, v_j)$。

③ 若图 G 中有边 (v_j, y_i)，但在 G_n 中没有关于 k 对等的顶点 v_j^k、y_i^k，不构建边；若图 G 中有边 (v_j, y_i)，同时在 G_n 中有关于 k 对等的顶点 v_j^k、y_i^k，就构

建边(v_j^k, y_i^k)，G_n中边(v_j^k, y_i^k)的容量、代价和G中边(v_j, y_i)的一样，即$c(v_j^k, y_i^k) = c(v_j, y_i)$，$w(v_j^k, y_i^k) = w(v_j, y_i)$。

（2）运送路径限制的处理。

第一步：G中顶点v_o的第k个品种不能发往顶点v_p。

若G中顶点v_o的第k个品种不能发往顶点v_p，那么在G_n中，边(v_o^k, v_p^k)为无用边，这样就需要把边(v_o^k, v_p^k)消掉。

第二步：G中顶点v_s的第k个品种只能发往顶点v_t。

G中顶点v_s的第k个品种只能发往顶点v_t，那么在G_n中，以v_s^k为起点的其他边(v_s^k, v_j^k)均为无用边，其中$j \ne t$。由此就需要把其他边(v_s^k, v_j^k)消掉。

第三步：重构图的优化：

经第一、二步处理后，会造成转运点出现断头或断尾现象，即可能出现转运点和源或汇没有连接的链路，对这样的点及其相关联边做消掉处理。

以上对顶点和边的重构规则都是从源开始依次往后进行，把此方法称为顺推重构法。

2. 算法步骤

在多品种流交通网络问题分析以及交通网络重构的基础上，再借鉴Ford-Fulkerson算法，给出有运送路径限制的多品种流交通网络最小代价流算法。算法步骤如下：

第一步：利用顺推重构法，将具有平凡流的交通网络G重构为G_n。

第二步：将G_n转换为单源单汇的结构形式。

（1）单源的构建：

① 基于所有源x_i^k共有的品种数l，在G_n中设定l个新源x^k，同时构建边(x^k, x_i^k)。该边的容量$c(x^k, x_i^k)$等于交通网络G的源x_i所具有的第k个品种的数量；代价$w(x^k, x_i^k) = 0$。

② 设定x作为单源，同时构建边(x, x^k)，该边的容量$c(x, x^k) = \sum c(x^k, x_i^k)$，代价$w(x, x^k) = 0$。

（2）单汇的构建：

① 基于所有汇y_i^k共需要的品种数l，在G_n中设定l个新汇y^k，同时构建边(y_i^k, y^k)。该边的容量$c(y_i^k, y^k)$等于交通网络G的汇y_i所需要的第k个品种的数量，代价$w(y_i^k, y^k) = 0$。

② 设定y作为单汇，同时构建边(y^k, y)，该边的容量$c(y^k, y) = \sum c(y_i^k, y^k)$，代价$w(y^k, y) = 0$。

第三步：借鉴 Ford-Fulkerson 算法中构建伴随网络的方法，针对单源单汇的 G_n 构建伴随网络流 f 的增流网络 G_f^n。G_f^n 边的构建方法以及边的属性确定按照如下规则进行：

（1）针对 G_n 中任意边 (v_i^k, v_j^k)，如果 $\sum_{k\in\{1,2,\cdots,q\}} f(v_i^k, v_j^k) = c(v_i^k, v_j^k)$，分两种情况处理：

① 若 $f(v_i^k, v_j^k) = 0$，此时边 (v_i^k, v_j^k) 的流量既不能增加也不能减少，在 G_f^n 中不但不能构造增流边，还需要把边 (v_i^k, v_j^k) 消掉。

② 若 $f(v_i^k, v_j^k) > 0$，此时边 (v_i^k, v_j^k) 的流量只能减小，那么在 G_f^n 中构建一条反向边 $e = (v_j^k, v_i^k)$，该边的属性分别为 $c'(v_j^k, v_i^k) = f(v_i^k, v_j^k)$，$w'(v_j^k, v_i^k) = -w(v_i^k, v_j^k)$。

（2）针对 G_n 中任意边 (v_i^k, v_j^k)，如果 $\sum_{k\in\{1,2,\cdots,q\}} f(v_i^k, v_j^k) < c(v_i^k, v_j^k)$，分两种情况处理：

① 若 $f(v_i^k, v_j^k) = 0$，此时边 (v_i^k, v_j^k) 的流量只能增加，那么在 G_f^n 中构建一条同向边 $e = (v_i^k, v_j^k)$。为了使模型（10.2）所刻画的多品种流交通网络遵从容量约束条件，边 (v_i^k, v_j^k) 的 $c'(v_i^k, v_j^k)$ 值由下式确定：

$$c'(v_i^k, v_j^k) = c(v_i^k, v_j^k) - \sum_{k\in\{1,2,\cdots,q\}} f(v_i^k, v_j^k),$$

边 (v_i^k, v_j^k) 的 $w'(v_i^k, v_j^k) = w(v_i^k, v_j^k)$。

② 若 $f(v_i^k, v_j^k) > 0$，此时边 (v_i^k, v_j^k) 的流量既可以增加也可以减少，那么在 G_f^n 中分别构建一条同向边 $e_1 = (v_i^k, v_j^k)$ 和一条反向边 $e_2 = (v_j^k, v_i^k)$。同样，为了使模型（10.2）所刻画的多品种流交通网络遵从容量约束条件，G_f^n 中同向边 $e_1 = (v_i^k, v_j^k)$ 的 $c'(v_i^k, v_j^k)$ 的值由下式确定：

$$c'(v_i^k, v_j^k) = c(v_i^k, v_j^k) - \sum_{k\in\{1,2,\cdots,q\}} f(v_i^k, v_j^k),$$

边 (v_i^k, v_j^k) 的 $w'(v_i^k, v_j^k) = w(v_i^k, v_j^k)$。

反向边 $e_2 = (v_j^k, v_i^k)$ 的属性分别为 $c'(v_j^k, v_i^k) = f(v_i^k, v_j^k)$，$w'(v_j^k, v_i^k) = -w(v_i^k, v_j^k)$。

第四步：在增流网络 G_f^n 中，判断是否存在关于 w' 的从源 x 到汇 y 的路径 P，若不存在路径 P，说明无法调整最小代价流，算法停止；否则利用标号法找出从源 x 到汇 y 的关于 w' 的代数和最小的路径 P^*，令流的增加量 $\delta = \min\{c'(e), e \in P^*; A\text{-Val} f\}$。

第五步：最短路径 P^* 对应 G_n 中的链即为一条由源 x 到汇 y 的增流链，对增流链中所有前向边的流量加上 δ，所有后向边的流量减去 δ，其他边的流量不变。

第六步：可知新的网络流变为 $\mathrm{Val}\,\hat{f} = \mathrm{Val}\,f+\delta$。若 $\mathrm{Val}\,\hat{f} = A$，说明当前的网络流已经是流值为 A 的最小代价流，算法终止，转到第七步；否则将 $\hat{f}$ 视为网络流 f，转到第三步。

第七步：确定多品种流交通网络 G 的最终流量分配方案，即 G 中任意边 (v_i, v_j) 的流 $f(v_i, v_j)$ 由下式确定：$f(v_i, v_j) = \sum\limits_{k \in \{1,2,\cdots,q\}} f(v_i^k, v_j^k)$。由 G 中每一条边的代价 $w(v_i, v_j) \times c(v_i, v_j)$，可求出总的最小代价 $W = \sum[w(v_i, v_j) \times c(v_i, v_j)]$。

10.2.3 算法示例

为了说明本章算法，下面对引例 10.2 进行最小代价最大流的计算。最小代价最大流的目标流是最大流，即最小代价最大流是最小代价流的特殊情况，此时只需要将算法步骤的第四步中流的增加量 $\delta = \min\{c'(e), e \in P^*; A-\mathrm{Val}\,f\}$ 中的 $A-\mathrm{Val}\,f$ 去掉即可。

第一步：利用顺推重构法，先将具有平凡流的图 10.5 的交通网络 G 重构为 G_n，如图 10.6 所示。

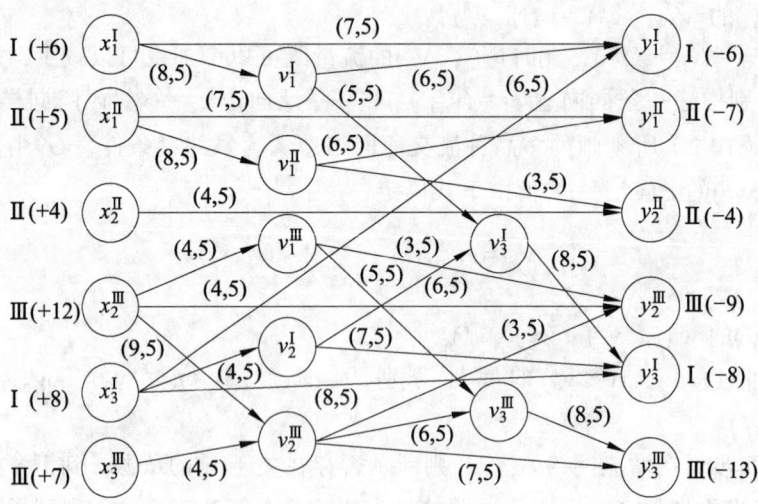

图 10.6　交通网络重构图

第二步：将图 10.6 的 G_n 转换为单源单汇的网络图形式，如图 10.7 所示。

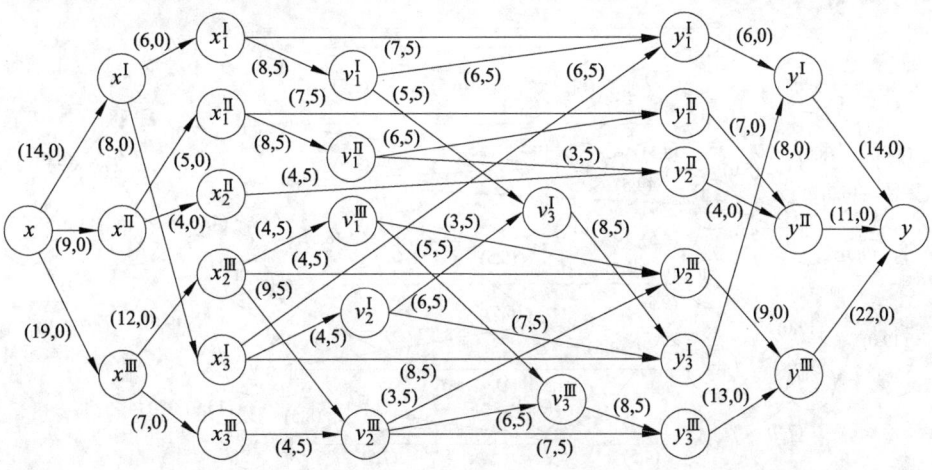

图 10.7　交通网络单源单汇图

第三步：对图 10.7 构建增流网络，构建出的增流网络结构和图 10.7 一样。利用标号法找出从源 x 到汇 y 关于 w' 的代数和最小的路径为 $x \to x^{\mathrm{I}} \to x_1^{\mathrm{I}} \to y_1^{\mathrm{I}} \to y^{\mathrm{I}} \to y$，流的增加量 $\delta = \min\{14, 6, 7, 6, 14\} = 6$，按照 Ford-Fulkerson 算法的思路调整流量，结果如图 10.8 所示，边旁数据依次表示容量、流量、代价。

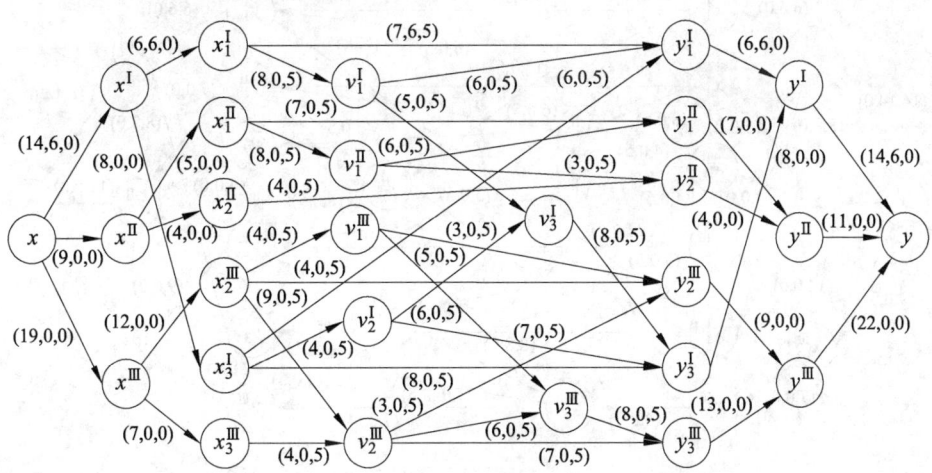

图 10.8　交通网络的第一次流量分配

第四步：对图 10.8 继续构建增流网络，结果如图 10.9 所示。

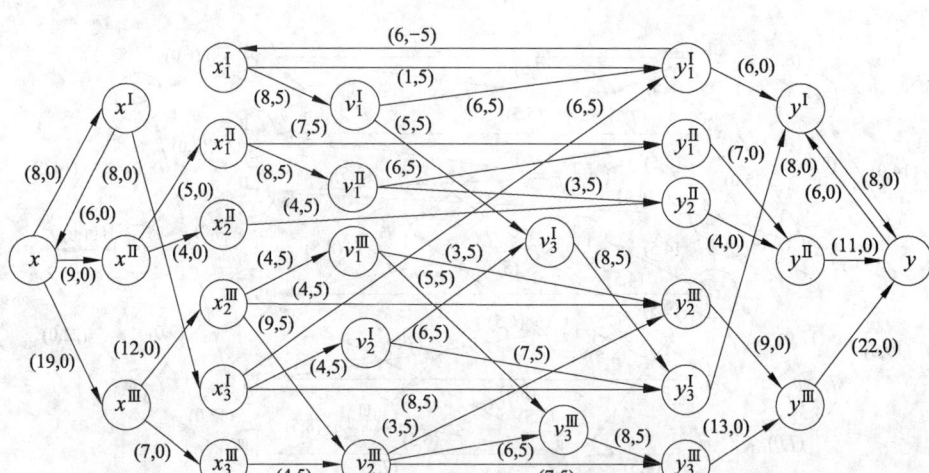

图 10.9　增流网络

第五步：对图 10.9 继续利用标号法找出从源 x 到汇 y 的最小路径以及流的增加量，按照 Ford-Fulkerson 算法的思路调整流量，结果如图 10.10 所示。

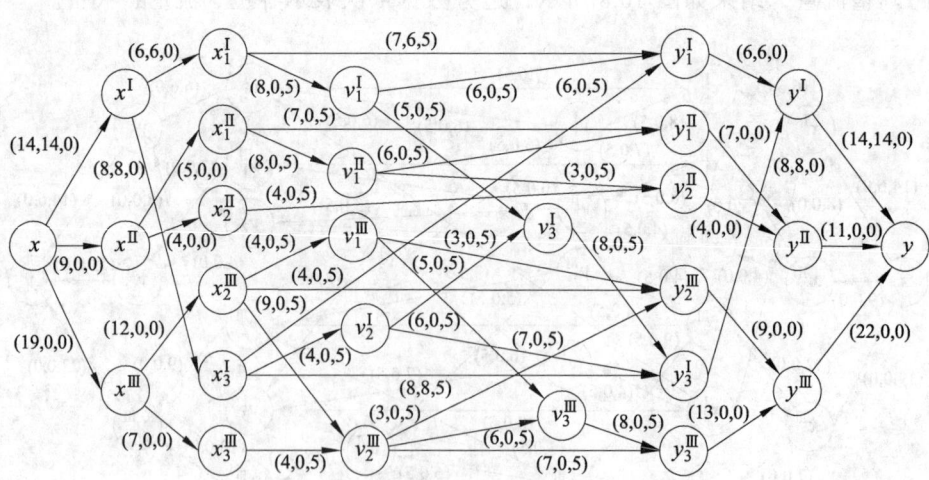

图 10.10　交通网络的第二次流量分配

第六步：其余过程省略，最终结果如图 10.11 所示。

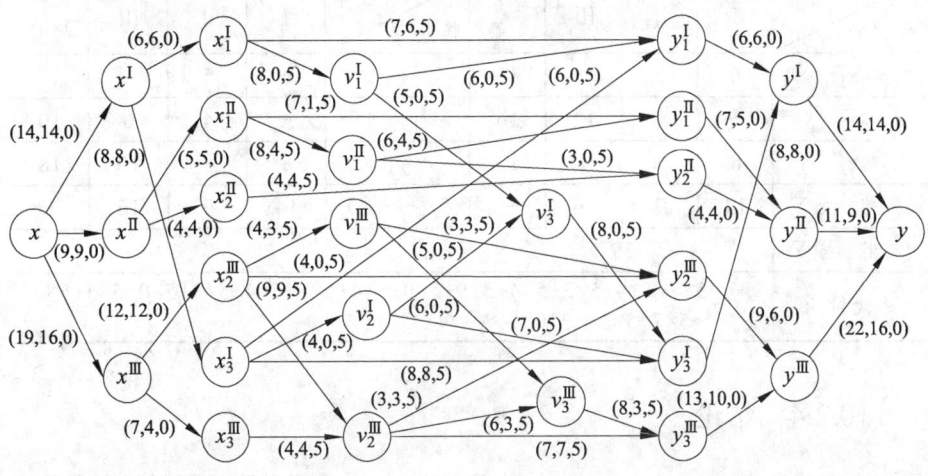

图 10.11 最小代价流分配

第七步：将图 10.11 中各个品种流的流量信息合成，汇总到初始图的图 10.5 中，结果如图 10.12 所示。

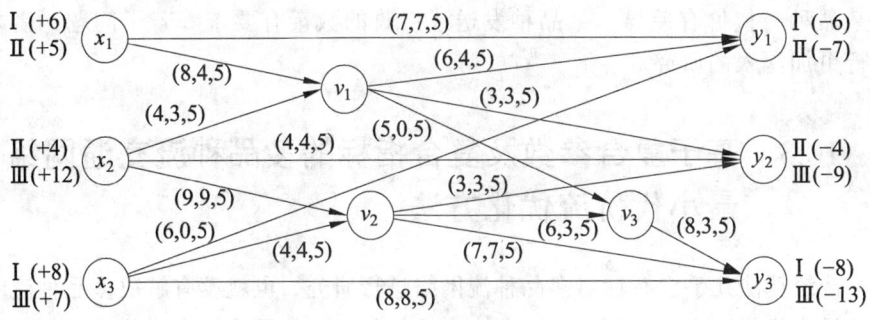

图 10.12 最小代价流分配方案

通过以上步骤，由图 10.12 可以知道该引例的总体方案，由图 10.11 可以知道该引例各个品种的具体方案。把该引例的总体方案以及各个品种的具体方案汇总到表 10.1 中。

本章引例是相对简单的多品种流交通网络，针对运送路径有其他限制的问题，在此算法基础上做相应的扩展处理即可。

表 10.1　引例的具体方案

发送点＼品种	I	II	III	点发出量	接收点＼品种	I	II	III	点接收量
x_1	6	5	—	11	y_1	6	5	—	11
x_2	—	4	12	16	y_2	—	4	6	10
x_3	8	—	4	12	y_3	8	—	10	18
品种分量∑	14	9	16	—	品种分量∑	14	9	16	—
发出总量∑				39	发出总量∑				39
总代价 W	\multicolumn{9}{l}{$W = 5×7+5×4+5×3+5×4+5×9+5×0+5×4+5×8+5×4+5×3+5×0+5×3+5×3+5×7+5×3 = 310$}

10.2.4　结论

本算法是在 Ford-Fulkerson 算法基础上，解决有运送路径限制的多品种流交通网络最小代价流分配的问题。尽管这个算法有其独有的特点，但算法中的顺推重构方法，会使交通网络的结构发生变化，针对结构庞大、复杂的网络，会使网络结构变得更为复杂，所以有必要研究更为优化的算法。

另外，本方法给出的运送路径限制有两类，而针对某个或某些顶点只转运某品种、代价有差异、某品种发送或接收的数量有要求等若干问题，需要进行更加深入的研究。

10.3　基于复合参数及复合指标的多品种流交通网络最小代价流优化方法

传统算法几乎没有针对多品种流网络进行研究，也就没有解决多品种流网络的最小代价流优化问题，更没有解决多品种流交通网络最小代价流问题的研究成果。本优化方法针对容量无差异运送代价无差异条件下多品种流交通网络的相关问题进行分析，借鉴连续最短路算法（Successive Shortest Path Algorithm）和 Ford-Fulkerson 算法的思路，构建了复合参数及复合指标，构建了在容量无差异运送代价也无差异条件下，多品种流交通网络最小代价流优化方法。

为了说明容量无差异运送代价也无差异的多品种流交通网络最小代价流问题，也为了清晰地阐述本章的研究，先给出一个简单的引例。

引例 10.3　有一交通网络如图 10.13 所示，图中的边分别给出了运送能力和运送量，即边的容量、流量（零流）、代价。其中 x_1 有 I、II 两种产品，数量分别为 18 吨和 8 吨；x_2 有 II、III 两种产品，数量分别为 6 吨和 19 吨。y_1、y_2、y_3 为三个需求地，y_1 需要 I、II 两种产品，需求量分别为 6 吨和 7 吨；y_2 需要 II、III 两种产品，需求量分别为 4 吨和 9 吨；y_3 需要 I、III 两种产品，需求量分别为 8 吨和 13 吨。现在需要设计的方案是，在满足总运送代价最少的前提下，将尽可能多的产品运送到需求地。

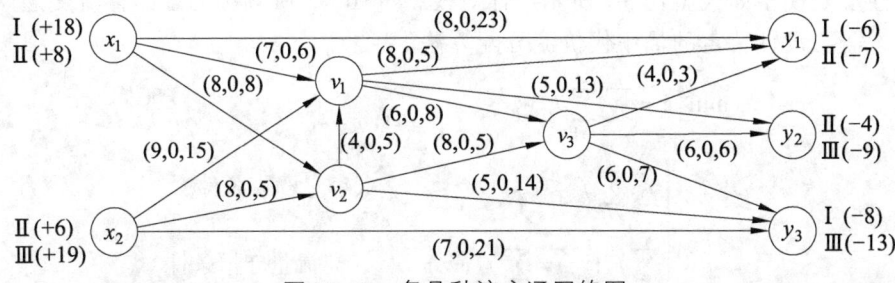

图 10.13　多品种流交通网络图

针对此引例，再利用传统的最小代价流算法，已无法设计出可行的最小代价流分配方案，所以有必要研究此类多品种流交通网络的最小代价流问题。

10.3.1　运送代价无差异的多品种流交通网络问题分析

先给定单一品种流的交通网络 $G = (V, E, C, F, W, X, Y)$，其中顶点集合 $V = (v_1, v_2, \cdots, v_n)$，边集合 $E = (e_1, e_2, \cdots, e_m)$。对集合 V 取定两个非空子集 X 和 Y，X 为只发出流量的顶点集合，Y 为只接收流量的顶点集合，且 $X \cap Y = \varnothing$，把 X 中的顶点 x 称为网络 G 的源，Y 中的顶点 y 称为网络 G 的汇。针对边 (v_i, v_j) 赋予三个非负整数参数 c_{ij}、f_{ij}、w_{ij}，分别为容量、流量、代价。设顶点 $v_i \notin X$，Y，即 v_i 为转运点，用 $f^+(v_i)$ 表示顶点 v_i 发出的流量之和，$f^-(v_i)$ 表示顶点 v_i 接收的流量之和。设分配目标流的流值为 A，f_A 为流值为 A 的网络流，即 $\mathrm{Val}\, f = A$。

以上给出的交通网络描述，是针对运送代价无差异的单一品种流，在实际的交通网络中，在同一个阶段不同品种流运送代价相同的多品种流现象普遍存在，下面对运送代价无差异的多品种流交通网络特点进行分析。

设 r 为 q 个多品种中的第 r 个品种，其中 $r = 1, 2, \cdots, q$。f_{ijr} 为第 r 个品种在边 (v_i, v_j) 上的流量，$f^+(v_{ir})$ 表示顶点 v_i 发出第 r 个品种的流量之和，$f^-(v_{ir})$ 表示顶点 v_i 接收第 r 个品种的流量之和。w_{ij} 为所有品种在边 (v_i, v_j) 上的运送代价。边 (v_i, v_j) 也要遵从容量约束条件，即所有品种的流量之和要小于该边的容量，则有 $0 \leqslant \sum_{r=1}^{q} f_{ijr} \leqslant c_{ij}$。所有转运顶点 v_i 也都要遵从流量守恒条件，而这里

所谓的流量守恒是,既要保证所有品种的流量总和守恒,也要保证每一个单一品种的分量之和也要守恒,则有:

$$\sum_{r=1}^{q} f^{+}(v_{ir}) = \sum_{r=1}^{q} f^{-}(v_{ir}),\ f^{+}(v_{ir}) = f^{-}(v_{ir})。$$

基于以上分析,运送代价无差异的多品种流交通网络最小代价流分配的线性规划模型如式(10.3)所示。针对模型(10.3)所刻画的多品种流交通网络,需要设计特定的最小代价流分配算法。

$$\min\ z = \sum_{i,j=1}^{n}\sum_{r=1}^{q} f_{ijr} w_{ij},$$

$$\text{s.t.}\begin{cases} 0 \leqslant \sum_{r=1}^{q} f_{ijr} \leqslant c_{ij}, & \text{(容量约束条件)} \\ \sum_{r=1}^{q} f^{+}(v_{ir}) = \sum_{r=1}^{q} f^{-}(v_{ir}), & \text{(总流量守恒条件)} \\ f^{+}(v_{ir}) = f^{-}(v_{ir}), & \text{(品种分流量守恒条件)} \\ f_{ij} = \sum_{r=1}^{q} f_{ijr}, & \text{(边流量等于分量之和)} \\ \sum_{i=1}^{n} f^{+}(x_i) = \sum_{i=1}^{n} f^{-}(y_i) \leqslant A, & \text{(目标流限制条件)} \\ i,j=1,2,\cdots,n;\ r=1,2,\cdots,q。 \end{cases} \quad (10.3)$$

10.3.2 最小代价流算法设计

单一品种流最小代价流 Ford-Fulkerson 算法,是通过构造增流网络,在增流网络中寻找关于代价代数和最低的路径,再针对此路径所对应原网络中的增流链进行流量调整。

针对容量无差异运送代价也无差异的多品种流交通网络,再构造增流网络,势必会造成增流网络的结构变得庞大而且复杂,同时计算过程更为烦琐,所以直接利用 Ford-Fulkerson 算法可行但不是优化的方法。

1. 算法思想

本文在借鉴连续最短路算法和 Ford-Fulkerson 算法的基础上,将网络图中边的属性设计为复合参数的形式,再针对流量分配构建复合指标,从而建立运送代价无差异的多品种流交通网络最小代价流算法。

(1)复合参数及复合指标的设定。

① 复合参数。

运送代价无差异的单一品种流交通网络中,边(v_i, v_j)的属性参数为$(c_{ij}, f_{ij},$

w_{ij})。针对运送代价无差异的多品种流，本章把边(v_i, v_j)的属性设计为复合参数形式，即为$[c_{ij}, f_{ij}(f_{ij1}, \cdots, f_{ijr}, \cdots, f_{ijq}), w_{ij}]$，其中$f_{ij}(f_{ij1}, \cdots, f_{ijr}, \cdots, f_{ijq})$表示边$(v_i, v_j)$的总流量$f_{ij}$中，每个品种的分流量各为多少。

② 复合指标。

在连续最短路算法中，顶点v_j的标号指标为$(l(v_j), v_i)$，其中$l(v_j)$表示从起点经过顶点v_i到顶点v_j关于代价的最短路长度，v_i表示v_j的前一个顶点。在Ford-Fulkerson算法中，针对流量调整，顶点v_j的指标为$(u, 边的方向, \delta)$，其中u表示被标识点v_j的前一个顶点；边的方向通过"+"或"-"来标识是前向边还是后向边；δ表示流量的调整量。

针对多品种流交通网络，既要考虑最短路指标和流量调整指标，还要考虑多品种问题，所以本章构建了复合指标，其形式为$(l(v_j), v_i, 边的方向)|[\lambda(\lambda_1, \cdots, \lambda_r, \cdots, \lambda_p)]$。其中$l(v_j)$表示第$r$个品种从起点经过前一个顶点$v_i$到顶点$v_j$，关于运送代价最低的最短路长度；$v_i$表示顶点$v_j$的前一个顶点；"边的方向"表明边$(v_i, v_j)$是前向边还是后向边，即$(v_i, v_j)$的流量是增加还是减少；$\lambda$表示在关于运送代价最低的当前链路中，针对总流量$f_{ij}$的调整量；$\lambda_r$表示在当前链路中，针对第$r$个品种分流量$f_{ijr}$的最大可能调整量。

（2）复合指标中相关指标的计算规则。

规则1：若边(v_i, v_j)为前向边且$f_{ij}<c_{ij}$时，

$$l(v_j) = \min\{l(v_j), l(v_i)+W_{ij}\}, \quad \lambda = \min\{\lambda, c_{ij}-f_{ij}\}。$$

因为此时总流量只能增加，而每个品种的分流量都有增加的可能性，所以$\lambda_r = \lambda$，其中$r = 1, 2, \cdots, q$。

规则2：若边(v_i, v_j)为后向边且$f_{ij}>0$，

$$l(v_j) = \min\{l(v_j), l(v_i)-W_{ij}\}, \quad \lambda = \min\{\lambda, f_{ij}\}。$$

因为此时总流量只能减小，每个品种的分流量都有减小的可能性，但每个品种的分流量不能减小为小于0，所以$\lambda_r = \min\{\lambda, f_{ijr}\}$，其中$r = 1, 2, \cdots, q$。

规则1、规则2基于连续最短路算法给出了当前最短路的长度$l(v_j)$；基于Ford-Fulkerson算法给出了当前链路中针对总流量f_{ij}的调整量λ；基于前面的容量约束条件，给出了当前链路中针对第r个品种分流量f_{ijr}的最大可能调整量λ_r。

（3）增流链的流量调整量确定规则。

尽管规则1、规则2计算了当前链路的相关指标，但针对第r个品种的分流量f_{ijr}，只给出了最大可能的调整量，也就是说，针对从源到汇的增流链，

总流量 f_{ij} 的调整量以及各个品种分量 f_{ijr} 的调整量还没有最终确定。

设针对增流链总流量 f_{ij} 的调整量为 δ，基于 Ford-Fulkerson 算法可知 $\delta = \min\{\lambda, A\text{-Val } f\}$。

设针对增流链品种分量 f_{ijr} 的调整量为 δ_r，下面给出确定 δ_r 的规则：

规则 3：若至少存在一个品种的最大可能调整量与总流量调整量相等，即有 $\max\{\lambda_1, \cdots, \lambda_r, \cdots, \lambda_p\} = \delta$，则任取其中一个最大的关于品种 k 的 λ_k，令 $\delta_k = \lambda_k = \delta$，此时增流链的总流量以及分流量的调整量即为 $\delta(0, \cdots, \delta_k, \cdots, 0)$。

规则 4：若不存在任意一个品种的最大可能调整量与总流量调整量相等，即 $\max\{\lambda_1, \cdots, \lambda_r, \cdots, \lambda_p\} < \delta$，则任取其中一个最大的 λ_k，令 $\delta_k = \lambda_k$，此时针对分流量的调整幅度还剩余 $\Delta\delta = \delta - \delta_k$，再任取其余一个最大的 λ_m，即 $\lambda_m = \max\{\lambda_1, \cdots, \lambda_r, \cdots, \lambda_p;$ 其中不包含 $\lambda_k\}$，那么 $\delta_m = \min\{\Delta\delta, \lambda_m\}$。此时针对分流量还剩余 $\Delta\delta = \Delta\delta - \delta_m$。依次如上类推，直到 $\Delta\delta = 0$ 为止。没有被确认的分流量的调整量 $\lambda_i = 0$。此时增流链的总流量以及分流量的调整量即为 $\delta(0, \cdots, \delta_k, \cdots, \delta_m, \cdots, 0)$。

规则 3、规则 4 是在基于所有品种流量之和要小于该边容量的基础上，对分流量调整幅度最大的品种来优先增加流量，目的是在运送代价最低的增流链上，尽可能多地增加分流量。

（4）增流链的流量调整规则。

基于 Ford-Fulkerson 算法，将关于运送代价最低的增流链的流量进行调整，即增流链中边 (v_i, v_j) 的复合参数按照如下规则修改：

规则 5：若 (v_i, v_j) 为前向边，其复合参数修改为：$[c_{ij}, f_{ij}+\delta(f_{ij1}+\delta_1, \cdots, f_{ijr}+\delta_r, \cdots, f_{ijq}+\delta_q), w_{ij}]$；若 (v_i, v_j) 为后向边，其复合参数修改为：$[c_{ij}, f_{ij}-\delta(f_{ij1}-\delta_1, \cdots, f_{ijr}-\delta_r, \cdots, f_{ijq}-\delta_q), w_{ij}]$。

2. 算法步骤

基于给出的复合参数、复合指标以及相应的规则，本章算法的思路即是，随着所求最短路的延伸，同时消除非增流边，这样既杜绝了二次求解问题，也避免了全枚举的问题。算法步骤如下：

（1）初始化过程。

第一步：设源 $X = \{x_1, \cdots, x_i, \cdots, x_n\}$，转运点 $V = \{v_1, \cdots, v_i, \cdots, v_n\}$，汇 $Y = \{y_1, \cdots, y_i, \cdots, y_n\}$。设源 x_i 具有第 r 个品种的数量为 s_i^r，汇 y_i 需要第 r 个品种的数量为 t_i^r。设 $\lambda = \lambda_r = +\infty$。设集合 $S = \emptyset$，集合 $T = \{x_1, \cdots, x_i, \cdots, x_n, v_1, \cdots, v_i, \cdots, v_n, y_1, \cdots, y_i, \cdots, y_n\}$。

第二步：对运送代价无差异的多品种流交通网络，在零流（平凡流）基础上，利用给出的容量、代价，把边的属性设为复合参数形式，即$[c_{ij}, f_{ij}(f_{ij1}, \cdots, f_{ijr}, \cdots, f_{ijq}), w_{ij}]$，此时初始的流量$f_{ij}(f_{ij1}, \cdots, f_{ijr}, \cdots, f_{ijq})$均为$0(0, \cdots, 0, \cdots, 0)$，即有 Val $f = 0$。

第三步：设 $l(x_i) = 0$，对起点 x_i 赋予复合指标$(0, 0, +)|[+\infty(+\infty, \cdots, +\infty, \cdots, +\infty)]$；设其余顶点的 $l(v_i) = +\infty$、$l(y_i) = +\infty$，那么其余顶点均可以赋予复合指标$(+\infty, 0, +)|[+\infty(+\infty, \cdots, +\infty, \cdots, +\infty)]$。

（2）寻找代价最低的增流链过程。

第四步：选择起点 x_i 检查，将起点 x_i 复合指标标上*，表示顶点 x_i 已被检查。同时设集合 $S = \{x_i\}$，$x_i \notin T$。

第五步：若 x_i 与其他顶点没有直接连线，其他顶点的复合指标保持不变；若有直接连线，则计算其他顶点的复合指标值，计算方法如下：

针对边(x_i, v_j)，因为 x_i 为源，所以(x_i, v_j)只能为前向边。

a. 若 $f_{ij} = c_{ij}$，

此时流量不能增加，即边(x_i, v_j)不能成为增流链中的边，那么最短路也就不能经过该边，此时顶点 v_j 的复合指标保持不变。

b. 若 $f_{ij} < c_{ij}$，

此时流量可以增加，即边(x_i, v_j)可以成为增流链中的边，那么最短路也就可以经过该边。复合指标中的各个指标计算如下：

按照规则 1 可知 $l(v_j) = \min\{l(v_j), l(x_i)+W_{ij}\}$，有：

- 如果 $l(v_j)$值来自第一项 $l(v_j)$，顶点 v_j 的复合指标保持不变。
- 如果 $l(v_j)$值来自第二项 $l(x_i)+W_{ij}$，总流量调整量 $\lambda = \min\{\lambda, c_{ij}-f_{ij}, A-\text{Val}\,f\}$。当 $v_j \in V$ 时，所有品种的最大可能调整量 $\lambda_r = \lambda$。当 $v_j \in Y$ 时，若 $s_j^r - f^+(x_{ir}) = 0$ 或 $t_j^r - f^-(y_{jr}) = 0$，则 r 品种的最大可能调整量 $\lambda_r = 0$，其余品种的最大可能调整量 $\lambda_r = \min\{\lambda, t_j^r - f^-(y_{jr})\}$；否则，所有品种的最大可能调整量 $\lambda_r = \min\{\lambda, t_j^r - f^-(y_{jr})\}$。

此时需要将顶点 v_j 的复合指标修改为$(l(v_j), x_i, 边的方向)|[\lambda(\lambda_1, \cdots, \lambda_r, \cdots, \lambda_p)]$。

第六步：针对顶点 v_j，计算 $l(v_j)^* = \min\{l(v_j)\}$；其中 $j = 1, 2, \cdots, n$；$v_j \notin S\}$。将顶点 v_j 的复合指标标上*，表示顶点 v_j 已被检查，设集合 $S = \{x_i, \cdots, v_j\}$，$v_j \notin T$。当 $v_j \in Y$ 时，转第九步，否则转第七步。

第七步：从顶点 v_j 出发，求其他顶点 v_k 的复合指标。

若顶点 v_j 与顶点 v_k 没有直接连线，顶点 v_k 的复合指标保持不变；若有直接连线，则计算顶点 v_k 的复合指标值。计算方法如下：

① (v_j, v_k)为前向边。

a. 若$f_{jk} = c_{jk}$,

此时流量不能增加，即边(v_j, v_k)不能成为增流链中的边，那么最短路也就不能经过该边，此时顶点v_k的复合指标保持不变。

b. 若$f_{jk} < c_{jk}$,

此时流量可以增加，即边(v_j, v_k)可以成为增流链中的边，那么最短路也就可以经过该边。复合指标中的各个指标计算如下：

按照规则 1 可知 $l(v_k) = \min\{l(v_k), l(v_j)+W_{jk}\}$，有：

• 如果$l(v_k)$值来自第一项$l(v_k)$，顶点v_k的复合指标保持不变。

• 如果 $l(v_k)$值来自第二项 $l(v_j)+W_{jk}$，总流量的调整量 $\lambda = \min\{\lambda, c_{jk}-f_{jk}, A-\text{Val}f\}$。当$v_k \in V$时，所有品种的最大可能调整量$\lambda_r = \lambda$。当$v_k \in Y$时，若$t_k^r - f^-(y_{kr})=0$，则 r 品种的最大可能调整量 $\lambda_r = 0$，其余品种的最大可能调整量 $\lambda_r = \min\{\lambda, t_k^r - f^-(y_{kr})\}$；否则，所有品种的最大可能调整量 $\lambda_r = \min\{\lambda, t_k^r - f^-(y_{kr})\}$。

此时需要将顶点v_k的复合指标修改为$(l(v_k), v_j, 边的方向)|[\lambda(\lambda_1, \cdots, \lambda_r, \cdots, \lambda_p)]$。

② (v_j, v_k)为后向边。

a. 若$f_{jk} = 0$,

此时流量不能减少，即边(v_j, v_k)不能成为增流链中的边，那么最短路也就不能经过该边，此时顶点v_k的复合指标保持不变。

b. 若$f_{jk} > 0$,

此时流量可以减少，即边(v_j, v_k)可以成为增流链中的边，那么最短路也就可以经过该边。复合指标中的各个指标计算如下：

按照规则 2 可知 $l(v_k) = \min\{l(v_k), l(v_j)-W_{jk}\}$，有：

• 如果$l(v_k)$值来自第一项$l(v_k)$，顶点v_k的复合指标保持不变。

• 如果 $l(v_k)$值来自第二项 $l(v_j)-W_{jk}$，总流量的调整量 $\lambda = \min\{\lambda, f_{jk}, A-\text{Val}f\}$。当$v_k \in V$时，所有品种的最大可能调整量 $\lambda_r = \min\{\lambda, f_{jkr}\}$。

此时需要将顶点v_k的复合指标修改为$(l(v_k), v_j, 边的方向)|[\lambda(\lambda_1, \cdots, \lambda_r, \cdots, \lambda_p)]$。

第八步：针对顶点 v_k 计算 $l(v_k)^* = \min\{l(v_k); 其中 j = 1, 2, \cdots, n; v_k \notin S\}$。将顶点 v_k 的复合指标标上$*$，表示顶点 v_k 已被检查，设集合 $S = \{x_i, \cdots, v_k\}$，$v_k \notin T$。当$v_k \in Y$时，转第九步。

（3）**流量调整过程**。

第九步：当 $y_i \subseteq S$ 时，自汇 y_i 逆向追踪，沿着每个顶点复合指标中第一个子指标组的 v_i 即可得出运送代价最低的增流链，路长为 $l(y_i)$，总流量的调整量 $\delta = \lambda$。再按照规则 3、规则 4，即可确定出增流链中每个品种的分流量的调整量 δ_r。

第十步：按照规则 5，对增流量的总流量及分流量进行调整。

第十一步：转到第三步，反复进行，直到找不到关于运送代价最低的增流链为止。

10.3.3 算法示例

为了说明本算法，下面对引例进行最小代价最大流分配。最小代价最大流的目标流是最大流，此时将算法中总流量调整量 λ 公式中的 $A\text{-}Valf$ 去掉即可。由于图显示空间的局限，不对顶点进行复合指标的标号；另外，因篇幅限制，将相应的计算过程省略。

第一步：设集合 $S = \varnothing$，集合 $T = \{x_1, x_2, v_1, v_2, v_3, y_1, y_2, y_3\}$。此时初始的流量 $f_{ij}(f_{ij1}, f_{ij2}, f_{ij3})$ 均为 $0(0, 0, 0)$。此问题涉及 Ⅰ、Ⅱ、Ⅲ三个品种，这里用 1、2、3 序号来标识。对起点 x_i 均赋予复合指标 $(0, 0, +)|[+\infty(+\infty, +\infty, +\infty)]$；对其余各个顶点均可以赋予复合指标 $(+\infty, 0, +)|[+\infty(+\infty, +\infty, +\infty)]$。图 10.14 为求解时流量调整以后某一过程的状态图。

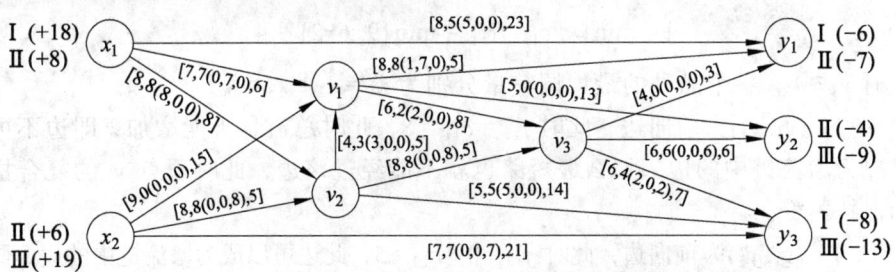

图 10.14 某一过程流量调整后的状态图

第二步：对图 10.14 继续寻找关于运送代价最低的增流链。表 10.2 为分别从源 x_1、x_2 出发的复合指标计算结果表（此计算过程省略）。

表 10.2 复合指标结果表

x_1	$(0, 0, +)|[+\infty(+\infty, +\infty, +\infty)]$ *
x_2	$(0, 0, +)|[+\infty(+\infty, +\infty, +\infty)]$ *
v_1	$(15, x_2, +)|[9(9, 9, 9)]$*
v_2	$(+\infty, 0, +)|[+\infty(+\infty, +\infty, +\infty)]$
v_3	$(+\infty, 0, +)|[+\infty(+\infty, +\infty, +\infty)]$
y_1	$(23, x_1, +)|[3(0, 0, 0)]$
y_2	$(+\infty, 0, +)|[+\infty(+\infty, +\infty, +\infty)]$
y_3	$(+\infty, 0, +)|[+\infty(+\infty, +\infty, +\infty)]$

针对表 10.2，取 $l(v_j)^* = \min\{l(v_j); v_j \notin S\} = \min\{15, 23\} = 15 = l(v_1)^*$，将表 10.2 中顶点 v_1 的指标标记*，此时集合 $S = \{x_1, x_2, v_1\}$，集合 $T = \{v_2, v_3, y_1, y_2, y_3\}$。从顶点 v_1 出发，继续求复合指标，顶点 v_1 与顶点 v_2、v_3、y_1、y_2 有直接连线，只需计算这四个顶点的复合指标即可，其余顶点的复合指标保持不变，详细计算过程如下：

（1）(v_1, v_2) 为后向边，此时 $f_{12} = 3 > 0$，此边可以成为增流链中的边，则

$$l(v_2) = \min\{l(v_2), l(v_1) - W_{12}\} = \min\{+\infty, 10\} = 10,$$

$l(v_2)$ 值来自第二项，总流量的调整量

$$\lambda = \min\{\lambda, f_{12}\} = \min\{9, 3\} = 3,$$

此时 $v_2 \in V$，各个品种的最大调整量分别为 $\lambda_1 = 3, \lambda_2 = \lambda_3 = 0$。

（2）(v_1, v_3) 为前向边，此时 $f_{13} = 2 < c_{13} = 6$，此边可以成为增流链中的边，则

$$l(v_3) = \min\{l(v_3), l(v_1) + W_{13}\} = \min\{+\infty, 23\} = 23,$$

$l(v_2)$ 值来自第二项，总流量的调整量

$$\lambda = \min\{\lambda, c_{13} - f_{13}\} = \min\{9, 6-2\} = 4,$$

此时 $v_3 \in V$，各个品种的最大调整量分别为 $\lambda_1 = \lambda_2 = \lambda_3 = 4$。

（3）(v_1, y_1) 为前向边，此时 $f_{11} = c_{11} = 8$，此时总流量不能增加，即边不可以成为增流链中的边，那么最短路也就不能经过该边，此时顶点 y_1 的复合指标保持不变。

（4）(v_1, y_2) 为前向边，此时 $f_{12} = 0 < c_{12} = 5$，此边可以成为增流链中的边，则

$$l(y_2) = \min\{l(y_2), l(v_1) + W_{12}\} = \min\{+\infty, 28\} = 28,$$

$l(y_2)$ 值来自第二项，总流量的调整量

$$\lambda = \min\{\lambda, c_{12} - f_{12}\} = \min\{9, 5-0\} = 5。$$

汇 y_2 不需要第 I 品种，则 I 品种的最大可能调整量 $\lambda_1 = 0$；

针对第 II 品种有 $\lambda_2 = \min\{\lambda, t_2^2 - f^-(y_{22})\} = \min\{5, 4-0\} = 4$；

对第 III 品种有 $\lambda_3 = \min\{\lambda, t_2^3 - f^-(y_{23})\} = \min\{5, 9-6\} = 3$。

修改后的复合指标如表 10.3 所示。

针对表 10.3，取 $l(v_j)^* = \min\{l(v_j); v_j \notin S\} = \min\{10, 23, 23, 28\} = 10 = l(v_2)^*$，将表 10.3 中顶点 v_2 的指标标记*，此时集合 $S = \{x_1, x_2, v_1, v_2\}$，集合 $T = \{v_3, y_1, y_2, y_3\}$。从顶点 v_2 出发，继续求复合指标，顶点 v_2 与顶点 v_3、y_3 有直接连线。但由于在前向边 (v_2, v_3) 上，$f_{23} = c_{23} = 8$，此时流量不能增加，即边 (v_2, v_3) 不能成为增流链中的边，那么最短路也就不能经过该边，此时顶点 v_3 的复合指标

保持不变；同理，在前向边(v_2, y_3)上由于$f_{23} = c_{23} = 5$，流量不能增加，此时顶点y_3的复合指标保持不变。此种情况说明，无法通过顶点v_2找到一条到达汇的增流链，此时需要返回到前一个顶点v_1，通过与顶点v_1有直接连线的其他顶点来寻找最短路。针对表 10.3，取 $l(v_j)^* = \min\{l(v_j)； v_j \notin S\} = \min\{23, 23, 28\} = 23 = l(y_1) = l(v_3)^*$，这里选择顶点$v_3$作为标记点，即将表 10.3 中顶点$v_3$的指标标记*。此时 $S = \{x_1, x_2, v_1, v_2, v_3\}$，集合 $T = \{y_1, y_2, y_3\}$。

表 10.3 复合指标结果表

x_1	$(0, 0, +)\|[+\infty(+\infty, +\infty, +\infty)]$ *
x_2	$(0, 0, +)\|[+\infty(+\infty, +\infty, +\infty)]$ *
v_1	$(15, x_2, +)\|[9(9, 9, 9)]$*
v_2	$(10, v_1, -)\|[3(3, 0, 0)]$*
v_3	$(23, v_1, +)\|[4(4, 4, 4)]$*
y_1	$(23, x_1, +)\|[3(0, 0, 0)]$
y_2	$(28, v_1, +)\|[5(0, 4, 3)]$
y_3	$(+\infty, 0, +)\|[+\infty(+\infty, +\infty, +\infty)]$

从顶点v_3出发，继续求复合指标，顶点v_3与顶点y_1、y_2、y_3有直接连线，只需要计算这三个顶点的复合指标即可，其余顶点的复合指标保持不变，详细计算过程如下：

（1）(v_3, y_1)为前向边，此时$f_{31} = 0 < c_{31} = 4$，此边可以成为增流链中的边，则
$$l(y_1) = \min\{l(y_1), l(v_3) + W_{31}\} = \min\{23, 26\} = 23，$$
$l(y_1)$值来自第一项，顶点y_1的复合指标保持不变。

（2）(v_3, y_2)为前向边，此时$f_{32} = c_{32} = 6$，此时流量不能增加，即边(v_3, y_2)不能成为增流链中的边，那么最短路也就不能经过该边，顶点y_2的复合指标保持不变。

（3）(v_3, y_3)为前向边，此时$f_{33} = 4 < c_{33} = 6$，此边可以成为增流链中的边，则
$$l(y_3) = \min\{l(y_3), l(v_3) + W_{33}\} = \min\{+\infty, 30\} = 30，$$
$l(y_3)$值来自第二项，总流量的调整量
$$\lambda = \min\{\lambda, c_{33} - f_{33}\} = \min\{4, 6-4\} = 2。$$
此时针对第 I 品种有 $t_3^1 - f^-(y_{31}) = 8-(5+2) = 1$，则 I 品种的最大可能调整量
$$\lambda_1 = \min\{\lambda, t_3^1 - f^-(y_{31})\} = \min\{2, 1\} = 1；$$
针对第 II 品种有 $t_3^2 - f^-(y_{32}) = 0$，则 II 品种的最大可能调整量 $\lambda_2 = 0$；

针对第Ⅲ品种有 $t_3^3-f^-(y_{33})$ = 13-(0+2+7) = 4,则Ⅲ品种的最大可能调整量

$$\lambda_3 = \min\{\lambda, t_3^3-f^-(y_{33})\} = \min\{2, 4\} = 2。$$

修改后的复合指标如表 10.4 所示。

表 10.4　复合指标结果表

x_1	$(0, 0, +)\|[+\infty(+\infty, +\infty, +\infty)]$ *
x_2	$(0, 0, +)\|[+\infty(+\infty, +\infty, +\infty)]$ *
v_1	$(15, x_2, +)\|[9(9, 9, 9)]$*
v_2	$(10, v_1, -)\|[3(3, 0, 0)]$*
v_3	$(23, v_1, +)\|[4(4, 4, 4)]$*
y_1	$(23, x_1, +)\|[3(0, 0, 0)]$
y_2	$(28, v_1, +)\|[5(0, 4, 3)]$*
y_3	$(30, v_3, +)\|[2(1, 0, 2)]$

针对表 10.4, 取 $l(v_j)^* = \min\{l(v_j); v_j \notin S\} = \min\{23, 28, 30\} = 23 = l(y_1)^*$。由此可知关于代价最短路的增流链应为 $x_1 \rightarrow y_1$, 但由于汇 y_1 需要的Ⅰ、Ⅱ品种已经全部满足, 其流量无法增加, 此时就需要选择包含汇的次最短路。针对表 10.4, 取 $l(v_j)^* = \min\{l(v_j); v_j \notin S\} = \min\{28, 30\} = 28 = l(y_2)^*$。将表 10.4 中顶点 y_2 指标标记*, 此时集合 $S = \{x_1, x_2, v_1, v_2, v_3, y_2\}$, 集合 $T = \{y_1, y_3\}$。因为 $y_2 \subseteq S$, 说明已经找到关于运送代价最低的增流链。

自汇 y_2, 沿着每个顶点复合指标中第一个子指标组的第 2 个指标逆向追踪, 可得出关于代价的最短路为 $x_2 \rightarrow v_1 \rightarrow y_2$, 路长为 28, 总流量调整量 $\delta = 5$。因为 $\max\{\lambda_1, \lambda_2, \lambda_3\} = \max\{0, 4, 3\} \leqslant \delta = 5$, 则任取其中一个最大的 $\lambda_2 = 4$, 令 $\delta_2 = \lambda_2 = 4$。此时针对分流量的调整幅度还剩余 $\Delta\delta = \delta-\delta_2 = 5-4 = 1$, 再任取其余一个最大的 λ_3, 则 $\delta_3 = \min\{\Delta\delta, \lambda_3\} = \min\{1, 3\} = 1$, 此时分流量的调整幅度已经为 $\Delta\delta = 0$, 则 $\delta_1 = 0$。即增流链的总流量及分流量的调整量为 5(0, 4, 1)。

流量分配结果如图 10.15 所示。

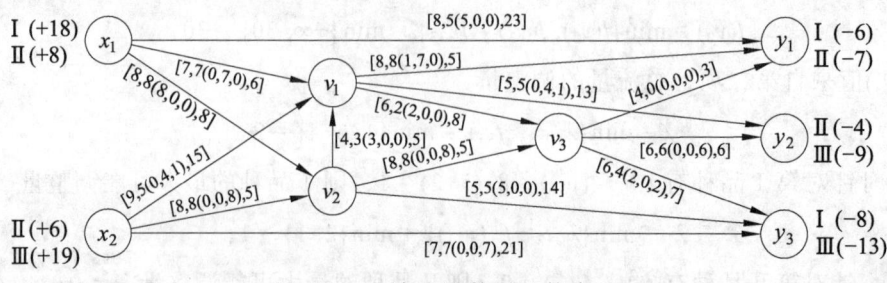

图 10.15　流量调整后的状态图

第三步：针对图 10.15 继续寻找关于运送代价最低的增流链，余下过程省略，最终的最小代价最大流分配结果如图 10.16 所示。

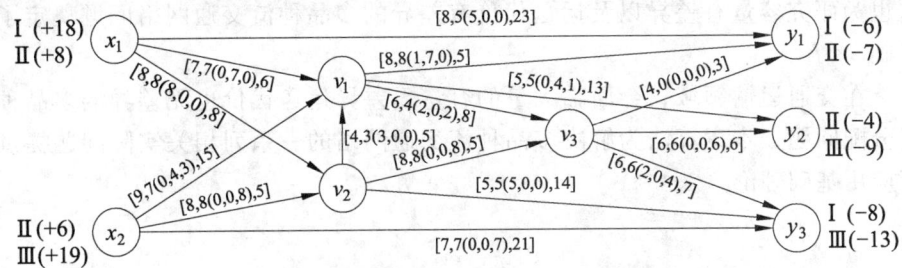

图 10.16 多品种流的最小代价最大流最终分布状态图

针对图 10.16，仍能寻找到增流链 $x_2 \to v_1 \to v_3 \to y_1$，但由于 y_1 所需要的 I、II 品种已经全部得到满足，不需要对流量进行增加，并且从源 x_1、x_2 出发的边中，只有边 (x_1, y_1) 为不饱和边，但汇 y_1 需要的 I、II 品种已经得到全部满足，不需要对流量进行增加，因此此时为最小代价流。由图 10.16 可以知道该引例中各个品种的具体运送方案，把该引例的总体方案以及各个品种的具体方案汇总到表 10.5 中。

表 10.5 最小代价最大流具体分配方案

发送点＼品种	I	II	III	源发出量	接收点＼品种	I	II	III	汇接收量
x_1	13	7	—	20	y_1	6	7	—	13
x_2	—	4	18	22	y_2	—	4	7	11
					y_3	7	—	11	18
品种分量Σ	13	11	18	—	品种分量Σ	13	11	18	—
发出总量Σ		42		42	发出总量Σ		42		42
运送代价 W	品种 I 代价 W_I			$W_I = 23 \times 5 + 8 \times 8 + 5 \times 1 + 2 \times 8 + 3 \times 5 + 14 \times 5 + 2 \times 7 = 299$			
	品种 II 代价 W_{II}			$W_{II} = 6 \times 7 + 4 \times 15 + 7 \times 5 + 4 \times 13 = 189$			
	品种 III 代价 W_{III}			$W_{III} = 3 \times 15 + 5 \times 8 + 7 \times 21 + 1 \times 13 + 2 \times 8 + 5 \times 8 + 6 \times 6 + 4 \times 7 = 365$			
	总代价 W			$W = W_I + W_{II} + W_{III} = 853$			

10.3.4 结论

在连续最短路算法和 Ford-Fulkerson 算法基础上，通过构建的复合指标，建立了容量无差异运送代价也无差异的多品种流交通网络最小代价流优化方法。另外，通过设计的复合参数，也标定了多品种流的流量分配状态。本章构造的基于复合参数和复合指标的多品种流交通网络最小代价流优化方法，避免了传统算法需要改变网络图结构的不足，在算法实现上也体现了便利，这也为研究容量有差异以及运送代价有差异的多品种流交通网络问题奠定了基础。

在交通运输领域，会面临大量的容量无差异运送代价也无差异的多品种流分配问题，本章算法为解决多品种流交通网络的一系列相关实际问题提供了应用基础理论。

第 11 章 容量有差异运送代价无差异的多品种流交通网络应用优化方法

上一章针对容量无差异运送代价也无差异的多品种流交通网络应用优化的部分问题进行了研究，本章针对容量有差异运送代价无差异的多品种流交通网络应用优化进行研究，主要包括两部分：

（1）基于复合参数及复合指标的多品种流交通网络最小代价流优化方法。

（2）基于复合参数及复合指标且转运点接发能力有限制的多品种流交通网络最小代价流优化方法。

11.1 基于复合参数及复合指标的多品种流交通网络最小代价流优化方法

首先对容量有差异运送代价无差异的多品种流交通网络相关问题进行分析，再基于连续最短路算法（Successive Shortest Path Algorithm）和 Ford-Fulkerson 算法的思路，构造基于复合参数及复合指标的多品种流交通网络最小代价流算法。

为了说明容量有差异运送代价无差异的多品种流交通网络最小代价流问题，也为了清晰地阐述本章算法的研究，先给出容量有差异运送代价无差异的多品种流交通网络的一个简单引例。

引例 11.1 有一交通网络如图 11.1 所示，图中的边分别给出了总运送能力、各分品种的运送能力和运送量，即边的容量（各分品种的容量）、流量（零流）、代价。其中 x_1 有 Ⅰ、Ⅱ 两种产品，数量分别为 18 吨和 8 吨；x_2 有 Ⅱ、Ⅲ 两种产品，数量分别为 6 吨和 19 吨。y_1、y_2、y_3 为三个需求地，y_1 需要 Ⅰ、Ⅱ 两种产品，需求量分别为 6 吨和 7 吨；y_2 需要 Ⅱ、Ⅲ 两种产品，需求量分别为 4 吨和 9 吨；y_3 需要 Ⅰ、Ⅲ 两种产品，需求量分别为 8 吨和 13 吨。现在需要设计的方案是，在满足总运送代价最少的前提下，将尽可能多的产品运送到需求地。

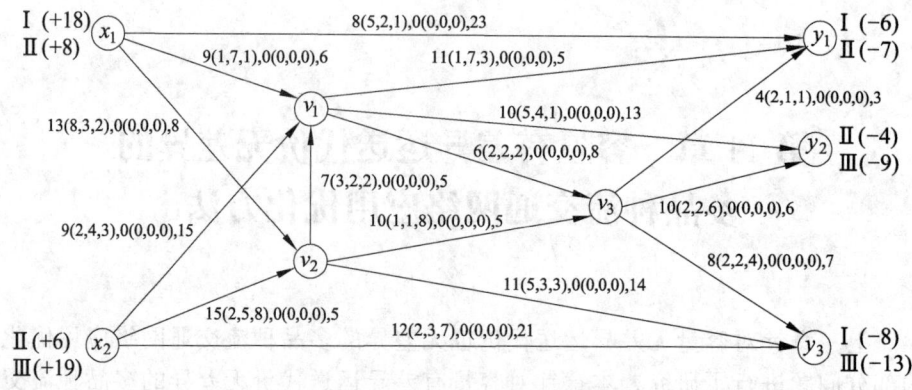

图 11.1 多品种流交通网络图

针对此引例,再利用传统的最小代价流算法,已不能设计出可行的最小代价流分配方案,所以有必要研究此类多品种流交通网络的最小代价流问题。

11.1.1 容量有差异运送代价无差异的多品种流交通网络分析

先给定单一品种流的交通网络 $G = (V, E, C, F, W, X, Y)$,其中顶点集合 $V = (v_1, v_2, \cdots, v_n)$,边集合 $E = (e_1, e_2, \cdots, e_m)$。对集合 V 取定两个非空子集 X 和 Y,X 为只发出流量的顶点集合,Y 为只接收流量的顶点集合,且 $X \cap Y = \varnothing$,把 X 中的顶点 x 称为网络 G 的源,Y 中的顶点 y 称为网络 G 的汇。针对边 (v_i, v_j) 赋予三个非负整数参数 c_{ij}、f_{ij}、w_{ij},分别为容量、流量、代价。设顶点 $v_i \notin X$, Y,即 v_i 为转运点,用 $f^+(v_i)$ 表示顶点 v_i 发出的流量之和,$f^-(v_i)$ 表示顶点 v_i 接收的流量之和。设分配目标流的流值为 A,f_A 为流值为 A 的网络流,即 Val $f = A$。

以上给出的交通网络描述,是针对单一品种流网络的,实际的多品种流交通网络中,在同一个阶段不同品种流运送代价相同但运送能力不同的多品种流现象普遍存在,下面对容量有差异但运送代价无差异的多品种流交通网络特点进行分析。

设 r 为 q 个多品种中的第 r 个品种,其中 $r = 1, 2, \cdots, q$。c_{ijr} 为第 r 个品种在边 (v_i, v_j) 上的容量;f_{ijr} 为第 r 个品种在边 (v_i, v_j) 上的流量,$f^+(v_{ir})$ 表示顶点 v_i 发出第 r 个品种的流量之和,$f^-(v_{ir})$ 表示顶点 v_i 接收第 r 个品种的流量之和;w_{ij} 为所有品种在边 (v_i, v_j) 上的运送代价。边 (v_i, v_j) 也要遵从容量约束条件,即所有品种的流量之和要小于该边的容量,即 $0 \leqslant \sum_{r=1}^{q} f_{ijr} \leqslant c_{ij}$;分品种的流量要小于对应分品种的容量,即有 $0 \leqslant f_{ijr} \leqslant c_{ijr}$。所有品种的容量之和等于该边的

容量，即 $\sum_{r=1}^{q} c_{ijr} = c_{ij}$。所有转运顶点 v_i 也都要遵从流量守恒条件，而这里所谓的流量守恒是，既要保证所有品种的流量总和守恒，也要保证每一个单一品种的分量之和守恒，则有：

$$\sum_{r=1}^{q} f^+(v_{ir}) = \sum_{r=1}^{q} f^-(v_{ir}), \ f^+(v_{ir}) = f^-(v_{ir})。$$

基于以上分析，容量有差异但运送代价无差异的多品种流交通网络最小代价流分配的线性规划模型如式（11.1）所示。针对模型（11.1）所刻画的多品种流交通网络，需要设计特定的最小代价流分配算法。

$$\min \ z = \sum_{i,j=1}^{n} \sum_{r=1}^{q} f_{ijr} w_{ij},$$

$$\text{s.t.} \begin{cases} 0 \leqslant \sum_{r=1}^{q} f_{ijr} \leqslant c_{ij}, & \text{（容量约束条件）} \\ 0 \leqslant f_{ijr} \leqslant c_{ijr}, & \text{（分品种容量约束条件）} \\ \sum_{r=1}^{q} c_{ijr} = c_{ij}, & \text{（分品种容量守恒条件）} \\ \sum_{r=1}^{q} f^+(v_{ir}) = \sum_{k=1}^{q} f^-(v_{ir}), & \text{（总流量守恒条件）} \\ f^+(v_{ir}) = f^-(v_{ir}), & \text{（分品种流量守恒条件）} \\ f_{ij} = \sum_{r=1}^{q} f_{ijr}, & \text{（品种分流量守恒条件）} \\ \sum_{i=1}^{n} f^+(x_i) = \sum_{i=1}^{n} f^-(y_i) \leqslant A, & \text{（目标流限制条件）} \\ i,j = 1,2,\cdots,n; r = 1,2,\cdots,q。 \end{cases} \quad (11.1)$$

11.1.2 算法设计

Ford-Fulkerson 的最小代价流算法是针对单一品种流网络的，主要思路是：通过构造增流网络，在增流网络中寻找关于代价的代数和最低的路径，然后再针对此路径所对应原网络中的增流链进行流量调整。

针对容量有差异但运送代价无差异的多品种流交通网络，再通过构造增流网络的方式来进行流量分配，势必会造成网络结构变得庞大而且复杂，同时使计算过程更为烦琐，所以直接利用 Ford-Fulkerson 算法可行但不是比较优化的方法，据此本章设计构造了适用于容量有差异但运送代价无差异的多品种流交通网络最小代价流算法。

1. 算法思想

本章在借鉴连续最短路算法和 Ford-Fulkerson 算法的基础上，将网络图中边的属性设计为复合参数形式，利用给出的复合参数和计算出的复合指标，找出代价最低的路径，也可以确定出其对应的品种，再判断此最短路是否为增流链，如果是增流链，就对相应的品种进行流量调整，通过修改复合参数的量值来分配流量，这样就可以避免先指定某一品种进行最小代价流分配的错误。尽管如此，以上思路却是二次求解法，即先寻找关于代价最低的最短路，再判断此最短路是否为增流链。

本章算法的核心思路是：随着所求最短路的延伸，同时消除了非增流边，从而简化了后续步骤，这样既杜绝了以上所描述的二次求解问题，也避免了全枚举问题的出现。

在边属性为复合参数的形式基础上，针对流量分配构建复合指标，最后建立容量有差异但运送代价无差异的多品种流交通网络最小代价流算法。

（1）复合参数构建及复合指标的建立。

① 复合参数。

在单一品种流的网络中，边(v_i, v_j)的属性参数为(c_{ij}, f_{ij}, w_{ij})。针对容量有差异但运送代价无差异的多品种流网络，本章把边(v_i, v_j)的属性设计为复合参数形式，即为$[c_{ij}(c_{ij1}, \cdots, c_{ijr}, \cdots, c_{ijq}), f_{ij}(f_{ij1}, \cdots, f_{ijr}, \cdots, f_{ijq}), w_{ij}]$，其中$c_{ij}(c_{ij1}, \cdots, c_{ijr}, \cdots, c_{ijq})$表示边$(v_i, v_j)$的总容量$c_{ij}$中，每个品种的分容量各为多少，$f_{ij}(f_{ij1}, \cdots, f_{ijr}, \cdots, f_{ijq})$表示边$(v_i, v_j)$的总流量$f_{ij}$中，每个品种的分流量各为多少。

② 复合指标。

在连续最短路算法中，顶点v_j的指标为$(l(v_j), v_i)$，其中$l(v_j)$表示从起点经过顶点v_i到顶点v_j关于代价的最短路长度，v_i表示v_j的前一个顶点。在Ford-Fulkerson算法中，针对流量调整，顶点v_j的指标为$(u, 边的方向, \delta)$，其中u表示被标识点v_j的前一个顶点；边的方向通过"+"或"-"来标识是前向边还是后向边；δ表示流量的调整量。

针对多品种流网络，既要考虑最短路指标和流量调整指标，还要考虑容量有差异的多品种流问题，所以本章构建了复合指标，其形式为$(l(v_j), v_i, 边的方向)|[\lambda(\lambda_1, \cdots, \lambda_r, \cdots, \lambda_p)]$。其中$l(v_j)$表示第$r$个品种从起点经过前一个顶点$v_i$到顶点$v_j$关于运送代价最低的最短路长度；$v_i$表示顶点$v_j$的前一个顶点；"边的方向"表明边$(v_i, v_j)$是前向边还是后向边，即$(v_i, v_j)$的流量是增加还是减少；$\lambda$表示在关于运送代价最低的当前链路中，针对总流量$f_{ij}$的调整量；$\lambda_r$表示在当前链路中，针对第$r$个品种分流量$f_{ijr}$的最大可能调整量。

（2）复合指标计算规则。

规则1：

① 若边(v_i, v_j)为前向边且$f_{ij}<c_{ij}$时，该边可以为增流边，需要进一步判断

是否为增流链，此时 $l(v_j) = \min\{l(v_j), l(v_i)+W_{ij}\}$，总流量 f_{ij} 的调整量 $\lambda = \min\{\lambda, c_{ij}-f_{ij}, A-\text{Val}f\}$。这种情况下总流量只能增加不能减少，而每个品种的分流量都有增加的可能性，所以第 r 个品种的最大可能调整量 $\lambda_r = \lambda$。

② 若边 (v_i, v_j) 为后向边且 $f_{ij}>0$ 时，该边可以为增流边，总流量只能减少不能增加，而每个品种的分流量都有减少的可能性，需要进一步判断是否为增流链，此时 $l(v_j) = \min\{l(v_j), l(v_i)-W_{ij}\}$，$\lambda = \min\{\lambda, f_{ij}, A-\text{Val}f\}$。

规则 2：

① 若边 (v_i, v_j) 为前向边且可为增流边时，则按照式（11.2）方法判断：

$$\begin{cases} v_i \in X, \text{且} v_j \in V : \lambda = \min\{\lambda, c_{ij} - f_{ij}, A - \text{Val}f\}; \\ \qquad\qquad \lambda_r = \min\{\lambda, \lambda_r, c_{ijr} - f_{ijr}, s_i^r - f^+(v_{ir})\} \\ v_i \in X, v_j \in Y : \lambda = \min\{\lambda, c_{ij} - f_{ij}, A - \text{Val}f\}; \\ \qquad\qquad \lambda_r = \min\{\lambda, \lambda_r, c_{ijr} - f_{ijr}, s_i^r - f^+(v_{ir}), t_j^r - f^-(v_{jr})\} \\ v_i \in V, v \text{且} v_j \in V : \lambda = \min\{\lambda, c_{ij} - f_{ij}, A - \text{Val}f\}; \\ \qquad\qquad \lambda_r = \min\{\lambda, \lambda_r, c_{ijr} - f_{ijr}\} \\ v_i \in V, v_j \in Y : \lambda = \min\{\lambda, c_{ij} - f_{ij}, A - \text{Val}f\}; \\ \qquad\qquad \lambda_r = \min\{\lambda, \lambda_r, c_{ijr} - f_{ijr}, t_j^r - f^-(v_{jr})\} \\ i, j = 1, 2, \cdots, n; r = 1, 2, \cdots, q \text{。} \end{cases} \quad (11.2)$$

② 若边 (v_i, v_j) 为后向边且可为增流边时，则按照式（11.3）方法判断：

$$\begin{cases} v_i \in V, v_j \in V : \lambda = \min\{\lambda, f_{ij}, A - \text{Val}f\}; \lambda_r = \min\{\lambda, \lambda_r, f_{ijr}\} \\ i, j = 1, 2, \cdots, n; \ r = 1, 2, \cdots, q \text{。} \end{cases} \quad (11.3)$$

规则 1、规则 2 是基于连续最短路算法给出了当前最短路的长度 $l(v_j)$；基于 Ford-Fulkerson 算法给出了当前链路中针对总流量 f_{ij} 的调整量 λ；基于前面的容量约束条件，给出了当前链路中针对第 r 个品种分流量 f_{ijr} 的最大可能调整量 λ_r。

（3）**增流链流量调整量确定规则**。

尽管规则 1、规则 2 计算了当前链路的相关指标，但针对第 r 个品种的分流量 f_{ijr}，只给出了最大可能的调整量，那么针对从源到汇的增流链，总流量 f_{ij} 的调整量以及各个品种分量 f_{ijr} 的调整量还没有最终确定。增流链流量调整量可以通过如下规则确定出来：

规则 3：针对当前最短路而言，增流链总流量 f_{ij} 的调整量为 δ，增流链品种分量 f_{ijr} 的调整量为 δ_r，$\delta_r = \lambda_r$，$\delta = \sum_{r=1}^{q} \delta_r$。

（4）增流链流量调整规则。

基于 Ford-Fulkerson 算法，将关于运送代价最低的增流链的流量进行调整，即增流链中边(v_i, v_j)的复合参数按照如下规则修改：

规则 4：

① 如果边(v_i, v_j)为前向边，那么复合参数可以修改为如下方式：

$$[c_{ij}(c_{ij1}, \cdots, c_{ijr}, \cdots, c_{ijq}), f_{ij}+\delta(f_{ij1}+\delta_1, \cdots, f_{ijr}+\delta_r, \cdots, f_{ijq}+\delta_q), w_{ij}];$$

② 如果边(v_i, v_j)为后向边，那么复合参数可以修改为如下方式：

$$[c_{ij}(c_{ij1}, \cdots, c_{ijr}, \cdots, c_{ijq}), f_{ij}-\delta(f_{ij1}-\delta_1, \cdots, f_{ijr}-\delta_r, \cdots, f_{ijq}-\delta_q), w_{ij}]。$$

2. 算法步骤

基于给出的复合参数、复合指标以及相应的规则，本章算法的思路是：随着所求最短路的延伸，同时消除非增流边，这样既杜绝了二次求解问题，也避免了全枚举的问题。算法步骤如下：

（1）初始化过程。

第一步：设源 $X = \{x_1, \cdots, x_i, \cdots, x_n\}$，转运点 $V = \{v_1, \cdots, v_i, \cdots, v_n\}$，汇 $Y = \{y_1, \cdots, y_i, \cdots, y_n\}$。设源 x_i 拥有的所有品种的数量为 s_i，它具有第 r 个品种的数量为 s_i^r，汇 y_i 需要所有品种的数量为 t_i，它需要第 r 个品种的数量为 t_i^r。设 $\lambda = \lambda_r = +\infty$。设集合 $S = \varnothing$，集合 $T = \{x_1, \cdots, x_n, v_1, \cdots, v_i, \cdots, v_n, y_1, \cdots, y_i, \cdots, y_n\}$。

第二步：对容量有差异但运送代价无差异的多品种流交通网络，在零流（平凡流）基础上，利用给出的容量、代价，把边的属性设为复合参数形式，即 $[c_{ij}(c_{ij1}, \cdots, c_{ijr}, \cdots, c_{ijq}), f_{ij}(f_{ij1}, \cdots, f_{ijr}, \cdots, f_{ijq}), w_{ij}]$，此时初始的流量 $f_{ij}(f_{ij1}, \cdots, f_{ijr}, \cdots, f_{ijq})$ 均为 $0(0, \cdots, 0, \cdots, 0)$，即有 Val $f = 0$。

第三步：设 $l(x_i) = 0$，对起点 x_i 赋予复合指标 $(0, 0, +)|[+\infty(+\infty, \cdots, +\infty, \cdots, +\infty)]$；设其余顶点的 $l(v_i) = +\infty$，$l(y_i) = +\infty$，那么其余顶点均可以赋予复合指标 $(+\infty, 0, +)|[+\infty(+\infty, \cdots, +\infty, \cdots, +\infty)]$。

（2）寻找代价最低的增流链过程。

第四步：选择起点 x_i 检查，将起点 x_i 复合指标标上*，表示顶点 x_i 已被检查。同时设集合 $S = \{x_i\}$，$x_i \notin T$。

第五步：若 x_i 与其他顶点没有直接连线，其他顶点的复合指标保持不变；若有直接连线，则计算其他顶点的复合指标值，计算方法如下：

针对边(x_i, v_j)，由于 x_i 为源，所以该边只能为前向边。

a. 若 $f_{ij} = c_{ij}$，

此时流量不能增加，即边(x_i, v_j)不能成为增流链中的边，那么最短路也就不能经过该边，此时顶点 v_j 的复合指标保持不变。

b. 若 $f_{ij}<c_{ij}$，

此时流量可以增加，即边 (x_i, v_j) 可以成为增流链中的边，那么最短路也就可以经过该边。复合指标中的各个指标计算如下：

按照规则 1 可知 $l(v_j) = \min\{l(v_j), l(x_i)+W_{ij}\}$，有：

• 如果 $l(v_j)$ 值来自第一项 $l(v_j)$，顶点 v_j 的复合指标保持不变。

• 如果 $l(v_j)$ 值来自第二项 $l(x_i)+W_{ij}$，总流量的调整量 $\lambda = \min\{\lambda, c_{ij}-f_{ij}, A\text{-Val} f\}$。所有品种的最大可能调整量 $\lambda_r = \lambda$。当 $v_j \in V$ 时，各分品种的最大可能流量调整量 $\lambda_r = \min\{\lambda, \lambda_r, c_{ijr}-f_{ijr}, s_i^r-f^+(x_{ir})\}$。当 $v_j \in Y$ 时，各分品种的最大可能调整量 $\lambda_r = \min\{\lambda, \lambda_r, c_{ijr}-f_{ijr}, s_i^r-f^+(x_{ir}), t_j^r-f^-(y_{jr})\}$。若 $s_i^m-f^+(x_{im}) = 0$ 或 $t_j^m-f^-(y_{jm}) = 0$，则 m 品种的最大可能调整量 $\lambda_m = 0$，其余品种的最大可能调整量 $\lambda_r = \min\{\lambda, \lambda_r, c_{ijr}-f_{ijr}, s_i^r-f^+(x_{ir}), t_j^r-f^-(y_{jr})\}$；否则，所有品种的最大可能调整量 $\lambda_r = \min\{\lambda, c_{ijr}-f_{ijr}, s_i^r-f^+(x_{ir}), t_j^r-f^-(y_{jr})\}$。此时需要将顶点 v_j 的复合指标修改为 $(l(v_j), x_i, 边的方向)|[\lambda(\lambda_1, \cdots, \lambda_r, \cdots, \lambda_p)]$。

第六步：针对顶点 v_j，计算 $l(v_j)^* = \min\{l(v_j)\}$；其中 $j = 1, 2, \cdots, n; v_j \notin S$。若有且只有一个最小 $l(v_j)$，将顶点 v_j 的复合指标标上*，若有两个或者两个以上的最小 $l(v_j)$ 相同，任选其中一个顶点 v_j 的复合指标标上*。表示顶点 v_j 已被检查，设集合 $S = \{x_i, \cdots, v_j\}$，$v_j \notin T$。当 $v_j \in Y$ 时，转第九步，否则转第七步。

第七步：从顶点 v_j 出发，求其他顶点 v_k 的复合指标。

若顶点 v_j 与顶点 v_k 没有直接连线，顶点 v_k 的复合指标保持不变；若有直接连线，则计算顶点 v_k 的复合指标值，计算方法如下：

① (v_j, v_k) 为前向边：

a. 若 $f_{jk} = c_{jk}$，

此时流量不能增加，即边 (v_j, v_k) 不能成为增流链中的边，那么最短路也就不能经过该边，此时顶点 v_k 的复合指标保持不变。

b. 若 $f_{jk}<c_{jk}$，

此时流量可以增加，即边 (v_j, v_k) 可以成为增流链中的边，那么最短路也就可以经过该边。复合指标中的各个指标计算如下：

按照规则 1 可知 $l(v_k) = \min\{l(v_k), l(v_j)+W_{jk}\}$，有：

• 如果 $l(v_k)$ 值来自第一项 $l(v_k)$，顶点 v_k 的复合指标保持不变。

• 如果 $l(v_k)$ 值来自第二项 $l(v_j)+W_{jk}$，总流量的调整量 $\lambda = \min\{\lambda, c_{jk}-f_{jk}, A\text{-Val} f\}$。当 $v_k \in V$ 时，各分品种的最大可能流量调整量 $\lambda_r = \min\{\lambda, \lambda_r, c_{jkr}-f_{jkr}\}$。

当 $v_k \in Y$ 时，各分品种的最大可能调整量 $\lambda_r = \min\{\lambda, \lambda_r, c_{jkr}-f_{jkr}, t_k^r-f^-(y_{kr})\}$。若 $t_k^m-f^-(y_{km}) = 0$，则 m 品种的最大可能调整量 $\lambda_m = 0$，其余品种的最大可能调整量 $\lambda_r = \min\{\lambda, \lambda_r, t_k^r-f^-(y_{kr})\}$；否则，所有品种的最大可能调整量 $\lambda_r = \min\{\lambda, \lambda_r, t_k^r-f^-(y_{kr})\}$。

此时需要将顶点 v_k 的复合指标修改为 $(l(v_k), v_j, $ 边的方向$)|[\lambda(\lambda_1, \cdots, \lambda_r, \cdots, \lambda_p)]$。

② (v_j, v_k) 为后向边。

a. 若 $f_{jk} = 0$，

此时流量不能减少，即边 (v_j, v_k) 不能成为增流链中的边，那么最短路也就不能经过该边，此时顶点 v_k 的复合指标保持不变。

b. 若 $f_{jk} > 0$，

此时流量可以减少，即边 (v_j, v_k) 可以成为增流链中的边，那么最短路也就可以经过该边。复合指标中的各个指标计算如下：

按照规则 2 可知 $l(v_k) = \min\{l(v_k), l(v_j)-W_{jk}\}$，有：

- 如果 $l(v_k)$ 值来自第一项 $l(v_k)$，顶点 v_k 的复合指标保持不变。
- 如果 $l(v_k)$ 值来自第二项 $l(v_j)-W_{jk}$，总流量的调整量 $\lambda = \min\{\lambda, f_{jk}, A-\text{Val}f\}$。此时只存在 $v_k \in V$ 的情况，各分品种的最大可能流量调整量 $\lambda_r = \min\{\lambda, \lambda_r, f_{jkr}\}$。

第八步：针对顶点 v_k，计算 $l(v_k)^* = \min\{l(v_k)\}$；其中 $k = 1, 2, \cdots, n; v_k \notin S\}$。将顶点 v_k 的复合指标标上 *，表示顶点 v_k 已被检查，设集合 $S = \{v_i, \cdots, v_k\}$，$v_k \notin T$。当 $v_k \in Y$ 时，转第九步。

（3）流量调整过程。

第九步：当 $y_i \subseteq S$ 时，自汇 y_i 逆向追踪，沿着每个顶点复合指标中第一个子指标组的 v_i 即可得出运送代价最低的增流链，路长为 $l(y_i)$，总流量的最大调整量 $\delta = \lambda$。再根据 y_i 复合指标中第二个子指标组的 λ_r 确定此增流链中每个品种的分流量的调整量 δ_r。总流量的调整量 $\delta = \sum_{r=1}^{q} \delta_r$。再按照规则 3 和规则 4 即可确定出增流链中每个品种的分流量的调整量 δ_r。

第十步：按照规则 3，对增流量的总流量及分流量进行调整。将最短路中前向边 (v_i, v_j) 的复合参数修改为 $[c_{ij}(c_{ij1}, \cdots, c_{ijr}, \cdots, c_{ijq}), f_{ij}+\delta(f_{ij1}, \cdots, f_{ijr}+\delta, \cdots, f_{ijq})]$；将最短路中后向边 (v_i, v_j) 的复合参数修改为 $[c_{ij}(c_{ij1}, \cdots, c_{ijr}, \cdots, c_{ijq}), f_{ij}-\delta(f_{ij1}, \cdots, f_{ijr}-\delta, \cdots, f_{ijq})]$。

第十一步：转到第三步，反复进行，直到找不到关于运送代价最低的增流链为止。

11.1.3 算法示例

为了说明本章算法，下面对引例 11.1 进行最小代价最大流分配。最小代价最大流的目标流是最大流，是最小代价流的特殊情况，此时只需要将算法中总流量调整量 λ 公式中的 $A-\text{Val}f$ 去掉即可。鉴于图所显示的空间的局限，不对顶点进行复合指标的标号；另外，因篇幅限制，将相应的计算过程省略。

第一步：设集合 $S=\varnothing$，集合 $T=\{x_1, x_2, v_1, v_2, v_3, y_1, y_2, y_3\}$。此时初始的流量 $f_{ij}(f_{ij1}, f_{ij2}, f_{ij3})$ 均为 $0(0,0,0)$。此问题涉及 I、II、III 三个品种，这里用 1、2、3 序号来标识。对起点 x_i 均赋予复合指标 $(0, 0, +)|[+\infty(+\infty, +\infty, +\infty)]$；对其余各个顶点均可以赋予复合指标 $(+\infty, 0, +)|[+\infty(+\infty, +\infty, +\infty)]$。图 11.1 为流量初始状态图。

第二步：对图 11.1 寻找关于运送代价最低的增流链。表 11.1 为从源 x_2 出发的复合指标计算结果表。

表 11.1 复合指标结果表

x_1	$(0, 0, +)|[+\infty(+\infty, +\infty, +\infty)]$ *
x_2	$(0, 0, +)|[+\infty(+\infty,+\infty, +\infty)]$ *
v_1	$(15, x_2, +)|[9(0,4,3)]$
v_2	$(5, x_2, +)|[15(0, 5, 8)]$
v_3	$(+\infty, 0, +)|[+\infty(+\infty, +\infty, +\infty)]$
y_1	$(+\infty, 0, +)|[+\infty(+\infty, +\infty, +\infty)]$
y_2	$(+\infty, 0, +)|[+\infty(+\infty,+\infty, +\infty)]$
y_3	$(21, x_2, +)|[12(0, 0, 7)]$

针对表 11.1，取 $l(v_j)^*=\min\{l(v_j); v_j\notin S\}=\min\{0, 15, 5\}=0=l(x_1)^*$，将表 11.1 中顶点 x_1 的指标标记*。此时 $S=\{x_1, x_2\}$，集合 $T=\{v_1, v_2, v_3, y_1, y_2, y_3\}$。从顶点 x_1 出发，继续求复合指标，顶点 x_1 与顶点 v_1、v_2、y_1 有直接连线。只需计算这三个顶点的复合指标即可，其余顶点复合参数保持不变，详细计算过程如下：

（1）(x_1, v_1) 为前向边，同时 $f_{11}=0 < c_{11}=9$，此边可以成为增流链中的边，则

$$l(v_1)=\min\{l(v_1), l(x_1)+W_{11}\}=\min\{15, 0+6\}=6,$$

$l(v_1)$ 值来自第二项，总流量的调整量

$$\lambda=\min\{\lambda, c_{ij}-f_{ij}\}=\min\{\lambda, c_{11}-f_{11}\}=\min\{+\infty, 9-0\}=9,$$

第 I 品种的最大可能调整量

$$\lambda_1=\min\{\lambda, \lambda_r, c_{111}-f_{111}, s_1^1\}=\min\{9, +\infty, 1-0, 18-0\}=1;$$

第II品种的最大可能调整量

$$\lambda_2=\min\{\lambda, \lambda_r, c_{112}-f_{112}, s_1^2\}=\min\{9, +\infty, 7-0, 8-0\}=7;$$

第III品种的最大可能调整量

$$\lambda_3=\min\{\lambda, \lambda_r, c_{113}-f_{113}, s_1^3\}=\min\{9, +\infty, 1-0, 0-0\}=0。$$

（2）(x_1, v_2)为前向边，同时$f_{12}=0<c_{12}=13$，此边可以成为增流链中的边，则 $l(v_2)=\min\{l(v_2), l(x_1)+W_{12}\}=\min\{5, 0+8\}=5$，$l(v_2)$值来自第一项，故顶点$v_2$的复合指标保持不变。

（3）(x_1, y_1)为前向边，此时$f_{11}=0<c_{11}=8$，此边可以成为增流链中的边，则

$$l(y_1)=\min\{l(y_1), l(x_1)+W_{11}\}=\min\{+\infty, 0+23\}=23，$$

$l(y_2)$值来自第二项，总流量的调整量

$$\lambda=\min\{\lambda, c_{ij}-f_{ij}\}=\min\{\lambda, c_{11}-f_{11}\}=\min\{+\infty, 8-0\}=8，$$

第I品种的最大可能调整量

$$\lambda_1=\min\{\lambda, \lambda_r, c_{111}-f_{111}, s_1^1, t_1^1\}=\min\{8, +\infty, 5-0, 18-0, 6-0\}=5;$$

第II品种的最大可能调整量

$$\lambda_2=\min\{\lambda, \lambda_r, c_{112}-f_{112}, s_1^2, t_1^2\}=\min\{8, +\infty, 2-0, 8-0, 7-0, 2-0\}=2;$$

第III品种的最大可能调整量

$$\lambda_3=\min\{\lambda, \lambda_r, c_{113}-f_{113}, s_1^3, t_1^3\}=\min\{8, +\infty, 1-0, 0-0, 0-0\}=0。$$

修改后的复合指标如表11.2所示。

表11.2 复合指标结果表

x_1	$(0, 0, +)\|[+\infty(+\infty, 3+\infty, +\infty)]$ *
x_2	$(0, 0, +)\|[+\infty(+\infty, +\infty, +\infty)]$ *
v_1	$(6, x_1, +)\|[9(1, 7, 0)]$
v_2	$(5, x_2, +)\|[15(0, 5, 8)]$*
v_3	$(0, 0, +)\|[+\infty(+\infty, +\infty, +\infty)]$
y_1	$(23, x_1, +)\|[8(5, 2, 0)]$
y_2	$(0, 0, +)\|[+\infty(+\infty, +\infty, +\infty)]$
y_3	$(21, x_2, +)\|[12(0, 0, 7)]$

针对表 11.2，开始依次进行以上同样的计算过程，步骤省略，修改后的复合指标如表 11.3 所示。

表 11.3 复合指标结果表

x_1	$(0,0,+)\|[+\infty(+\infty,+\infty,+\infty)]$ *
x_2	$(0,0,+)\|[+\infty(+\infty,+\infty,+\infty)]$ *
v_1	$(6,x_1,+)\|[9(1,7,0)]$*
v_2	$(5,x_2,+)\|[15(0,5,8)]$*
v_3	$(10,v_2,+)\|[10(0,1,8)]$*
y_1	$(11,v_1,+)\|[9(1,7,0)]$*
y_2	$(16,v_3,+)\|[10(0,1,6)]$
y_3	$(17,v_3,+)\|[8(0,0,4)]$

针对表 11.3，取 $l(v_j)^*=\min\{l(v_j); v_j\notin S\}=\min\{11,16,17\}=11=l(y_1)^*$。将表 11.3 中顶点 y_1 的指标标记*。自汇 y_1，沿着每个顶点复合指标中第一个子指标组的第 2 个指标逆向追踪，可得出关于费用的最短路为 $x_1\to v_1\to y_1$，由顶点 y_1 的复合指标$(11, v_1, +)|[9(1, 7, 0)]$可得路长为 11，总流量调整量 $\delta=8$。I 品种的流量调整量为 1，II 品种的流量调整量为 7，III 品种的流量调整量为 0。即增流链的总流量及分流量的调整量为 $8(1, 7, 0)$。流量分配结果如图 11.2 所示。

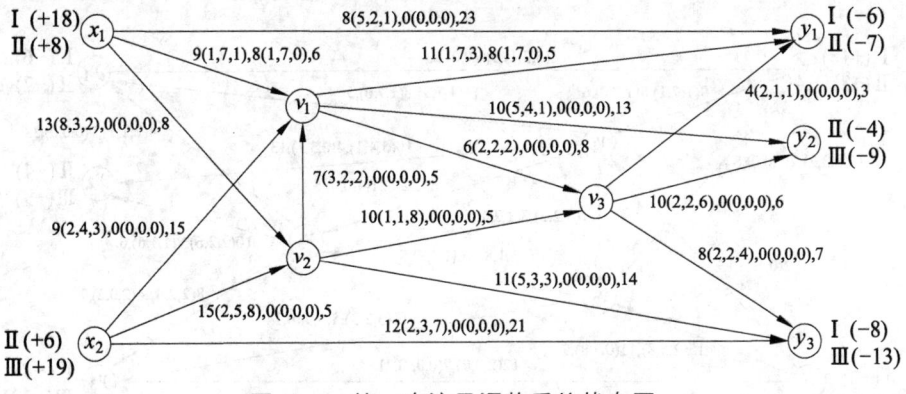

图 11.2 第一次流量调整后的状态图

第三步：针对图 11.2 继续寻找关于运送代价最低的增流链，计算过程与第二步同理，过程省略，修改后的复合指标如表 11.4 所示。

表 11.4 复合指标结果表

x_1	$(0, 0, +)|[+\infty(+\infty, +\infty, +\infty)]$ *
x_2	$(0, 0, +)|[+\infty(+\infty, +\infty, +\infty)]$ *
v_1	$(15, x_2, +)|[9(0, 3, 3)]$*
v_2	$(+\infty, 0, +)|[+\infty(+\infty, +\infty, +\infty)]$
v_3	$(23, v_1, +)|[5(0, 2, 2)]$*
y_1	$(+\infty, 0, +)|[+\infty(+\infty, +\infty, +\infty)]$
y_2	$(28, v_1, +)|[2(0, 1, 1)]$*
y_3	$(30, v_3, +)|[4(0, 0, 2)]$

针对表 11.4，取 $l(v_j)^*=\min\{l(v_j); v_j \notin S\}=\min\{28,30\}=28=l(y_2)^*$，将表 11.4 中顶点 y_2 的指标标记*。此时 $S=\{x_1, x_2, v_1, v_3, y_2\}$，集合 $T=\{v_2, y_1, y_3\}$。自汇 y_2，沿着每个顶点复合指标中第一个子指标组的第 2 个指标逆向追踪，可得出关于费用的最短路为 $x_2 \to v_1 \to y_2$，由顶点 y_2 的复合指标$(28, v_1, +)|[8(0,1,1)]$可得路长为 28，总流量调整量 $\delta = 2$。I 品种的流量调整量为 0，II 品种的流量调整量为 1，III 品种的流量调整量为 1。即增流链的总流量及分流量的调整量为 2(0, 1, 1)。图 11.3 即为求解时第二次流量调整以后某一过程的状态图。

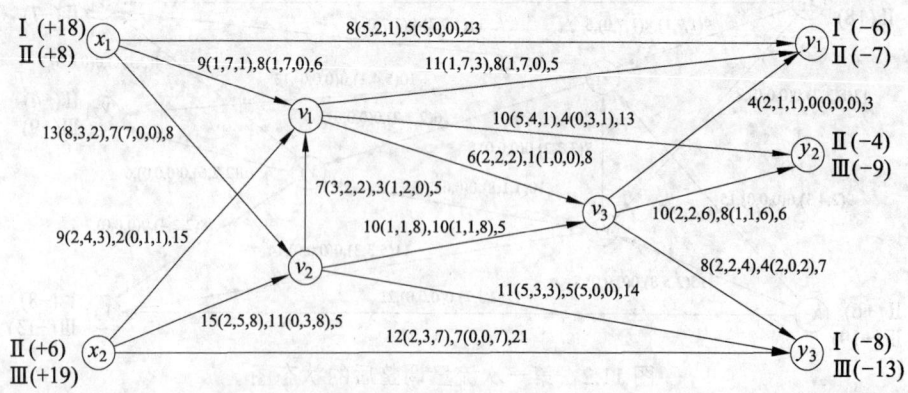

图 11.3 第二次流量调整后的状态图

第四步：针对图 11.3 继续寻找关于运送代价最低的增流链，计算过程与第二步同理，过程省略，修改后的复合指标如表 11.5 所示。

表 11.5 复合指标结果表

x_1	$(0,0,+) \| [+\infty(+\infty,+\infty,+\infty)]$ *
x_2	$(0,0,+) \| [+\infty(+\infty,+\infty,+\infty)]$ *
v_1	$(15, x_2, +) \| [9(0,3,3)]$*
v_2	$(+\infty,0,+) \| [+\infty(+\infty,+\infty,+\infty)]$
v_3	$(23, v_1, +) \| [5(0,2,2)]$*
y_1	$(+\infty,0,+) \| [+\infty(+\infty,+\infty,+\infty)]$
y_2	$(+\infty,0,+) \| [+\infty(+\infty,+\infty,+\infty)]$
y_3	$(+\infty,0,+) \| [+\infty(+\infty,+\infty,+\infty)]$

针对表 11.5，取 $l(v_j)^*=\min\{l(v_j); v_j \notin S\}=\min\{23,+\infty\}=23=l(v_3)^*$，将表 11.5 中顶点 v_3 的指标标记*。此时 $S=\{x_1, x_2, v_1, v_3\}$，集合 $T=\{v_2, y_1, y_2, y_3\}$。从顶点 v_3 出发，继续求复合指标，顶点 v_3 与顶点 y_1、y_2、y_3 有直接连线。只需要计算这三个顶点的复合指标即可，其余顶点复合参数保持不变，详细计算过程如下：

（1）(v_3, y_1) 为前向边，$f_{31}=0<c_{31}=4$，此边可以成为增流链中的边，则

$$l(y_1)=\min\{l(y_1), l(v_3)+W_{31}\}=\min\{+\infty, 23+3\}=26，$$

$l(v_3)$ 值来自第二项，总流量的调整量

$$\lambda=\min\{\lambda, c_{ij}-f_{ij}\}=\min\{\lambda, c_{31}-f_{31}\}=\min\{5, 4-0\}=4，$$

第 I 品种的最大可能调整量

$$\lambda_1=\min\{\lambda, \lambda_r, c_{311}-f_{311}, t_1^1\}=\min\{4, 0, 2-0, 6-6\}=0；$$

第 II 品种的最大可能调整量

$$\lambda_2=\min\{\lambda, \lambda_r, c_{312}-f_{312}, t_1^2\}=\min\{4, 2, 1-0, 7-7\}=0，$$

第 III 品种的最大可能调整量

$$\lambda_3=\min\{\lambda, \lambda_r, c_{313}-f_{323}, t_1^3\}=\min\{4, 2, 1-0, 0-0\}=0。$$

因为此时 $\lambda_1=\lambda_2=\lambda_3=0$，所以此时顶点 y_1 的复合指标保持不变。

（2）(v_3, y_2) 为前向边，$f_{32}=8<c_{32}=10$，此边可以成为增流链中的边，则 $l(y_2)=\min\{l(y_2), l(v_3)+W_{32}\}=\min\{28, 23+6\}=28$，$l(y_2)$ 值来自第一项，故顶点 y_2

的复合指标保持不变。

（3）(v_3,y_3)为前向边，此时$f_{33}=4<c_{33}=8$，此边可以成为增流链中的边。则

$$l(y_3)=\min\{l(y_3), l(v_3)+W_{33}\}=\min\{+\infty, 23+7\}=30,$$

$l(y_3)$值来自第二项，总流量的调整量

$$\lambda=\min\{\lambda, c_{ij}-f_{ij}\}=\min\{\lambda,c_{33}-f_{33}\}=\min\{5, 8-4\}=4,$$

第 I 品种的最大可能调整量

$$\lambda_1=\min\{\lambda, \lambda_r, c_{331}-f_{331}, t_3^1\}=\min\{4, 0, 2-2, 8-2-5\}=0;$$

第 II 品种的最大可能调整量

$$\lambda_2=\min\{\lambda, \lambda_r, c_{332}-f_{122}, t_3^2\}=\min\{4, 2, 2-0, 0-0\}=0,$$

第 III 品种的最大可能调整量

$$\lambda_3=\min\{\lambda, \lambda_r, c_{313}-f_{323}, t_3^3\}=\min\{4, 2, 4-2, 13-2-7\}=2。$$

修改后的复合指标如表 11.6 所示。

表 11.6　复合指标结果表

x_1	$(0,0, +)\|[+\infty(+\infty,+\infty,+\infty)]$ *
x_2	$(0,0, +)\|[+\infty(+\infty,+\infty,+\infty)]$ *
v_1	$(15, x_2, +)\|[9(0,3,3)]$*
v_2	$(+\infty,0,+)\|[+\infty(+\infty,+\infty,+\infty)]$
v_3	$(23,v_1, +)\|[5(0,2,2)]$*
y_1	$(+\infty,0,+)\|[+\infty(+\infty,+\infty,+\infty)]$
y_2	$(+\infty,0,+)\|[+\infty(+\infty,+\infty,+\infty)]$
y_3	$(30,v_3, +)\|[4(0,0,2)]$

针对表 11.6，取 $l(v_j)^*=\min\{l(v_j); v_j\notin S\}=\min\{28, 30\}=28=l(y_3)^*$，将表 11.6 中顶点 y_2 的指标标记*。此时 $S=\{x_1, x_2, v_1, v_3, y_3\}$，集合 $T=\{v_2, y_1, y_2\}$。自汇 y_3，沿着每个顶点复合指标中第一个子指标组的第 2 个指标逆向追踪，可得出关于费用的最短路为 $x_2\to v_1\to v_3\to y_3$，由顶点 y_3 的复合指标$(30, v_3, +)|[4(0, 0, 2)]$可得路长为 30，总流量调整量 $\delta = 2$。I 品种的流量调整量为 0，II 品种的流量调整量为 0，III 品种的流量调整量为 2。即增流链的总流量及分流量的调整量为 2(0,0,2)。

流量分配结果如图 11.4 所示。

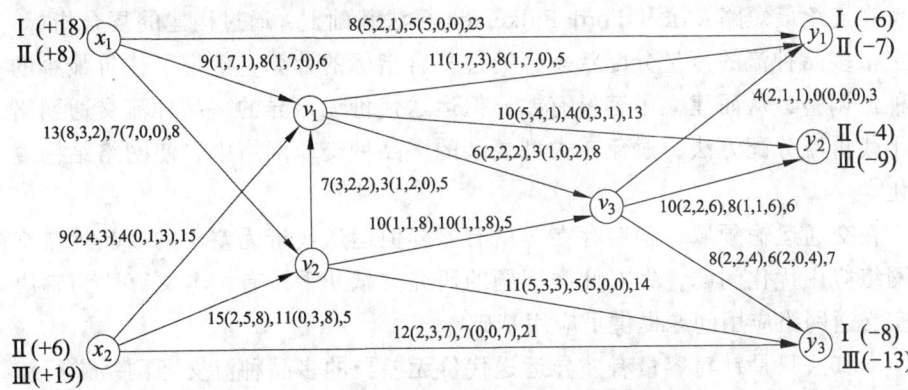

图 11.4 最终流量调整后的状态图

第五步：对图 11.4 继续寻找关于运送代价最低的增流链，至此，该网络找不到可增流链，循环结束。图 11.4 为最终的最小代价最大流分配图，此时为最小代价流。

由图 11.4 可以知道，该引例中各个品种的具体运送方案，把该引例的总体方案以及各个品种的具体方案汇总到表 11.7 中。

表 11.7 最小代价最大流具体分配方案

发送点\品种	I	II	III	源发出量	接收点\品种	I	II	III	汇接收量
x_1	13	7	–	20	y_1	6	7	–	13
x_2	–	4	18	22	y_2	–	4	7	11
					y_3	7	–	11	18
品种分量∑	13	11	18		品种分量∑	13	11	18	–
发出总量∑		42		42	发出总量∑		42		42
运送代价 W	品种 I 代价 W_I			W_I=23×5+6×1+8×7+5×1+8×1+5×1+5×1+14×5+6×1+7×2 =290					
	品种 II 代价 W_{II}			W_{II}=6×7+15×1+5×3+5×7+13×3+5×2+5×1+6×1=167					
	品种 III 代价 W_{III}			W_{III}=15×3+5×8+21×7+13×1+8×2+5×8+6×6+7×4=365					
	总代价 W			$W=W_I+W_{II}+W_{III}$=822					

11.1.4 结论

在连续最短路算法和 Ford-Fulkerson 算法基础上,通过构建的复合指标,标定了多品种流的流量分配状态,通过复合指标的计算,确定了代价最小的品种流调整,从而建立了容量有差异但运送代价无差异的多品种流交通网络最小代价流分配方法,避免在大型复杂的多品种交通网络中,使网络结构复杂化。

在交通运输领域,普遍存在容量有差异但运送代价无差异的多品种流交通网络应用优化问题,针对此类问题的研究文献几乎没有,本文算法为解决现实交通网络应用问题提供了应用基础。

本算法只是针对容量有差异运送代价无差异的多品种流交通网络进行流量的分配,不涉及其他另外的约束,比如在容量有差异运送代价无差异情况下,多品种流交通网络的转运点有接发能力限制问题,类似这些限制问题都需要做相应的研究。

11.2 基于复合参数及复合指标且转运点接发能力有限制的多品种流交通网络最小代价流优化方法

本章利用第 11.1 节的算法,针对容量有差异运送代价无差异,但转运点接发能力有限制的多品种流交通网络进行流量分配的问题进行研究。

为了说明容量有差异运送代价无差异但转运点接发能力有限制的多品种流交通网络最小代价流问题,也为了清晰地阐述本章的研究,先给出一个简单引例。

引例 11.2 假设有一交通网络如图 11.5 所示,图中的边分别给出了运送能力和运送量,即边的容量(分品种容量)、流量(零流)、代价。其中 x_1 有 I、II 两种产品,数量分别为 18 吨和 8 吨;x_2 有 II、III 两种产品,数量分别为 6 吨和 19 吨。y_1、y_2、y_3 为三个需求地,y_1 需要 I、II 两种产品,需求量分别为 6 吨和 7 吨;y_2 需要 II、III 两种产品,需求量分别为 4 吨和 9 吨;y_3 需要 I、III 两种产品,需求量分别为 8 吨和 13 吨。转运点 v_1 的接发能力为 12 吨,其中 II 品种的接发能力为 8 吨。另外,针对每个品种在每条边上的运送容量限制如图 11.5 所示。现在需要设计的方案是,在满足总运送代价最少的前提下,将尽可能多的产品运送到需求地。

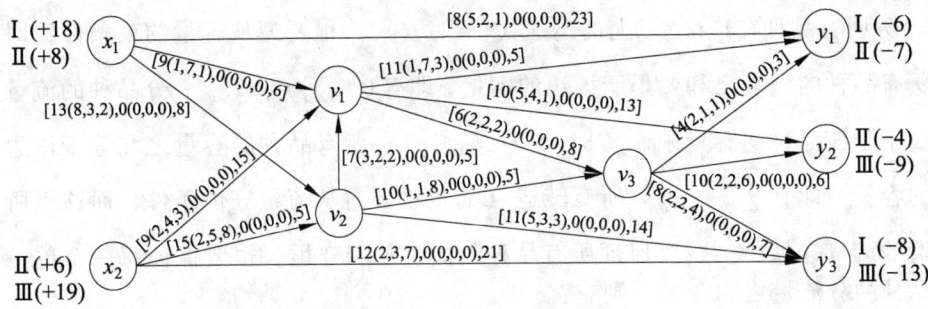

图 11.5 多品种交通网络图

针对此引例，再利用传统的最小代价流算法，已不能设计出此类问题可行的最小代价流分配方案，所以有必要对容量有差异运送代价无差异但转运点接发能力有限制的多品种流交通网络最小代价流问题进行研究。

11.2.1 容量有差异运送代价无差异但转运点接发能力有限制的多品种流交通网络问题分析

先给定单一品种流的交通网络 $G = (V, E, C, F, W, X, Y)$，其中顶点集合 $V = (v_1, v_2, \cdots, v_n)$，边集合 $E = (e_1, e_2, \cdots, e_m)$。对集合 V 取定两个非空子集 X 和 Y，X 为只发出流量的顶点集合，Y 为只接收流量的顶点集合，且 $X \cap Y = \varnothing$，把 X 中的顶点 x 称为网络 G 的源，Y 中的顶点 y 称为网络 G 的汇。针对边 (v_i, v_j) 赋予三个非负整数参数 c_{ij}、f_{ij}、w_{ij}，分别为容量、流量、代价。设顶点 $v_i \notin X, Y$，即 v_i 为转运点，用 $f^+(v_i)$ 表示顶点 v_i 发出的流量之和，$f^-(v_i)$ 表示顶点 v_i 接收的流量之和。设分配目标流的流值为 A，f_A 为流值为 A 的网络流，即 $\mathrm{Val} f = A$。

以上给出的交通网络描述，是针对单一品种流的，然而在实际交通网络应用中，不同多品种流的运送能力普遍存在，并且因为某些转运点受不同因素的影响，对某些品种的接发能力也可能有限制。下面在运送代价无差异的多品种流条件下，对容量及转运点接发能力有限制的多品种流交通网络特点进行分析。

设源 $X = \{x_1, \cdots, x_i, \cdots, x_n\}$，转运点 $V = \{v_1, \cdots, v_i, \cdots, v_n\}$，汇 $Y = \{y_1, \cdots, y_i, \cdots, y_n\}$。设源 x_i 此时拥有的所有品种的数量为 s_i，第 r 品种的数量为 s_i^r，$s_i = \sum_{r=1}^{q} s_i^r$。$y_i$ 所有品种数量为 t_i，汇 y_i 此时需要第 r 品种的数量为 t_i^r。即 s_i^r 和 t_i^r 实际是随着增流链的变化而变化的量。

设 r 为 q 个多品种中的第 r 个品种，其中 $r = 1, 2, \cdots, q$。c_{ijr} 为第 r 个品种在边 (v_i, v_j) 上的容量，f_{ijr} 为第 r 个品种在边 (v_i, v_j) 上的流量，$f^+(v_{ir})$ 表示顶点 v_i 发出第 r 个品种的流量之和，$f^-(v_{ir})$ 表示顶点 v_i 接收第 r 个品种的流量之和。

w_{ij} 为所有品种在边 (v_i, v_j) 上的运送代价。边 (v_i, v_j) 也要遵从容量约束条件，即所有品种的流量之和要小于该边的容量，即有 $0 \leqslant \sum_{r=1}^{q} f_{ijr} \leqslant c_{ij}$；分品种的流量要小于该品种的容量限制，即有 $0 \leqslant f_{ijr} \leqslant c_{ijr}$；所有品种的容量之和等于该边的容量，即有 $\sum_{r=1}^{q} c_{ijr} = c_{ij}$。所有转运点 v_i 也都要遵从流量守恒条件，而这里所谓的流量守恒是：既要保证所有品种的流量总和守恒，也要保证每一个单一品种的分流量之和守恒，则有：

$$\sum_{r=1}^{q} f^+(v_{ir}) = \sum_{r=1}^{q} f^-(v_{ir}), \quad f^+(v_{ir}) = f^-(v_{ir})。$$

基于以上分析，容量及转运点接发能力有限制的多品种流交通网络最小代价流分配的线性规划模型如式（11.4）所示。针对模型（11.4）所刻画的多品种流交通网络，需要设计特定的最小代价流分配算法。

$$\min \ z = \sum_{i,j=1}^{n} \sum_{r=1}^{q} f_{ijr} w_{ij},$$

$$\text{s.t.} \begin{cases} 0 \leqslant \sum_{r=1}^{q} f_{ijr} \leqslant c_{ij}, & \text{（容量约束条件）} \\ 0 \leqslant f_{ijr} \leqslant c_{ijr}, & \text{（分品种容量约束条件）} \\ \sum_{r=1}^{q} c_{ijr} = c_{ij}, & \text{（分品种容量守恒条件）} \\ \sum_{r=1}^{q} f^+(v_{ir}) = \sum_{r=1}^{q} f^-(v_{ir}), & \text{（总流量守恒条件）} \\ f^+(v_{ir}) = f^-(v_{ir}), & \text{（品种分流量守恒条件）} \\ f_{ij} = \sum_{r=1}^{q} f_{ijr}, & \text{（分品种流量守恒条件）} \\ \sum_{i=1}^{n} f^+(x_i) = \sum_{i=1}^{n} f^-(y_i) \leqslant A, & \text{（目标流限制条件）} \\ i,j = 1,2,\cdots,n; r = 1,2,\cdots,q。 \end{cases} \quad (11.4)$$

11.2.2 算法设计

单一品种流的 Ford-Fulkerson 算法，是通过构造增流网络，在增流网络中寻找关于代价代数和最低的路径，再针对此路径所对应原网络中的增流链进行流量调整。

针对容量及转运点接发能力有限制的多品种流交通网络，再构造增流网络,势必会造成增流网络结构变得庞大而且复杂,同时使计算过程更为烦琐,甚至无法构造增流网络,所以直接利用 Ford-Fulkerson 算法可行但不是优化的方法。本章由此设计构造了适用于容量及转运点接发能力有限制的多品种流交通网络最小代价流算法。

1. 算法思想

此算法的核心思路是,在借鉴连续最短路算法和 Ford-Fulkerson 算法的基础上,判断此最短路是否为增流链,如果是增流链,就对相应的品种进行流量调整,即将网络图中边的属性设计为复合参数的形式,利用给出的复合参数和复合指标,找出代价最低的最短路,并确定出其对应的品种,再通过修改复合参数值来分配流量,这样就可以避免先指定某一品种进行最小代价流分配的错误。随着所求最短路的延伸,同时消除非增流边,从而简化了后续步骤,这样既杜绝了二次求解问题,也避免了全枚举问题。

2. 复合参数构建及复合指标建立

(1) 复合参数。

单一品种流交通网络中,边(v_i, v_j)的属性参数为(c_{ij}, f_{ij}, w_{ij})。针对容量及转运点接发能力有限制的多品种流,本章把边(v_i, v_j)的属性设计为复合参数形式,即为$[c_{ij}(c_{ij1}, \cdots, c_{ijr}, \cdots, c_{ijq}), f_{ij}(f_{ij1}, \cdots, f_{ijr}, \cdots, f_{ijq}), w_{ij}]$,其中$c_{ij}$表示边$(v_i, v_j)$的总容量,$c_{ijr}$为边$(v_i, v_j)$中第$r$个品种的容量限制;$f_{ij}$表示边$(v_i, v_j)$的总流量,$f_{ijr}$为边$(v_i, v_j)$中第$r$个品种的流量。

(2) 复合指标。

在连续最短路算法中,顶点v_j的指标为$(l(v_j), v_i)$,其中$l(v_j)$表示从起点经过顶点v_i到顶点v_j关于代价的最短路长度,v_i表示v_j的前一个顶点。在 Ford-Fulkerson 算法中,针对流量调整,顶点v_j的指标为$(u, 边的方向, \delta)$,其中u表示被标识点v_j的前一个顶点;边的方向通过"+"或"−"来标识是前向边还是后向边;δ表示流量的调整量。

针对多品种流交通网络,既要考虑最短路指标和流量调整指标,还要考虑容量及转运点接发能力有限制的多品种问题,所以本章构建了复合指标,其形式为$(l(v_j), v_i, 边的方向)|[\lambda(\lambda_1, \cdots, \lambda_r, \cdots, \lambda_p)]$。其中$l(v_j)$表示第$r$个品种从起点经过前一个顶点$v_i$到顶点$v_j$,关于运送代价最低的最短路长度;$v_i$表示顶点$v_j$的前一个顶点;"边的方向"表明边$(v_i, v_j)$是前向边还是后向边,即$(v_i, v_j)$流量是增加还是减少;$\lambda$表示在关于运送代价最低的当前链路中,针对总流量$f_{ij}$的调整量;$\lambda_r$表示在当前链路中,针对第$r$个品种分流量$f_{ijr}$的最大可能调整量。$v_k$是指这个转运点接发能力有限制,$k$为$v_k$这个转运点的接发能力,$k_q$

为其中第 q 个品种的接发能力。$f^+(v_k)$为顶点 v_k 发出所有品种的流量之和，$f^+(v_{kr})$为顶点 v_k 发出第 r 个品种的流量之和。

3. 复合指标计算规则

（1）最短路径寻找规则。

规则1：

① 若边(v_i, v_j)为前向边且 $f_{ij}<c_{ij}$ 时，该边可以为增流边，但需要进一步判断是否为增流链，此时 $l(v_j) = \min\{l(v_j), l(v_i)+W_{ij}\}$，有：

- 若 $v_j \neq v_k$ 时，即 v_j 的接发能力没有限制时，$\lambda = \min\{\lambda, c_{ij}-f_{ij}, A-\text{Val}f\}$。
- 当 $v_j = v_k$ 时，λ 和 λ_r 会被 v_k 的接发能力所限制，即 $\lambda = \min\{\lambda, c_{ij}-f_{ij}, k-f^+(v_k), A-\text{Val}f\}$。

② 若边(v_i, v_j)为后向边且 $f_{ij}>0$ 时，该边可以为增流边，但需要进一步判断是否为增流链，而此时的接发能力不会影响 λ，不考虑接发能力限制，因此有 $l(v_j) = \min\{l(v_j), l(v_i)-W_{ij}\}$，$\lambda = \min\{\lambda, f_{ij}, A-\text{Val}f\}$。

规则2：

① 若边(v_i, v_j)为前向边且可为增流边时，则按照式（11.5）所示的方法判断：

$$\begin{cases} v_i \in X, v_j \neq v_k, \text{且} v_j \in V : \lambda = \min\{\lambda, c_{ij}-f_{ij}, s_i, A-\text{Val}f\}; \\ \qquad\qquad\qquad\qquad \lambda_r = \min\{\lambda, \lambda_r, c_{ijr}-f_{ijr}, s_i^r\} \\ v_i \in X, v_j = v_k : \lambda = \min\{\lambda, c_{ij}-f_{ij}, s_i, k-f^+(v_k), A-\text{Val}f\}; \\ \qquad\qquad \lambda_q = \min\{\lambda, \lambda_r, c_{ijq}-f_{ijq}, k_q-f^+(v_{kq}), s_i^q\}, \\ \qquad\qquad \lambda_r = \min\{\lambda, \lambda_r, c_{ijr}-f_{ijr}, s_i^r\} \\ v_i \in X, v_j \in Y : \lambda = \min\{\lambda, c_{ij}-f_{ij}, s_i, A-\text{Val}f\}; \\ \qquad\qquad\qquad\qquad \lambda_r = \min\{\lambda, \lambda_r, t_j^r, s_i^r\} \\ v_i \in V, v_j \neq v_k, \text{且} v_j \in V : \lambda = \min\{\lambda, c_{ij}-f_{ij}, A-\text{Val}f\}; \\ \qquad\qquad\qquad\qquad \lambda_r = \min\{\lambda, \lambda_r, c_{ijr}-f_{ijr}\} \\ v_i \in V, v_j = v_k : \lambda = \min\{\lambda, c_{ij}-f_{ij}, k-f^+(v_k), A-\text{Val}f\}; \\ \qquad\qquad \lambda_q = \min\{\lambda, \lambda_r, c_{ijq}-f_{ijq}, k_q-f^+(v_{kq})\}, \\ \qquad\qquad \lambda_r = \min\{\lambda, \lambda_r, c_{ijr}-f_{ijr}\} \\ v_i \in V, v_j \in Y : \lambda = \min\{\lambda, c_{ij}-f_{ij}, A-\text{Val}f\}; \\ \qquad\qquad\qquad\qquad \lambda_r = \min\{\lambda, \lambda_r, c_{ijr}-f_{ijr}, t_j^r\} \\ i, j = 1, 2, \cdots, n; r = 1, 2, \cdots, q_\circ \end{cases} \quad (11.5)$$

② 若边(v_i, v_j)为后向边且可为增流边时，则按照式（11.6）所示的方法判断：

$$\begin{cases} v_i \in V, v_j \in V: \lambda = \min\{\lambda, f_{ij}, A - \mathrm{Val}f\}; \lambda_r = \min\{\lambda, \lambda_r, f_{ijr}\}, \\ i,j = 1,2,\cdots,n;\ r = 1,2,\cdots,q_\circ \end{cases} \quad (11.6)$$

规则1、规则2基于连续最短路算法给出了当前最短路的长度$l(v_j)$；基于Ford-Fulkerson算法给出了当前链路中针对总流量f_{ij}的调整量λ；基于前面的容量约束条件，给出了当前链路中针对第r个品种分流量f_{ijr}的最大可能调整量λ_r。

（2）增流链流量调整量确定规则。

尽管规则1、规则2计算了当前链路的相关指标，但针对最短路最终的调整量却没有给出。增流链流量调整量可以通过如下规则来确定：

规则3：针对当前最短路，增流链总流量f_{ij}的调整量为δ，增流链品种分量f_{ijr}的调整量为δ_r，$\delta_r = \lambda_r$，$\delta = \sum_{r=1}^{q} \delta_r$。

11.2.3 算法步骤

（1）初始化过程。

第一步：设源$X = \{x_1, \cdots, x_i, \cdots, x_n\}$，转运点$V = \{v_1, \cdots, v_i, \cdots, v_n\}$，汇$Y = \{y_1, \cdots, y_i, \cdots, y_n\}$。设源$x_i$此时拥有的所有品种的数量为$s_i$，第$r$品种的数量为$s_i^r$，$s_i = \sum_{r=1}^{q} s_i^r$。汇$y_i$此时需要第$r$品种的数量为$t_i^r$。即$s_i^r$和$t_i^r$实际是随着增流链的变化而变化的量。设$\lambda = \lambda_r = +\infty$。设集合$S = \varnothing$，集合$T = \{x_1, \cdots, x_i, \cdots, x_n, v_1, \cdots, v_i, \cdots, v_n, y_1, \cdots, y_i, \cdots, y_n\}$。

第二步：对运送代价无差异的多品种流运输网络，在零流（平凡流）基础上，利用给出的容量、代价，把边的属性设为复合参数形式，即$[c_{ij}(c_{ij1},\cdots,c_{ijr},\cdots,c_{ijq}), f_{ij}(f_{ij1},\cdots,f_{ijr},\cdots,f_{ijq}), w_{ij}]$，此时初始流量$f_{ij}(f_{ij1},\cdots,f_{ijr},\cdots,f_{ijq})$均为$0(0,\cdots,0,\cdots,0)$，即有$\mathrm{Val}f = 0$。

第三步：设$l(x_i) = 0$，对起点x_i赋予复合指标$(0, 0, +)|[+\infty(+\infty,\cdots,+\infty\cdots,+\infty)]$；设其余顶点的$l(v_i) = +\infty$，$l(y_i) = +\infty$，那么其余顶点均可以赋予复合指标$(+\infty, 0, +)|[+\infty(+\infty,\cdots,+\infty,\cdots,+\infty)]$。

（2）寻找代价最低增流链过程。

第四步：从起点x_i开始检查，即从检查$l(v_i)$最小的开始检查，将起点x_i复合指标标上*，表示顶点x_i已被检查。同时设集合$S = \{x_i\}$，$x_i \notin T$。

第五步：若x_i与其他顶点没有直接连线，其他顶点的复合指标保持不变；若有直接连线，则计算其他顶点的复合指标值，计算方法如下：

① (x_i, v_j) 为前向边，$v_j \neq v_k$ 时，即 v_j 的接发能力没有限制时，
  a. 若 $f_{ij} = c_{ij}$，
  此时流量不能增加，即边 (x_i, v_j) 不能成为增流链中的边，那么最短路也就不能经过该边，保持顶点 v_j 的复合指标不变。
  b. 若 $f_{ij} < c_{ij}$，
  此时流量可以增加，即边 (x_i, v_j) 可以成为增流链中的边，那么最短路也就可以经过该边。复合指标中的各个指标计算如下：
  按照规则1可知 $l(v_j) = \min\{l(v_j), l(x_i) + W_{ij}\}$，有：
  • 如果 $l(v_j)$ 值来自第一项 $l(v_j)$，顶点 v_j 的复合指标保持不变。
  • 如果 $l(v_j)$ 值来自第二项 $l(x_i) + W_{ij}$，当 $v_j \in V$ 时，总流量调整量 $\lambda = \min\{\lambda, c_{ij} - f_{ij}, s_i, A-\text{Val} f\}$，所有品种的最大可能调整量 $\lambda_r = \min\{\lambda, \lambda_r, c_{ijr} - f_{ijr}, s_i^r\}$。当 $v_j \in Y$ 时，总流量调整量 $\lambda = \min\{\lambda, c_{ij} - f_{ij}, s_i, A-\text{Val} f\}$，所有品种的最大可能调整量 $\lambda_r = \min\{\lambda, \lambda_r, t_j^r, s_i^r\}$，当 $s_i^r = 0$ 或 $t_j^r = 0$ 时，r 品种的最大可能调整量 $\lambda_r = 0$。当 λ_r 均为 0 时，当前最短链的所有品种均不能增加，顶点 v_j 的复合指标保持不变；当任一 λ_r 不为 0 时，此时需要将顶点 v_j 的复合指标修改为 $(l(v_j), x_i, 边的方向)|[\lambda(\lambda_1, \cdots, \lambda_r, \cdots, \lambda_p)]$。

② (x_i, v_j) 为前向边，$v_j = v_k$ 时，即 v_j 接发能力有限制，
  a. 若 $f_{ij} = c_{ij}$，
  此时流量不能增加，即边 (x_i, v_j) 不能成为增流链中的边，那么最短路也就不能经过该边，保持顶点 v_j 的复合指标不变。
  b. 若 $f_{ij} < c_{ij}$，
  此时流量可以增加，即边 (x_i, v_j) 可以成为增流链中的边，那么最短路也就可以经过该边。复合指标中的各个指标计算如下：
  按照规则1可知 $l(v_j) = \min\{l(v_j), l(x_i) + W_{ij}\}$，有：
  • 如果 $l(v_j)$ 值来自第一项 $l(v_j)$，顶点 v_j 的复合指标保持不变。
  • 如果 $l(v_j)$ 值来自第二项 $l(x_i) + W_{ij}$，因为此时只能有 $v_j \in V$，所以此时总流量调整量 $\lambda = \min\{\lambda, c_{ij} - f_{ij}, s_i, k f^+(v_k), A-\text{Val} f\}$，接发能力有限制的第 q 品种的最大可能调整量 $\lambda_q = \min\{\lambda, \lambda_r, c_{ijq} - f_{ijq}, k_q - f^+(v_{kq}), s_i^q\}$，其余品种的最大可能调整量为 $\lambda_r = \min\{\lambda, \lambda_r, s_i^r, c_{ijr} - f_{ijr}\}$。当 λ_r 均为 0 时，当前最短链的所有品种均不能增加，顶点 v_j 的复合指标保持不变；当任一 λ_r 不为 0 时，此时需要将顶点 v_j 的复合指标修改为 $(l(v_j), x_i, 边的方向)|[\lambda(\lambda_1, \cdots, \lambda_r, \cdots, \lambda_p)]$。

第六步：针对顶点 v_j，计算 $l(v_j)^* = \min\{l(v_j)$；其中 $j = 1, 2, \cdots, n$；$v_j \notin S\}$。若有且只有一个最小 $l(v_j)$，将顶点 v_j 的复合指标标上 *，若有两个或者两个以上的最小 $l(v_j)$ 相同，任选其中一个顶点 v_j 的复合指标标上 *，表示顶点 v_j 已被

检查，设集合 $S = \{x_i, \cdots, v_j\}$，$v_j \notin T$。当 $v_j \in Y$ 时，转第九步，否则转第七步。

第七步：从顶点 v_j 出发，求其他顶点 v_n 的复合指标。

若顶点 v_j 与顶点 v_n 没有直接连线，顶点 v_n 的复合指标保持不变；若有直接连线，则计算顶点 v_n 的复合指标值，计算方法如下：

① (v_j, v_n) 为前向边，$v_n \neq v_k$ 时，即 v_n 的接发能力无限制时，

a. 若 $f_{jn} = c_{jn}$，

此时流量不能增加，即边 (v_j, v_n) 不能成为增流链中的边，那么最短路也就不能经过该边，保持顶点 v_n 的复合指标不变。

b. 若 $f_{jn} < c_{jn}$，

此时流量可以增加，即边 (v_j, v_n) 可以成为增流链中的边，那么最短路也就可以经过该边。复合指标中的各个指标计算如下：

按照规则 1 可知 $l(v_n) = \min\{l(v_n), l(v_j)+W_{jn}\}$，有：

- 如果 $l(v_n)$ 值来自第一项 $l(v_n)$，顶点 v_n 的复合指标保持不变。
- 如果 $l(v_n)$ 值来自第二项 $l(v_j)+W_{jn}$，当 $v_n \in V$ 时，总流量的调整量 $\lambda = \min\{\lambda, c_{jn}-f_{jn}, A\text{-Val}f\}$，$r$ 品种的最大可能调整量 $\lambda_r = \min\{\lambda, \lambda_r, c_{jnr}-f_{jnr}\}$。当 $v_n \in Y$ 时，总流量的调整量 $\lambda = \min\{\lambda, c_{jn}-f_{jn}, A\text{-Val}f\}$，$r$ 品种的最大可能调整量 $\lambda_r = \min\{\lambda, \lambda_r, c_{jnr}-f_{jnr}, t_n^r\}$，当 $t_n^r = 0$ 时，第 r 品种的最大可能调整量 $\lambda_r = 0$。当 λ_r 均为 0 时，当前最短链的所有品种均不能增加，顶点 v_n 的复合指标保持不变；当任一 λ_r 不为 0 时，此时需要将顶点 v_n 的复合指标修改为 $(l(v_n), v_j$, 边的方向$)| [\lambda(\lambda_1, \cdots, \lambda_r, \cdots, \lambda_p)]$。

② (v_j, v_n) 为前向边，$v_n = v_k$ 时，即 v_n 的接发能力有限制时，

a. 若 $f_{jn} = c_{jn}$，

此时流量不能增加，即边 (v_j, v_n) 不能成为增流链中的边，那么最短路也就不能经过该边，保持顶点 v_n 的复合指标不变。

b. 若 $f_{jn} < c_{jn}$，

此时流量可以增加，即边 (v_j, v_n) 可以成为增流链中的边，那么最短路也就可以经过该边。复合指标中的各个指标计算如下：

按照规则 1 可知 $l(v_n) = \min\{l(v_n), l(v_j)+W_{jn}\}$，有：

- 如果 $l(v_n)$ 值来自第一项 $l(v_n)$，顶点 v_n 的复合指标保持不变。
- 如果 $l(v_n)$ 值来自第二项 $l(v_j)+W_{jn}$，总流量的调整量 $\lambda = \min\{\lambda, c_{jn}-f_{jn}, k-f^+(v_k), A\text{-Val}f\}$，接发能力有限制的第 q 品种的最大可能调整量 $\lambda_q = \min\{\lambda, \lambda_r, c_{jnq}-f_{jnq}, k_q-f^+(v_{kq})\}$，其余品种的最大可能调整量为 $\lambda_r = \min\{\lambda, \lambda_r, c_{jnr}-f_{jnr}\}$。当 λ_r 均为 0 时，当前最短链的所有品种均不能增加，顶点 v_n 的复合指标保持

不变；当任一 λ_r 不为 0 时，此时需要将顶点 v_n 的复合指标修改为$(l(v_n), v_j,$ 边的方向$)|[\lambda(\lambda_1, \cdots, \lambda_r, \cdots, \lambda_p)]$。

③ (v_j, v_n)为后向边时，不考虑接发能力限制，

a. 若 $f_{jn} = 0$，

此时流量不能减少，即边(v_j, v_n)不能成为增流链中的边，那么最短路也就不能经过该边，保持顶点 v_n 的复合指标不变。

b. 若 $f_{jn}>0$，

此时流量可以减少，即边(v_j, v_n)可以成为增流链中的边，那么最短路也就可以经过该边。复合指标中的各个指标计算如下：

按照规则 2 可知 $l(v_n) = \min\{l(v_n), l(v_j)-W_{jn}\}$，有：

- 如果 $l(v_n)$值来自第一项 $l(v_n)$，顶点 v_n 的复合指标保持不变。
- 如果 $l(v_n)$值来自第二项 $l(v_j)-W_{jn}$，此时只存在 $v_n \in V$ 的情况，总流量的调整量 $\lambda = \min\{\lambda, f_{jn}, A\text{-Val} f\}$，所有品种的最大可能调整量 $\lambda_r = \min\{\lambda, \lambda_r, f_{jnr}\}$。当 λ_r 均为 0 时，当前最短链的所有品种均不能增加，顶点 v_n 的复合指标保持不变；当存在任意一个 λ_r 不为 0 时，此时需要将顶点 v_n 的复合指标修改为$(l(v_n), v_j,$ 边的方向$)|[\lambda(\lambda_1, \cdots, \lambda_r, \cdots, \lambda_p)]$。

第八步：针对顶点 v_n，计算 $l(v_n)^* = \min\{l(v_n)\}$；其中 $j = 1, 2, \cdots, n$; $v_n \notin S$。将顶点 v_n 的复合指标标上*，表示顶点 v_n 已被检查，设集合 $S = \{x_i, \cdots, v_n\}$，$v_n \notin T$。当 $v_n \in Y$ 时，转第九步。

（3）流量调整过程。

第九步：当 $y_i \subseteq S$ 时，自汇 y_i 逆向追踪，沿着每个顶点复合指标中第一个子指标组的 v_i 即可得出运送代价最低的增流链，路长为 $l(y_i)$，总流量的调整量 $\delta = \sum_{r=1}^{q} \delta_r$。再按照规则 1、规则 2，即可确定出增流链中每个品种的分流量的调整量 $\delta_r = \lambda_r$，且 $\delta = \sum_{r=1}^{q} \delta_r$。

第十步：按照规则 3，对增流量的总流量及分流量进行调整。将最短路中前向边(v_i, v_j)的复合参数修改为$[c_{ij}(c_{ij1}, \cdots, c_{ijr}, \cdots, c_{ijq}), f_{ij}+\delta(f_{ij1}, \cdots, f_{ijr}+\delta, \cdots, f_{ijq})]$；将最短路中后向边$(v_i, v_j)$的复合参数修改为 $[c_{ij}(c_{ij1}, \cdots, c_{ijr}, \cdots, c_{ijq}), f_{ij}-\delta(f_{ij1}, \cdots, f_{ijr}-\delta, \cdots, f_{ijq})]$。同时，计算出所有源的剩余供应量 $s_i^r = s_i^r - f^+(x_{ir})$ 和汇的剩余需求量 $t_j^r = t_j^r - f^-(y_{jr})$。

第十一步：转到第三步，反复进行，直到找不到关于运送代价最低的增流链为止。

11.2.4 算例求解

为了说明本章算法，下面对引例进行流量分配，此时的目标流是最大流，将算法中总流量调整量公式中的 $A\text{-Val}f$ 去掉即可。鉴于图所显示的空间的局限，不对顶点进行复合指标的标号；另外，因篇幅限制，将相应的计算过程省略。

第一步：设集合 $S = \varnothing$，集合 $T = \{x_1, x_2, v_1, v_2, v_3, y_1, y_2, y_3\}$。此时初始流量 $f_{ij}(f_{ij1}, f_{ij2}, f_{ij3})$ 均为 $0(0, 0, 0)$。此问题涉及 Ⅰ、Ⅱ、Ⅲ 三个品种，这里用 1、2、3 序号来标识。对起点 x_i 均赋予复合指标 $(0, 0, +)|[+\infty(+\infty, +\infty, +\infty)]$；对其余各个顶点均可以赋予复合指标 $(+\infty, 0, +)|[+\infty(+\infty, +\infty, +\infty)]$。图 11.6 为求解时流量调整以后某一过程的状态图。

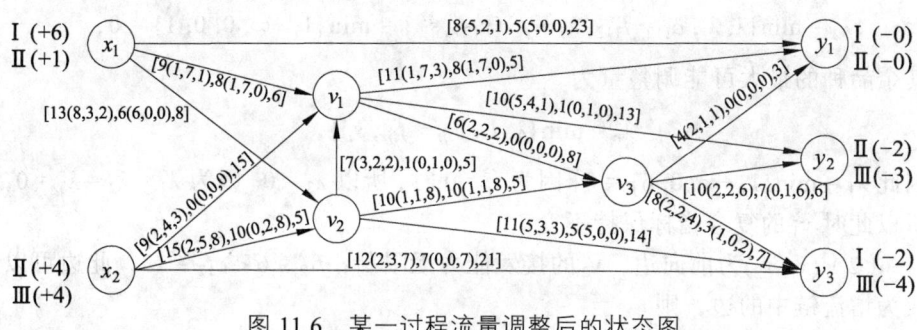

图 11.6　某一过程流量调整后的状态图

第二步：对图 11.6 继续寻找关于运送代价最低的增流链。表 11.8 为初始状态时的复合指标计算结果表，此计算过程如下：

表 11.8　复合指标结果表

x_1	$(0, 0, +)|[+\infty(+\infty, +\infty, +\infty)]$
x_2	$(0, 0, +)|[+\infty(+\infty, +\infty, +\infty)]$
v_1	$(+\infty, 0, +)|[+\infty(+\infty, +\infty, +\infty)]$
v_2	$(+\infty, 0, +)|[+\infty(+\infty, +\infty, +\infty)]$
v_3	$(+\infty, 0, +)|[+\infty(+\infty, +\infty, +\infty)]$
y_1	$(+\infty, 0, +)|[+\infty(+\infty, +\infty, +\infty)]$
y_2	$(+\infty, 0, +)|[+\infty(+\infty, +\infty, +\infty)]$
y_3	$(+\infty, 0, +)|[+\infty(+\infty, +\infty, +\infty)]$

针对表 11.8，取 $l(v_j)^* = \min\{l(v_j); v_j \notin S\} = 0 = l(x_1)^* = l(x_2)^*$，随机选取一

个顶点先检查，此处选择 x_1，将表 11.8 中顶点 x_1 的指标标记*，此时 $S = \{x_1\}$，集合 $T = \{x_2, v_1, v_2, v_3, y_1, y_2, y_3\}$。从顶点 x_1 出发，继续求复合指标，顶点 x_1 与顶点 v_1、v_2、y_1 有直接连线，只需计算这三个顶点的复合指标即可，其余顶点的复合指标保持不变，详细计算过程如下：

（1）(x_1, v_1) 为前向边，且 v_1 的接发能力有限制，$f_{11} = 8 < c_{11} = 9$，此边可以成为增流链中的边，则

$$l(v_1) = \min\{l(v_1), l(x_1)+W_{11}\} = \min\{+\infty, 6\} = 6,$$

$l(v_1)$ 值来自第二项，总流量的调整量

$$\lambda = \min\{\lambda, c_{ij}-f_{ij}, s_i, k - f^+(v_1)\} = \min\{\lambda, c_{11}-f_{11}, s_1, k - f^+(v_1)\} = \min\{+\infty, 1, 7, 3\} = 1。$$

第 II 品种的最大可能调整量

$$\lambda_2 = \min\{\lambda, \lambda_r, c_{112}-f_{112}, k_2 - f^+(v_{12}), s_1^2\} = \min\{1, +\infty, 0, 0, 1\} = 0,$$

其余品种的最大可能调整量为

$$\lambda_r = \min\{\lambda, \lambda_r, c_{ijr}-f_{ijr}, s_i^r\},$$

因此 $\lambda_1 = \min\{1, +\infty, 0, 6\} = 0$；因为 $s_1^3 = 0$ 时，所以 $\lambda_3 = 0$。因为 $\lambda_1 = \lambda_2 = \lambda_3 = 0$，所以此时 v_1 的复合指标保持不变。

（2）(x_1, v_2) 为前向边，v_2 的接发能力无限制，$f_{12} = 6 < c_{12} = 13$，此边可以成为增流链中的边，则

$$l(v_2) = \min\{l(v_2), l(x_1)+W_{12}\} = \min\{+\infty, 8\} = 8,$$

$l(v_2)$ 值来自第二项，总流量的调整量

$$\lambda = \min\{\lambda, c_{12}-f_{12}, s_1\} = \min\{+\infty, 7, 7\} = 7。$$

所有品种的最大可能调整量

$$\lambda_r = \min\{\lambda, \lambda_r, c_{ijr}-f_{ijr}, s_i^r\},$$

所以 $\lambda_1 = \min\{7, +\infty, 2, 6\} = 2$；$\lambda_2 = \min\{7, +\infty, 3, 1\} = 1$；因为 $s_1^3 = 0$，所以 $\lambda_3 = 0$。

（3）(x_1, y_1) 为前向边，$f_{11} = 5 < c_{11} = 8$，此边可以成为增流链中的边，则

$$l(y_1) = \min\{l(y_1), l(x_1)+W_{11}\} = \min\{+\infty, 23\} = 23,$$

$l(y_1)$ 值来自第二项，总流量的调整量

$$\lambda = \min\{\lambda, c_{11}-f_{11}, s_1\} = \min\{+\infty, 3, 7\} = 3。$$

所有品种的最大可能调整量

$$\lambda_r = \min\{\lambda, \lambda_r, c_{ijr}-f_{ijr}, s_i^r, t_j^r\},$$

第 11 章 容量有差异运送代价无差异的多品种流交通网络应用优化方法

因为此时 $t_1^1 = t_1^2 = t_1^3 = 0$，$\lambda_1 = \lambda_2 = \lambda_3 = 0$，所以此时顶点 y_1 的复合指标保持不变。

修改后的复合指标如表 11.9 所示。

表 11.9 复合指标结果表

x_1	$(0, 0, +)\|[+\infty(+\infty, +\infty, +\infty)]^*$
x_2	$(0, 0, +)\|[+\infty(+\infty, +\infty, +\infty)]$
v_1	$(+\infty, 0, +)\|[+\infty(+\infty, +\infty, +\infty)]$
v_2	$(8, x_1, +)\|[7(2, 1, 0)]$
v_3	$(+\infty, 0, +)\|[+\infty(+\infty, +\infty, +\infty)]$
y_1	$(+\infty, 0, +)\|[+\infty(+\infty, +\infty, +\infty)]$
y_2	$(+\infty, 0, +)\|[+\infty(+\infty, +\infty, +\infty)]$
y_3	$(+\infty, 0, +)\|[+\infty(+\infty, +\infty, +\infty)]$

此时针对表 11.9，取 $l(v_j)^* = \min\{l(v_j); v_j \notin S\} = \min\{0, 8, +\infty\} = 0 = l(x_2)^*$，将表 11.9 中顶点 x_2 的指标标记*，此时 $S = \{x_1, x_2\}$，集合 $T = \{v_1, v_2, v_3, y_1, y_2, y_3\}$。顶点 x_2 出发，继续求复合指标，顶点 x_2 与顶点 v_1、v_2、y_3 有直接连线，只需计算这三个顶点的复合指标即可，其余顶点的复合指标保持不变，详细计算过程如下：

（1）(x_2, v_1) 为前向边，且 v_1 的接发能力有限制，$f_{21} = 0 < c_{21} = 9$，此边可以成为增流链中的边，则

$$l(v_1) = \min\{l(v_1), l(x_2)+W_{21}\} = \min\{+\infty, 15\} = 15,$$

$l(v_1)$ 值来自第二项，

$$\lambda = \min\{\lambda, c_{21}-f_{21}, s_2, k\bar{f}^+(v_1)\} = \min\{+\infty, 9, 8, 3\} = 3。$$

第 II 品种的最大可能调整量

$$\lambda_2 = \min\{\lambda, \lambda_r, c_{212}-f_{212}, k_2\bar{f}^+(v_{12}), s_2^2\} = \min\{3, +\infty, 4, 0, 4\} = 0,$$

其余品种的最大可能调整量为

$$\lambda_r = \min\{\lambda, \lambda_r, c_{ijr}-f_{ijr}, s_i^r\},$$

因为 $s_2^1 = 0$ 时，所以 $\lambda_1 = 0$；$\lambda_3 = \min\{3, +\infty, 3, 4\} = 3$。

（2）(x_2, v_2) 为前向边，v_2 的接发能力无限制，$f_{22} = 10 < c_{22} = 15$，此边可以成为增流链中的边，则

$$l(v_2) = \min\{l(v_2), l(x_2)+W_{22}\} = \min\{8, 5\} = 5,$$

$l(v_2)$ 值来自第二项，总流量的调整量

$$\lambda = \min\{\lambda, c_{22}-f_{22}, s_2\} = \min\{+\infty, 5, 8\} = 5。$$

所有品种的最大可能调整量

$$\lambda_r = \min\{\lambda, \lambda_r, c_{ijr}-f_{ijr}, s_i^r\},$$

因为 $s_2^1 = 0$，所以 $\lambda_1 = 0$，$\lambda_2 = \min\{5, 1, 3, 4\} = 1$，$\lambda_3 = \min\{5, 0, 0, 4\} = 0$。

（3）(x_2, y_3) 为前向边，$f_{23} = 7 < c_{23} = 12$，此边可以成为增流链中的边，则

$$l(y_3) = \min\{l(y_3), l(x_2)+W_{23}\} = \min\{+\infty, 21\} = 21,$$

$l(y_3)$ 值来自第二项，总流量的调整量

$$\lambda = \min\{\lambda, c_{23}-f_{23}, s_2\} = \min\{+\infty, 5, 8\} = 5。$$

所有品种的最大可能调整量

$$\lambda_r = \min\{\lambda, \lambda_r, c_{ijr}-f_{ijr}, s_i^r, t_j^r\},$$

因为 $s_2^1 = 0$，所以 $\lambda_1 = 0$；因为 $t_3^2 = 0$，所以 $\lambda_2 = 0$；$\lambda_3 = \min\{5, +\infty, 0, 4, 4\} = 0$。因为此时 $t_1^1 = t_1^2 = t_1^3 = 0$，$\lambda_1 = \lambda_2 = \lambda_3 = 0$，所以此时顶点 y_3 的复合指标保持不变。

修改后的复合指标如表 11.10 所示。

表 11.10 复合指标结果表

x_1	$(0, 0, +)	[+\infty(+\infty, +\infty, +\infty)]$ *
x_2	$(0, 0, +)	[+\infty(+\infty, +\infty, +\infty)]$*
v_1	$(15, x_2, +)	[\ 3(0, 0, 3)]$
v_2	$(8, x_1, +)	[7(2, 1, 0)]$
v_3	$(+\infty, 0, +)	[\ +\infty(+\infty, +\infty, +\infty)]$
y_1	$(+\infty, 0, +)	[\ +\infty(+\infty, +\infty, +\infty)]$
y_2	$(+\infty, 0, +)	[\ +\infty(+\infty, +\infty, +\infty)]$
y_3	$(+\infty, 0, +)	[\ +\infty(+\infty, +\infty, +\infty)]$

此时针对表 11.10，取 $l(v_j)^* = \min\{l(v_j); v_j \notin S\} = \min\{8, 15\} = 8 = l(v_2)^*$，将表 11.10 中顶点 v_2 的指标标记*，此时 $S = \{x_1, x_2, v_2\}$，集合 $T = \{v_1, v_3, y_1, y_2, y_3\}$。顶点 v_2 出发，继续求复合指标，顶点 v_2 与顶点 v_1、v_3、y_3 有直接连线，只需计算这三个顶点的复合指标即可，其余顶点的复合指标保持不变，详细计算过程如下：

（1）(v_2, v_1) 为前向边，且 v_1 的接发能力有限制，$f_{21} = 1 < c_{21} = 7$，此边可以成为增流链中的边，则

$$l(v_1) = \min\{l(v_1), l(v_2)+W_{21}\} = \min\{15, 13\} = 13,$$

$l(v_1)$ 值来自第二项,

$$\lambda = \min\{\lambda, c_{21}-f_{21}, k\cdot f^+(v_1)\} = \min\{7, 6, 3\} = 3。$$

第Ⅱ个品种的最大可能调整量

$$\lambda_2 = \min\{\lambda, \lambda_r, c_{212}-f_{212}, k_2\cdot f^+(v_{12})\} = \min\{7, 1, 1, 0\} = 0,$$

其余品种的最大可能调整量为

$$\lambda_r = \min\{\lambda, \lambda_r, c_{ijr}-f_{ijr}\},$$

所以 $\lambda_1 = \min\{7, 2, 3\} = 2$;$\lambda_3 = \min\{7, 0, 2\} = 0$。

(2) (v_2, v_3) 为前向边,且 v_2 的接发能力无限制,$f_{23} = c_{21}$,此边不可以成为增流链中的边,此时顶点 v_3 的复合指标保持不变。

(3) (v_2, y_3) 为前向边,$f_{23} = 5 < c_{23} = 11$,此边可以成为增流链中的边,则

$$l(y_3) = \min\{l(y_3), l(v_2)+W_{23}\} = \min\{+\infty, 21\} = 21,$$

$l(y_3)$ 值来自第二项,总流量的调整量

$$\lambda = \min\{\lambda, c_{23}-f_{23}\} = \min\{+\infty, 5\} = 5。$$

所有品种的最大可能调整量

$$\lambda_r = \min\{\lambda, \lambda_r, c_{ijr}-f_{ijr}, t_j^r\},$$

$\lambda_1 = \min\{7, 2, 0, 2\} = 0$;因为 $t_3^2 = 0$ 所以 $\lambda_2 = 0$;$\lambda_3 = \min\{7, 0, 3, 4\} = 0$。因为此时 $\lambda_1 = \lambda_2 = \lambda_3 = 0$,所以此时顶点 y_3 的复合指标保持不变。

修改后的复合指标如表 11.11 所示。

表 11.11 复合指标结果表

x_1	$(0, 0, +)\|[+\infty(+\infty, +\infty, +\infty)]$ *
x_2	$(0, 0, +)\|[+\infty(+\infty, +\infty, +\infty)]$ *
v_1	$(13, v_2, +)\|[3(2, 0, 0)]$
v_2	$(8, x_1, +)\|[7(2, 1, 0)]$*
v_3	$(+\infty, 0, +)\|[+\infty(+\infty, +\infty, +\infty)]$
y_1	$(+\infty, 0, +)\|[+\infty(+\infty, +\infty, +\infty)]$
y_2	$(+\infty, 0, +)\|[+\infty(+\infty, +\infty, +\infty)]$
y_3	$(+\infty, 0, +)\|[+\infty(+\infty, +\infty, +\infty)]$

针对表 11.11,取 $l(v_j)^* = \min\{l(v_j); v_j \notin S\} = \min\{13, +\infty\} = 13 = l(v_1)^*$,将表 11.11 中顶点 v_1 的指标标记*。此时 $S = \{x_1, x_2, v_1, v_2\}$,集合 $T = \{v_3, y_1, y_2, y_3\}$。从顶点 v_1 出发,继续求复合指标,顶点 v_1 与顶点 v_3,y_1,y_2 有直接连线。只需要计算这三个顶点的复合指标即可,其余顶点的复合指标保持不变,详细计算

过程如下：

（1）(v_1, v_3) 为前向边，此时 $f_{13} = 0 < c_{13} = 6$，此边可以成为增流链中的边，则

$$l(v_3) = \min\{l(v_3), l(v_1)+W_{13}\} = \min\{+\infty, 13+8\} = 21,$$

$l(v_3)$ 值来自第二项，总流量的调整量

$$\lambda = \min\{\lambda, c_{13}-f_{13}\} = \min\{3, 6\} = 3。$$

所有品种的最大可能调整量

$$\lambda_r = \min\{\lambda, \lambda_r, c_{ijr}-f_{ijr}\},$$

所以 $\lambda_1 = \min\{3, 2, 2\} = 2$；$\lambda_2 = \min\{3, 0, 2\} = 0$；$\lambda_3 = \min\{3, 0, 2\} = 0$。

（2）(v_1, y_1) 为前向边，$f_{11} = 8 < c_{11} = 11$，此边可以成为增流链中的边，则

$$l(y_1) = \min\{l(y_1), l(v_1)+W_{11}\} = \min\{+\infty, 18\} = 18,$$

$l(v_3)$ 值来自第二项，因为此时 $t_1^1 = t_1^2 = t_1^3 = 0$，$\lambda_1 = \lambda_2 = \lambda_3 = 0$，所以此时顶点 y_1 的复合指标保持不变。

（3）(v_1, y_2) 为前向边，此时 $f_{12} = 1 < c_{12} = 10$，此边可以成为增流链中的边。则

$$l(y_2) = \min\{l(y_2), l(v_1) + W_{12}\} = \min\{+\infty, 26\} = 26,$$

$l(y_2)$ 值来自第二项，总流量的调整量

$$\lambda = \min\{\lambda, c_{12}-f_{12}\} = \min\{3, 9\} = 3。$$

所有品种的最大可能调整量

$$\lambda_r = \min\{\lambda, \lambda_r, c_{ijr}-f_{ijr}, t_j^r\}。$$

因为 $t_2^1 = 0$，所以 $\lambda_1 = 0$；$\lambda_2 = \min\{3, 0, 2, 2\} = 0$；$\lambda_3 = \min\{3, 0, 1, 3\} = 0$。因为此时 $\lambda_1 = \lambda_2 = \lambda_3 = 0$，所以此时顶点 y_2 的复合指标保持不变。

修改后的复合指标如表 11.12 所示。

表 11.12 复合指标结果表

x_1	$(0, 0, +)\|[+\infty(+\infty, +\infty, +\infty)]$ *
x_2	$(0, 0, +)\|[+\infty(+\infty, +\infty, +\infty)]$ *
v_1	$(13, v_2, +)\|[3(2, 0, 0)]$*
v_2	$(8, x_1, +)\|[7(2, 1, 0)]$*
v_3	$(21, v_1, +)\|[3(2, 0, 0)]$
y_1	$(+\infty, 0, +)\|[+\infty(+\infty, +\infty, +\infty)]$
y_2	$(+\infty, 0, +)\|[+\infty(+\infty, +\infty, +\infty)]$
y_3	$(+\infty, 0, +)\|[+\infty(+\infty, +\infty, +\infty)]$

针对表 11.12，取 $l(v_j)^* = \min\{l(v_j); v_j \notin S\} = \min\{21\} = 21 = l(v_3)^*$，将表 11.12 中顶点 v_3 的指标标记*。此时 $S = \{x_1, x_2, v_1, v_2, v_3\}$，集合 $T = \{y_1, y_2, y_3\}$。从顶点 v_3 出发，继续求复合指标，顶点 v_3 与顶点 y_1、y_2、y_3 有直接连线。只需要计算这三个顶点的复合指标即可，其余顶点的复合参数保持不变，详细计算过程如下：

（1）(v_3, y_1) 为前向边，$f_{31} = 0 < c_{31} = 4$，此边可以成为增流链中的边，则

$$l(y_1) = \min\{l(y_1), l(v_3) + W_{31}\} = \min\{+\infty, 24\} = 24,$$

$l(v_3)$ 值来自第二项，因为此时 $t_1^1 = t_1^2 = t_1^3 = 0$，$\lambda_1 = \lambda_2 = \lambda_3 = 0$，所以此时顶点 y_1 的复合指标保持不变。

（2）(v_3, y_2) 为前向边，$f_{32} = 7 < c_{32} = 10$，此边可以成为增流链中的边，则

$$l(y_2) = \min\{l(y_2), l(v_3) + W_{32}\} = \min\{+\infty, 27\} = 27,$$

$l(y_2)$ 值来自第二项，总流量的调整量

$$\lambda = \min\{\lambda, c_{32} - f_{32}\} = \min\{3, 3\} = 3,$$

所有品种的最大可能调整量

$$\lambda_r = \min\{\lambda, \lambda_r, c_{ijr} - f_{ijr}, t_j^r\},$$

因为 $t_2^1 = 0$，所以 $\lambda_1 = 0$；$\lambda_2 = \min\{3, 0, 1, 2\} = 0$；$\lambda_3 = \min\{3, 0, 0, 3\} = 0$。因为此时 $\lambda_1 = \lambda_2 = \lambda_3 = 0$，所以此时顶点 y_2 的复合指标保持不变。

（3）(v_3, y_3) 为前向边，此时 $f_{33} = 3 < c_{33} = 8$，此边可以成为增流链中的边。则

$$l(y_3) = \min\{l(y_3), l(v_3) + W_{33}\} = \min\{+\infty, 28\} = 28,$$

$l(y_3)$ 值来自第二项，总流量的调整量

$$\lambda = \min\{\lambda, c_{33} - f_{33}\} = \min\{3, 5\} = 3,$$

所有品种的最大可能调整量

$$\lambda_r = \min\{\lambda, \lambda_r, c_{ijr} - f_{ijr}, t_j^r\},$$

$\lambda_1 = \min\{3, 2, 1, 2\} = 1$；因为 $t_3^2 = 0$，所以 $\lambda_2 = 0$；$\lambda_3 = \min\{3, 0, 4-2, 4\} = 0$。

修改后的复合指标如表 11.13 所示。

此时针对表 11.13，取 $l(v_j)^* = \min\{l(v_j); v_j \notin S\} = \min\{28\} = 28 = l(y_3)^*$，将表 11.13 中顶点 y_3 的指标标记*，此时 $S = \{x_1, x_2, v_1, v_2, v_3, y_3\}$，集合 $T = \{y_1, y_2\}$。因为 $y_3 \subseteq S$，说明已经找到关于运送代价最低的增流链。

表 11.13　复合指标结果表

x_1	$(0, 0, +) \| [+\infty(+\infty, +\infty, +\infty)]^*$
x_2	$(0, 0, +) \| [+\infty(+\infty, +\infty, +\infty)]^*$
v_1	$(13, v_2, +) \| [3(2, 0, 0)]^*$
v_2	$(8, x_1, +) \| [7(2, 1, 0)]^*$
v_3	$(21, v_1, +) \| [3(2, 0, 0)]^*$
y_1	$(+\infty, 0, +) \| [+\infty(+\infty, +\infty, +\infty)]$
y_2	$(+\infty, 0, +) \| [+\infty(+\infty, +\infty, +\infty)]$
y_3	$(28, v_3, +) \| [3(1, 0, 0)]$

自汇 y_3，沿着每个顶点复合指标中第一个子指标组的第 2 个指标逆向追踪，可得出此时的增流链为 $x_1 \to v_2 \to v_1 \to v_3 \to y_3$，路长为 28，$\lambda_1 = \delta_1 = 1$，$\lambda_2 = \delta_2 = 0$，$\lambda_3 = \delta_3 = 0$，总流量调整量 $\delta = \delta_1 + \delta_2 + \delta_3 = 1$。即增流链的总流量及分流量的调整量为 1(1, 0, 0)。

流量分配结果如图 11.7 所示。

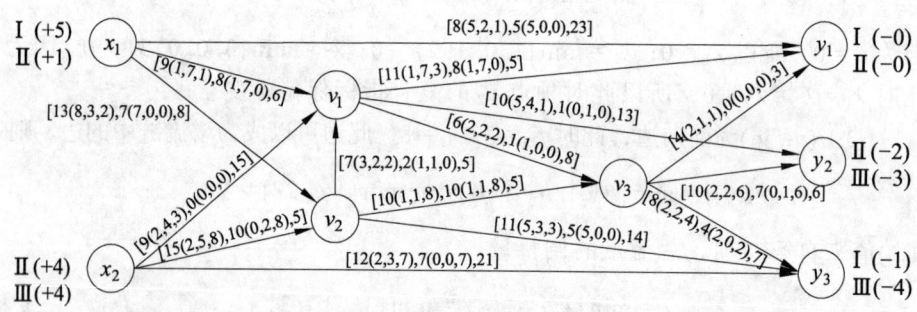

图 11.7　流量调整后的状态图

第三步： 针对图 11.7，继续寻找关于运送代价最低的增流链，余下过程省略，最终的最小代价流分配结果如图 11.8 所示。

针对图 11.8，继续寻找关于运送代价最低的增流链，至此，因为转运点 v_1 接发能力已饱和，该网络找不到可增流链，循环结束。图 11.8 为最终的最小代价流分配图，此时为最小代价流。

由图 11.8 可以知道，该引例中各个品种的具体运送方案，把该引例的总体方案以及各个品种的具体方案汇总到表 11.14 中。

第 11 章 容量有差异运送代价无差异的多品种流交通网络应用优化方法

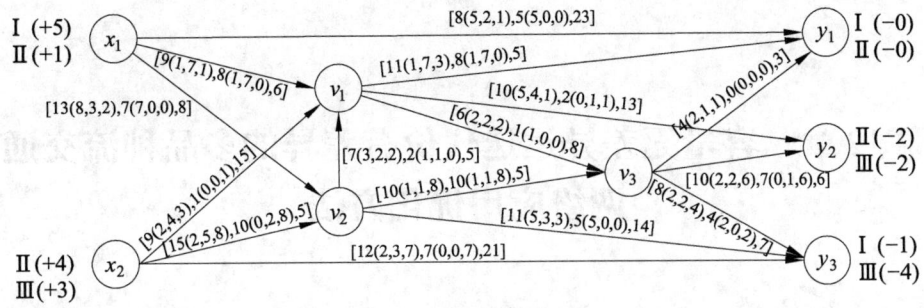

图 11.8 多品种流的最小代价流最终分布状态图

表 11.14 最小代价流具体分配方案

品种 发送点	Ⅰ	Ⅱ	Ⅲ	源发 出量	品种 接收点	Ⅰ	Ⅱ	Ⅲ	汇接 收量
x_1	13	7	—	20	y_1	6	7	—	13
x_2	—	2	16	18	y_2	—	2	7	9
					y_3	7	—	9	16
品种分量∑	13	9	16	—	品种分量∑	13	9	16	—
发出总量∑		38		38	发出总量∑		38		38
运送代价 W	品种Ⅰ代价 $W_Ⅰ$			$W_Ⅰ = 11×1+23×5+20×1+22×5+28×1 = 284$					
	品种Ⅱ代价 $W_Ⅱ$			$W_Ⅱ = 11×7+16×1+23×1 = 116$					
	品种Ⅲ代价 $W_Ⅲ$			$W_Ⅲ = 16×6+17×2+21×7+28×1+30×1 = 335$					
	代价带书和 W			$W = W_Ⅰ+W_Ⅱ+W_Ⅲ = 735$					

11.2.5 结论

在连续最短路算法和 Ford-Fulkerson 算法基础上，通过构建复合参数和复合指标，标定了多品种流的流量分配状态，建立了容量有差异运送代价无差异但转运点接发能力有限制的多品种流交通网络最小代价流分配方法，避免了大型复杂的多品种流交通网络复杂化。

第12章 容量无差异运送代价有差异的多品种流交通网络应用优化方法

上一章针对容量有差异运送代价无差异的多品种流交通网络应用优化的部分问题进行了分析，本章针对容量无差异运送代价有差异的多品种流交通网络应用优化进行研究，主要包括两部分：

（1）基于复合参数及复合指标的多品种流交通网络最小代价流优化方法。

（2）基于复合参数及消圈算法的多品种流交通网络最小代价流均衡优化方法。

12.1 基于复合参数及复合指标的多品种流交通网络最小代价流优化方法

针对交通运输领域出现的容量无差异运送代价有差异多品种流交通网络应用优化问题，有必要对最小代价流分配问题进行研究，并在其他算法基础上，构造可行的应用优化方法。

本章首先对容量无差异运送代价有差异的多品种流交通网络应用优化相关问题进行分析，再基于连续最短路算法（Successive Shortest Path Algorithm）和 Ford-Fulkerson 算法的思路，构造相应的算法。

为了说明容量无差异运送代价有差异多品种流交通网络问题，也为了清晰地阐述相关算法的研究，下面先给出容量无差异运送代价有差异多品种流交通网络的一个简单引例。

引例 有一交通网络如图 12.1 所示，图中的边分别给出了运送能力和运送量，即边的容量、流量（零流）。其中 x_1 有 I、II 两种产品，数量分别为 18 吨和 8 吨；x_2 有 II、III 两种产品，数量分别为 6 吨和 19 吨。y_1、y_2、y_3 为三个需求地，y_1 需要 I、II 两种产品，需求量分别为 6 吨和 7 吨；y_2 需要 II、III 两种产品，需求量分别为 4 吨和 9 吨；y_3 需要 I、III 两种产品，需求量分别为 8 吨和 13 吨。另外，每个品种在每条边上的运送代价如表 12.1 所示，其中运送代价按照品种序号排序，即为(w_I, w_{II}, w_{III})，如果与某品种无关，运送代价设为$+\infty$。现在需要设计的方案是，在满足总运送代价最少的前提下，将尽可能多的产品运送到需求地。

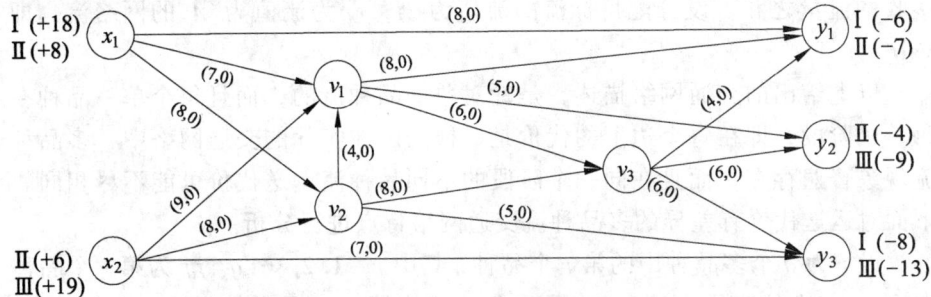

图 12.1 多品种流交通网络图

表 12.1 不同品种流的不同运送代价

运送代价 终点 始点	v_1	v_2	v_3	y_1	y_2	y_3
x_1	$(3, 8, +\infty)$	$(6, 4, +\infty)$	—	$(23, 18, +\infty)$	—	—
x_2	$(+\infty, 6, 9)$	$(+\infty, 7, 8)$	—	—	—	$(+\infty, 14, 16)$
v_1	—	—	$(4, 5, 8)$	$(9, 8, +\infty)$	$(+\infty, 6, 5)$	—
v_2	$(8, 7, 8)$	—	$(9, 8, 6)$	—	—	$(7, +\infty, 9)$
v_3	—	—	—	$(6, 4, +\infty)$	$(+\infty, 8, 5)$	$(5, +\infty, 6)$

针对此引例，再利用传统的最小代价流算法，已不能设计出可行的最小代价流分配方案，所以有必要研究运送代价有差异的多品种流交通网络最小代价流问题。

12.1.1 容量无差异运送代价有差异多品种流交通网络问题分析

先给定单一品种流的交通网络 $G = (V, E, C, F, W, X, Y)$，其中顶点集合 $V = (v_1, v_2, \cdots, v_n)$，边 $E = (e_1, e_2, \cdots, e_m)$。对集合 V 取定两个非空子集 X 和 Y，X 为只发出流量的顶点集合，Y 为只接收流量的顶点集合，且 $X \cap Y = \varnothing$，把 X

中的顶点 x 称为网络 G 的源，Y 中的顶点 y 称为网络 G 的汇。针对边(v_i, v_j)赋予三个非负整数参数 c_{ij}、f_{ij}、w_{ij}，分别为容量、流量、代价。设顶点 $v_i \notin X$、Y，即 v_i 为转运点，用 $f^+(v_i)$ 表示顶点 v_i 发出的流量之和，$f^-(v_i)$ 表示顶点 v_i 接收的流量之和。设分配目标流的流值为 A，f_A 为流值为 A 的网络流，即 $\text{Val} f = A$。

以上给出的交通网络描述，是针对单一品种流的，而且每个单一品种在每一个阶段，即在每个边上的代价是一样的。在实际的交通网络中，多品种流现象普遍存在，而且在同一个阶段的不同品种流运送代价可能不尽相同。下面对运送代价有差异的多品种流交通网络特点进行分析。

设 r 为 q 个多品种中的第 r 个品种，其中 $r = 1, 2, \cdots, q$。f_{ijr} 为第 r 个品种在边(v_i, v_j)上的流量，$f^+(v_{ir})$ 表示顶点 v_i 发出第 r 个品种的流量之和，$f^-(v_{ir})$ 表示顶点 v_i 接收第 r 个品种的流量之和。w_{ijr} 为第 r 个品种在边(v_i, v_j)上的运送代价。边(v_i, v_j)也要遵从容量约束条件，即所有品种的流量之和要小于该边的容量，即有 $0 \leqslant \sum_{r=1}^{q} f_{ijr} \leqslant c_{ij}$。所有转运顶点 v_i 也都要遵从流量守恒条件，而这里所谓的流量守恒是：既要保证所有品种的流量总和守恒，也要保证每一个单一品种的分量之和守恒，则有：

$$\sum_{r=1}^{q} f^+(v_{ir}) = \sum_{r=1}^{q} f^-(v_{ir}), \quad f^+(v_{ir}) = f^-(v_{ir})。$$

基于以上分析，运送代价有差异的多品种流交通网络最小代价流分配的线性规划模型如式（12.1）所示。针对模型（12.1）所刻画的多品种流交通网络，需要设计特定的最小代价流分配算法。

$$\min \ z = \sum\sum_{r=1}^{q} f_{ijr} w_{ijr},$$

$$\text{s.t.} \begin{cases} 0 \leqslant \sum_{r=1}^{q} f_{ijr} \leqslant c_{ij}, & \text{（容量约束条件）} \\ \sum_{r=1}^{q} f^+(v_{ir}) = \sum_{r=1}^{q} f^-(v_{ir}), & \text{（总流量守恒条件）} \\ f^+(v_{ir}) = f^-(v_{ir}), & \text{（品种分流量守恒条件）} \\ f_{ij} = \sum_{r=1}^{q} f_{ijr}, & \text{（边流量等于分量之和）} \\ \sum f^+(x_i) = \sum f^-(y_i) \leqslant A。 & \text{（目标流限制条件）} \end{cases} \quad (12.1)$$

12.1.2 算法设计

针对单一品种流网络的最小代价流 Ford-Fulkerson 算法，首先通过构造增流网络，在增流网络中寻找关于代价代数和最低的路径，再针对此路径所对应的原网络中的增流链进行流量调整。

针对运送代价有差异的多品种流交通网络，再构造增流网络，势必会造成增流网络结构变得庞大而且复杂，同时使计算过程更为烦琐，所以直接利用 Ford-Fulkerson 算法可行但不是优化的方法。

1. 算法思想

本章在借鉴连续最短路算法和 Ford-Fulkerson 算法的基础上，将网络图中边的属性设计为复合参数的形式，再针对流量分配构建复合指标，从而建立运送代价有差异的多品种流交通网络最小代价流算法。

（1）复合参数。

单一品种流交通网络中，边(v_i, v_j)的属性参数为(c_{ij}, f_{ij}, w_{ij})。针对运送代价有差异的多品种流网络，本章把边(v_i, v_j)的属性设计为复合参数，复合参数形式为$[c_{ij}, f_{ij}(f_{ij1}, \cdots, f_{ijr}, \cdots, f_{ijq}), (w_{ij1}, \cdots, w_{ijr}, \cdots, w_{ijq})]$，其中$f_{ij}(f_{ij1}, \cdots, f_{ijr}, \cdots, f_{ijq})$表示边$(v_i, v_j)$的总流量$f_{ij}$中，每个品种的分流量值，$(w_{ij1}, \cdots, w_{ijr}, \cdots, w_{ijq})$表示每个品种在边$(v_i, v_j)$上的运送代价。

（2）复合指标。

在连续最短路算法中，顶点v_j的指标为$(l(v_j), v_i)$，其中$l(v_j)$表示从起点经过顶点v_i到顶点v_j关于代价的最短路长度，v_i表示v_j的前一个顶点。在 Ford-Fulkerson 算法中，针对流量调整，顶点v_j的指标为$(u, 边的方向, \delta)$，其中u表示被标识点v_j的前一个顶点；边的方向通过"+"或"-"来标识是前向边还是后向边；δ表示流量的调整量。

针对多品种流交通网络，既要考虑最短路指标和流量调整指标，还要考虑多品种以及运送代价有差异的问题，所以本章构建了复合指标，其形式为$[\cdots, (l^r(v_j), v_i, 边的方向, \delta_r), \cdots](m, \delta)$。其中$l^r(v_j)$表示第$r$个品种从起点经过前一个顶点$v_i$到顶点$v_j$，关于运送代价最低的最短路长度；$v_i$表示顶点$v_j$的前一个顶点；"边的方向"表明边$(v_i, v_j)$是前向边还是后向边，即$(v_i, v_j)$的流量是增加还是减少；$\delta_r$表示关于第$r$个品种最短路所对应的第$r$个品种的流量调整量；$m$表示在所有品种的最短路径中，其中路径长度最小所对应的品种，即有 $l^m(v_j) = \min\{(l^1(v_j), \cdots, l^r(v_j), \cdots, l^q(v_j)\}$；$\delta$表示第$m$品种的流量调整量，即有 $\delta = \delta_m$。

2. 算法思路

利用给出的复合参数和复合指标，能找出代价最低的最短路，并可以确定出其对应的品种，再判断此最短路是否为增流链，如果是增流链，就对相应的品种进行流量调整，即通过修改复合参数值来分配流量，这样就可以避免先指定某一品种进行最小代价流分配的错误。尽管如此，以上思路却是二次求解法，即先寻找关于代价最低的最短路，再判断此最短路是否为增流链。但本章算法的核心思路是，随着所求最短路的延伸，同时消除非增流边，这样既杜绝了二次求解问题，也避免了全枚举的问题。

3. 算法步骤

算法步骤如下：

（1）初始化过程。

第一步：设源 $X = \{x_1, \cdots, x_i, \cdots, x_n\}$，转运点 $V = \{v_1, \cdots, v_i, \cdots, v_n\}$，汇 $Y = \{y_1, \cdots, y_i, \cdots, y_n\}$。设源 x_i 具有第 r 个品种的数量为 s_i^r，汇 y_i 需要第 r 个品种的数量为 t_i^r。设 $\delta_r = +\infty$。设集合 $S = \emptyset$，集合 $T = \{x_1, \cdots, x_i, \cdots, x_n, v_1, \cdots, v_i, \cdots, v_n, y_1, \cdots, y_i, \cdots, y_n\}$。

第二步：对运送代价有差异的多品种流交通网络，在平凡流基础上，利用给出的容量、代价，把边的属性设为复合参数形式，即 $[c_{ij}, f_{ij}(f_{ij1}, \cdots, f_{ijr}, \cdots, f_{ijq}), (w_{ij1}, \cdots, w_{ijr}, \cdots, w_{ijq})]$，此时初始流量 $f_{ij}(f_{ij1}, \cdots, f_{ijr}, \cdots, f_{ijq})$ 均为 $0(0, \cdots, 0, \cdots, 0)$，即有 Val$f = 0$。

第三步：设 $l^r(x_i) = 0$，对起点 x_i 赋予复合指标：

$$[(0, 0, +, +\infty), \cdots, (0, 0, +, +\infty), \cdots, (0, 0, +, +\infty)]|(0, +\infty);$$

设其余顶点 $l^r(v_i) = +\infty$、$l^r(y_i) = +\infty$，那么其余顶点均可以赋予复合指标：

$$[(+\infty, 0, +, +\infty), \cdots, (+\infty, 0, +, +\infty), \cdots, (+\infty, 0, +, +\infty)]|(0, +\infty)。$$

（2）寻找代价最低的增流链过程。

第四步：选择起点 x_i 检查，将起点 x_i 复合指标标上*，表示顶点 x_i 已被检查。同时设集合 $S = \{x_i\}$，$x_i \notin T$。

第五步：若 x_i 与其他顶点没有直接连线，其他顶点的复合指标保持不变；若有直接连线，则计算其他顶点的复合指标值，计算方法如下：

针对边 (x_i, v_j)，由于 x_i 为源，所以该边只能为前向边。

a. 若 $f_{ij} = c_{ij}$，

此时流量不能增加，即边 (x_i, v_j) 不能成为增流链中的边，那么最短路也就不能经过该边，此时顶点 v_j 的复合指标保持不变。

b. 若 $f_{ij} < c_{ij}$，

此时流量可以增加，即边 (x_i, v_j) 可以成为增流链中的边，那么最短路也就可以经过该边。复合指标中的各个指标计算如下：

设 $l^r(v_j) = \min\{l^r(v_j), l^r(x_i) + W_{ijr}\}$，有：

• 如果 $l^r(v_j)$ 值来自第一项 $l^r(v_j)$，那么顶点 v_j 复合指标中第一复合项关于第 r 个品种的第 r 个子指标组保持不变。

• 如果 $l^r(v_j)$ 值来自第二项 $l^r(x_i) + W_{ijr}$，当 $v_j \in V$ 时，$\delta_r = \min\{c_{ij} - f_{ij}, s_i^r - f^+(x_{ir}), \delta_r\}$；当 $v_j \in Y$ 时，若 $s_i^r - f^+(x_{ir}) = 0$ 或 $t_j^r - f^-(y_{jr}) = 0$，顶点 v_j 复合指标中第一复合项关于第 r 个品种的第 r 个子指标组保持不变，否则 $\delta_r = \min\{c_{ij} - f_{ij}, s_i^r - f^+(x_{ir}), t_j^r - f^-(y_{jr}), \delta_r\}$，此时将顶点 v_j 复合指标中第一复合项关于第 r 个品种的第 r 个子指标组修改为 $(l^r(v_j), x_i, +, \delta_r)$。

设有第 m 个品种的 $l^m(v_j) = \min\{(l^1(v_j), \cdots, l^r(v_j) \cdots, l^q(v_j)\}$，令 $\delta = \{\delta_m, A\text{-Val}\,f\}$，将顶点 v_j 复合指标中的第二复合项修改为 (m, δ)。

第六步：针对顶点 v_j，计算 $l^m(v_j)^* = \min\{l^m(v_j)$；其中 $j = 1, 2, \cdots, n; v_j \notin S\}$。将顶点 v_j 复合指标标上 *，表示顶点 v_j 已被检查，设集合 $S = \{x_i, \cdots, v_j\}$，$v_j \notin T$。当 $v_j \in Y$ 时，转第九步。

第七步：从顶点 v_j 出发，求其他顶点 v_k 的复合指标。

若顶点 v_j 与顶点 v_k 没有直接连线，顶点 v_k 的复合指标保持不变；若有直接连线，则计算顶点 v_k 的复合指标值，计算方法如下：

① (v_j, v_k) 为前向边。

a. 若 $f_{jk} = c_{jk}$，

此时流量不能增加，即边 (v_j, v_k) 不能成为增流链中的边，那么最短路也就不能经过该边，此时顶点 v_k 的复合指标保持不变。

b. 若 $f_{jk} < c_{jk}$，

此时流量可以增加，即边 (v_j, v_k) 可以成为增流链中的边，那么最短路也就可以经过该边。复合指标中的各个指标计算如下：

设 $l^r(v_k) = \min\{l^r(v_k), l^r(v_j) + W_{jkr}\}$，有：

• 如果 $l^r(v_k)$ 值来自第一项 $l^r(v_k)$，那么顶点 v_k 复合指标中第一复合项关于第 r 个品种的第 r 个子指标组保持不变。

- 如果 $l^r(v_k)$ 值来自第二项 $l^r(v_j)+W_{jkr}$，当 $v_k \in V$ 时，$\delta_r = \min\{c_{jk}-f_{jk},\delta_r\}$；当 $v_k \in Y$ 时，若 $t_k^r - f^-(y_{kr}) = 0$，顶点 v_k 复合指标中第一复合项关于第 r 个品种的第 r 个子指标组保持不变，否则 $\delta_r = \min\{c_{jk}-f_{jk}, t_k^r-f^-(y_{kr}), \delta_r\}$，此时将顶点 v_k 复合指标中第一复合项关于第 r 个品种的第 r 个子指标组修改为$(l^r(v_k), v_j, +, \delta_r)$。

设有第 m 个品种的 $l^m(v_k) = \min\{(l^1(v_k),\cdots,l^r(v_k),\cdots,l^q(v_k)\}$，令 $\delta = \{\delta_m, A\text{-Val}f\}$，将顶点 v_k 复合指标中的第二复合项修改为(m, δ)。

② (v_j, v_k) 为后向边。

a. 若 $f_{jk} = 0$，

此时流量不能减少，即边 (v_j, v_k) 不能成为增流链中的边，那么最短路也就不能经过该边，此时顶点 v_k 的复合指标保持不变。

b. 若 $f_{jk} > 0$，

此时流量可以减少，即边 (v_j, v_k) 可以成为增流链中的边，那么最短路也就可以经过该边。复合指标中的各个指标计算如下：

设 $l^r(v_k) = \min\{l^r(v_k), l^r(v_j) - W_{ijr}\}$，有：

- 如果 $l^r(v_k)$ 值来自第一项 $l^r(v_k)$，那么顶点 v_k 复合指标中第一复合项关于第 r 个品种的第 r 个子指标组保持不变。

- 如果 $l^r(v_k)$ 值来自第二项 $l^r(v_j)-W_{jkr}$，当 $v_k \in V$ 时，$\delta_r = \min\{f_{jk}, f_{jkr}, \delta_r\}$，此时将顶点 v_k 复合指标中第一复合项关于第 r 个品种的第 r 个子指标组修改为$(l^r(v_k), v_j, -, \delta_r)$。

设有第 m 个品种的 $l^m(v_k) = \min\{(l^1(v_k), \cdots, l^r(v_k),\cdots, l^q(v_k)\}$，令 $\delta = \{\delta_m, A\text{-Val}f\}$，将顶点 v_j 复合指标中的第二复合项修改为(m, δ)。

第八步：针对顶点 v_k，计算 $l^m(v_k)^* = \min\{l^m(v_k)$；其中 $j = 1, 2, \cdots, n; v_k \notin S\}$。将顶点 v_k 复合指标标上*，表示顶点 v_k 已被检查，设集合 $S = \{x_i, \cdots, v_k\}$，$v_k \notin T$。当 $v_k \in Y$ 时，转第九步。

（3）流量调整过程。

第九步：当 $y_i \subset S$ 时，说明已经找到了关于品种 m 的运送代价最短的增流链。自汇 y_i 逆向追踪，沿着每个顶点复合指标中第一复合项第 m 个子指标组的 v_i，即可得出关于品种 m 的最短路，路长为 $l^m(y_i)$，流量调整量为 δ。将最短路中前向边 (v_i, v_j) 的复合参数修改为$[c_{ij}, f_{ij}+\delta(f_{ij1},\cdots,f_{ijm}+\delta,\cdots,f_{ijq})]$；将最短路中后向边 (v_i, v_j) 的复合参数修改为$[c_{ij}, f_{ij}-\delta(f_{ij1},\cdots,f_{ijm}-\delta,\cdots,f_{ijq})]$。

第十步：转到第三步，反复进行，直到找不到关于运送代价最低的增流链为止。

此算法是依据构建的复合参数和复合指标，在 Ford-Fulkerson 算法基础上，对运送代价有差异的多品种流交通网络进行了最小代价流分配。

12.1.3 算法示例

最小代价最大流是最小代价流的一种情况，即最小代价最大流的目标流是最大流的流值，此时只需将本章算法中第 m 个品种的流量调整量 $\delta = \{\delta_m, A\text{-}Valf\}$ 的 $A\text{-}Valf$ 去掉即可。

对前面的引例 12.1，进行多品种流的最小代价最大流分配，从而能更清晰地说明本章算法。鉴于图所显示的空间的局限，在图中不标出代价(w_{ij1}, …, w_{ijr}, …, w_{ijq})，也不对顶点进行复合指标的标号；另外因篇幅限制，将相应的计算过程省略。

第一步：设集合 $S = \varnothing$，集合 $T = \{x_1, x_2, v_1, v_2, v_3, y_1, y_2, y_3\}$。此时初始流量 $f_{ij}(f_{ij1}, …, f_{ijr}, …, f_{ijq})$ 均为 $0(0, …, 0, …, 0)$。此问题涉及Ⅰ、Ⅱ、Ⅲ三个品种，这里用 1、2、3 序号来标识。对起点 x_i 均赋予复合指标 $[(0, 0, +, +\infty), (0, 0, +, +\infty), (0, 0, +, +\infty)]|(0, +\infty)$；对其余各个顶点均可以赋予复合指标 $[(+\infty, 0, +, +\infty), (+\infty, 0, +, +\infty), (+\infty, 0, +, +\infty)]|(0, +\infty)$。图 12.2 为求解时流量调整以后某一过程的状态图。

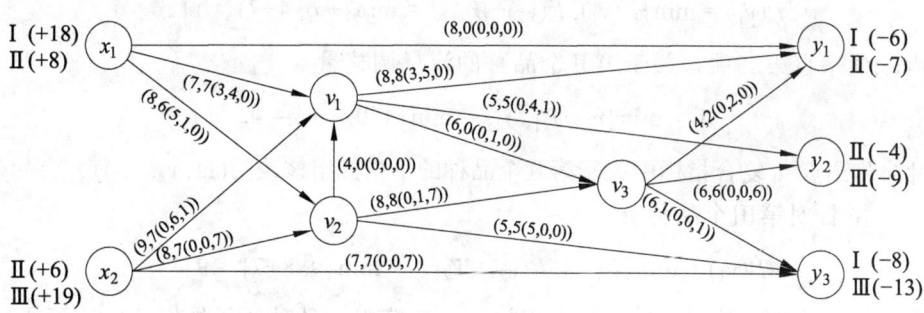

图 12.2 某一过程流量调整后的状态图

第二步：对图 12.2 继续寻找关于运送代价最低的增流链。表 12.2 为分别从源 x_1、x_2 出发的复合指标计算结果表（此计算过程省略）。

针对表 12.2，取 $l^m(v_j)^* = \min\{l^m(v_j); v_j \notin S\} = \min\{9, 4, 23\} = 4 = l^2(v_2)^*$，将表 12.2 中顶点 v_2 的指标标记*，此时 $S = \{x_1, x_2, v_2\}$，集合 $T = \{v_1, v_3, y_1, y_2, y_3\}$。从顶点 v_2 出发，继续求复合指标，顶点 v_2 与顶点 v_1、v_3、y_3 有直接连线，只需计算这三个顶点的复合指标即可，其余顶点的复合指标保持不变。

表 12.2　复合指标结果表

x_1	$[(0, 0, +, +\infty), (0, 0, +, +\infty), (+\infty, 0, +, +\infty)]\|(0, +\infty)^*$
x_2	$[(+\infty, 0, +, +\infty), (0, 0, +, +\infty), (0, 0, +, +\infty)]\|(0, +\infty)^*$
v_1	$[(+\infty, 0, 0, +\infty), (+\infty, 0, 0, +\infty), (9, x_2, +, 2)]\|(3, 2)$
v_2	$[(6, x_1, +, 2), (4, x_1, +, 2), (8, x_2, +, 1)]\|(2, 2)^*$
v_3	$[(+\infty, 0, 0, +\infty), (+\infty, 0, 0, +\infty), (+\infty, 0, 0, +\infty)]\|(0, +\infty)$
y_1	$[(23, x_1, +, 3), (+\infty, 0, 0, +\infty), (+\infty, 0, 0, +\infty)]\|(1, 3)$
y_2	$[(+\infty, 0, 0, +\infty), (+\infty, 0, 0, +\infty), (+\infty, 0, 0, +\infty)]\|(0, +\infty)$
y_3	$[(+\infty, 0, 0, +\infty), (+\infty, 0, 0, +\infty), (+\infty, 0, 0, +\infty)]\|(0, +\infty)$

详细计算过程如下：

（1）(v_2, v_1)为前向边，此时$f_{21} = 0 < c_{21} = 4$，此边可以成为增流链中的边。

① 针对第Ⅰ个品种有

$$l^1(v_1) = \min\{l^1(v_1), l^1(v_2)+W_{211}\} = \min\{+\infty, (+\infty)+8\} = +\infty,$$

$l^1(v_1)$值来自第一项，顶点v_1复合指标中关于第Ⅰ个品种的子指标组保持不变。

② 针对第Ⅱ个品种有

$$l^2(v_1) = \min\{l^2(v_1), l^2(v_2)+W_{212}\} = \min\{+\infty, 4+7\} = 11,$$

$l^2(v_1)$值来自第二项，关于第Ⅱ个品种的流量调整量

$$\delta_2 = \min\{c_{21}-f_{21}, \delta_2\} = \min\{4-0, +\infty\} = 4,$$

此时将顶点v_1复合指标中关于第Ⅱ个品种的子指标组修改为$(11, v_2, +, 4)$。

③ 针对第Ⅲ个品种有

$$l^3(v_1) = \min\{l^3(v_1), l^3(v_2)+W_{213}\} = \min\{9, 8+7\} = 9,$$

$l^3(v_1)$值来自第一项，顶点v_1复合指标中关于第Ⅲ个品种的子指标组保持不变。

（2）(v_2, v_3)为前向边，同时$f_{23} = c_{23} = 8$，说明流量不能增加，即边(v_2, v_3)不能成为增流链中的边，那么最短路也就不能经过该边，此时顶点v_3的复合指标保持不变。

（3）(v_2, y_3)为前向边，同时$f_{23} = c_{23} = 5$，说明流量不能增加，即边(v_2, y_3)不能成为增流链中的边，那么最短路也就不能经过该边，此时顶点y_3的复合指标保持不变。

修改后的复合指标如表 12.3 所示。

第 12 章 容量无差异运送代价有差异的多品种流交通网络应用优化方法

表 12.3 复合指标结果表

x_1	[(0, 0, +, +∞), (0, 0, +, +∞), (+∞, 0, +, +∞)]|(0, +∞)*
x_2	[(+∞, 0, +, +∞), (0, 0, +, +∞), (0, 0, +, +∞)]|(0, +∞)*
v_1	[(+∞, 0, 0, +∞), (11, v_2, +, 4), (9, x_2, +, 2)]|(3, 2)*
v_2	[(6, x_1, +, 2), (4, x_1, +, 2), (8, x_2, +, 1)]|(2, 2)*
v_3	[(+∞, 0, 0, +∞), (+∞, 0, 0, +∞), (+∞, 0, 0, +∞)]|(0, +∞)
y_1	[(23, x_1, +, 3), (+∞, 0, 0, +∞), (+∞, 0, 0, +∞)]|(1, 3)
y_2	[(+∞, 0, 0, +∞), (+∞, 0, 0, +∞), (+∞, 0, 0, +∞)]|(0, +∞)
y_3	[(+∞, 0, 0, +∞), (+∞, 0, 0, +∞), (+∞, 0, 0, +∞)]|(0, +∞)

针对表 12.3，取 $l^m(v_j)^* = \min\{l^m(v_j); v_j \notin S\} = \min\{9, 23\} = 9 = l^3(v_1)^*$，将表 12.3 中顶点 v_1 的指标标记*。此时 $S = \{x_1, x_2, v_2, v_1\}$，集合 $T = \{v_3, y_1, y_2, y_3\}$。从顶点 v_1 出发，继续求复合指标，顶点 v_1 与顶点 v_3、y_1、y_2 有直接连线，只需计算这三个顶点的复合指标即可，其余顶点的复合指标保持不变，计算过程省略。复合指标如表 12.4 所示。

表 12.4 复合指标结果表

x_1	[(0, 0, +, +∞), (0, 0, +, +∞), (+∞, 0, +, +∞)]|(0, +∞)*
x_2	[(+∞, 0, +, +∞), (0, 0, +, +∞), (0, 0, +, +∞)]|(0, +∞)*
v_1	[(+∞, 0, 0, +∞), (11, v_2, +, 4), (9, x_2, +, 2)]|(3, 2)*
v_2	[(6, x_1, +, 2), (4, x_1, +, 2), (8, x_2, +, 1)]|(2, 2)*
v_3	[(+∞, 0, 0, +∞), (16, v_1, +, 4), (17, v_1, +, 2)]|(2, 4)*
y_1	[(23, x_1, +, 3), (+∞, 0, 0, +∞), (+∞, 0, 0, +∞)]|(1, 3)
y_2	[(+∞, 0, 0, +∞), (+∞, 0, 0, +∞), (+∞, 0, 0, +∞)]|(0, +∞)
y_3	[(+∞, 0, 0, +∞), (+∞, 0, 0, +∞), (+∞, 0, 0, +∞)]|(0, +∞)

针对表 12.4，取 $l^m(v_j)^* = \min\{l^m(v_j); v_j \notin S\} = \min\{16, 23\} = 16 = l^2(v_3)^*$，将表 12.4 中顶点 v_3 的指标标记*，此时集合 $S = \{x_1, x_2, v_2, v_1, v_3\}$，集合 $T = \{y_1, y_2, y_3\}$。从顶点 v_3 出发，继续求复合指标，顶点 v_3 与顶点 y_1、y_2、y_3 有直接连线，只需要计算这三个顶点的复合指标即可，其余顶点的复合指标保持不变，详细计算过程如下：

（1）(v_3, y_1)为前向边，此时$f_{31} = 2 < c_{31} = 4$，此边可以成为增流链中的边。

① 针对第Ⅰ个品种有

$$l^1(y_1) = \min\{l^1(y_1), l^1(v_3)+W_{311}\} = \min\{23, (+\infty)+6\} = 23,$$

$l^1(y_1)$值来自第一项，顶点y_1复合指标中关于第Ⅰ个品种的子指标组保持不变。

② 针对第Ⅱ个品种，有$t_j^r - f^-(y_{jr}) = y_1^2 - f^-(y_{12}) = 7-(5+2) = 0$，此时顶点$y_1$不再需要接收第Ⅱ个品种，顶点$y_1$复合指标中关于第Ⅱ个品种的子指标组保持不变。

③ 顶点y_1本身不需要接收第Ⅲ个品种，那么顶点y_1复合指标中关于第Ⅲ个品种的子指标组保持不变。

（2）(v_3, y_2)为前向边，此时$f_{32} = c_{32} = 6$，此时流量不能增加，即边(v_3, y_2)不能成为增流链中的边，那么最短路也就不能经过该边，此时顶点y_2的复合指标保持不变。

（3）(v_3, y_3)为前向边，此时$f_{33} = 1 < c_{33} = 6$，此边可以成为增流链中的边。

① 针对第Ⅰ个品种有

$$l^1(y_3) = \min\{l^1(y_3), l^1(v_3)+W_{331}\} = \min\{+\infty, (+\infty)+5\} = +\infty,$$

$l^1(y_3)$值来自第一项，顶点y_3复合指标中关于第Ⅰ个品种的子指标组保持不变。

② 顶点y_3本身不需要接收第Ⅱ个品种，那么顶点y_3复合指标中关于第Ⅱ个品种的子指标组保持不变。

③ 针对第Ⅲ个品种有

$$l^3(y_3) = \min\{l^3(y_3), l^3(v_3)+W_{333}\} = \min\{+\infty, 17+6\} = 23,$$

$l^3(y_3)$值来自第二项，又有$t_j^r - f^-(y_{jr}) = y_3^3 - f^-(y_{33}) = 13-(7+1) = 5$，那么关于第Ⅲ个品种的流量调整量

$$\delta_3 = \min\{c_{33}-f_{33}, y_3^3 - f^-(y_{33}), \delta_3\} = \min\{6-1, 5, 2\} = 2。$$

此时将顶点y_3复合指标中关于第Ⅲ个品种的子指标组修改为$(23, v_3, +, 2)$。

修改后的复合指标如表12.5所示。

针对表12.5，取 $l^m(v_j)^* = \min\{l^m(v_j); v_j \notin S\} = \min\{23, 23\} = 23 = l^1(y_1)^* = l^3(y_3)^*$。将表12.5中顶点$y_1$、$y_3$的指标标记*，此时$S = \{x_1, x_2, v_1, v_2, v_3, y_1, y_3\}$，集合$T = \{y_2\}$。出现$y_1$、$y_3 \subseteq S$情况，说明已经找到关于品种Ⅰ和品种Ⅲ的运送代价最低的两条增流链。

自汇y_1，沿着每个顶点复合指标中第一复合项的第1个子指标组逆向追踪，可得出关于品种Ⅰ的最短路为$x_1 \to y_1$，路长为23，流量调整量为3。

表 12.5 复合指标结果表

x_1	$[(0, 0, +, +\infty), (0, 0, +, +\infty), (+\infty, 0, +, +\infty)]|(0, +\infty)*$
x_2	$[(+\infty, 0, +, +\infty), (0, 0, +, +\infty), (0, 0, +, +\infty)]|(0, +\infty)*$
v_1	$[(+\infty, 0, 0, +\infty), (11, v_2, +, 4), (9, x_2, +, 2)]|(3, 2)*$
v_2	$[(6, x_1, +, 2), (4, x_1, +, 2), (8, x_2, +, 1)]|(2, 2)*$
v_3	$[(+\infty, 0, 0, +\infty), (16, v_1, +, 4), (17, v_1, +, 2)]|(2, 4)*$
y_1	$[(23, x_1, +, 3), (+\infty, 0, 0, +\infty), (+\infty, 0, 0, +\infty)]|(1, 3)*$
y_2	$[(+\infty, 0, 0, +\infty), (+\infty, 0, 0, +\infty), (+\infty, 0, 0, +\infty)]|(0, +\infty)$
y_3	$[(+\infty, 0, 0, +\infty), (+\infty, 0, 0, +\infty), (23, v_3, +, 2)]|(3, 2)*$

自汇 y_3，沿着每个顶点复合指标的第一复合项中第 3 个子指标组逆向追踪，可得出关于品种Ⅲ的最短路为 $x_2 \to v_1 \to v_3 \to y_3$，路长为 23，流量调整量为 2。

最终流量分配结果如图 12.3 所示。

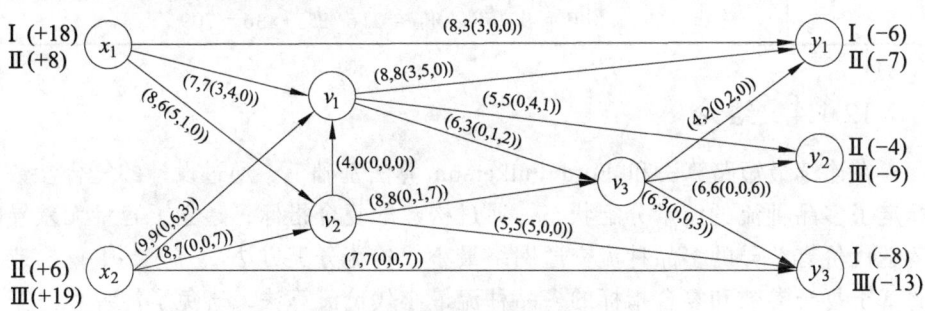

图 12.3 流量调整后的状态图

第三步：针对图 12.3 继续寻找关于运送代价最低的增流链，余下过程省略，最终的最小代价最大流分配结果如图 12.4 所示。

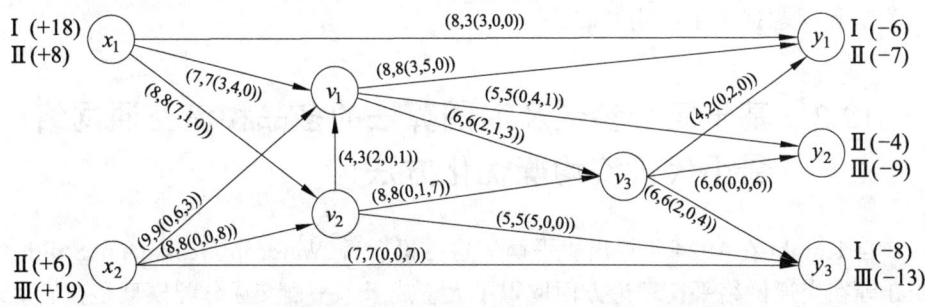

图 12.4 多品种流的最小代价最大流最终分布状态图

针对图 12.4，从源 x_1、x_2 出发的边中，只有边 (x_1, y_1) 为不饱和边，但汇 y_1 需要的 Ⅰ、Ⅱ 两个品种已经得到全部满足，所以无法再找到增流链。由图 12.4 可以知道该引例中各个品种的具体运送方案，把该引例的总体方案以及各个品种的具体方案汇总到表 12.6 中。

表 12.6　最小代价最大流具体分配方案

发送点＼品种	Ⅰ	Ⅱ	Ⅲ	源发出量	接收点＼品种	Ⅰ	Ⅱ	Ⅲ	汇接收量
x_1	13	5	—	18	y_1	6	7	—	13
x_2	—	6	18	24	y_2	—	4	7	11
					y_3	7	—	11	18
品种分量∑	13	11	18	—	品种分量∑	13	11	18	—
发出总量∑		42		42	发出总量∑		42		42
运送代价 W	品种Ⅰ代价 $W_Ⅰ$				$W_Ⅰ = 23×3+3×3+6×7+9×3+4×2+8×2+7×5+5×2 = 216$				
	品种Ⅱ代价 $W_Ⅱ$				$W_Ⅱ = 8×4+4×1+6×6+8×5+6×4+5×1+8×1+4×2 = 157$				
	品种Ⅲ代价 $W_Ⅲ$				$W_Ⅲ = 9×3+8×8+16×7+5×1+8×3+8×1+6×7+5×6+6×4 = 336$				
	总代价 W				$W = W_Ⅰ+W_Ⅱ+W_Ⅲ = 216+157+336 = 709$				

12.1.4　结论

在连续最短路算法和 Ford-Fulkerson 算法基础上，通过设计的复合参数标定了多品种流的流量分配状态，通过构建的复合指标，建立了容量无差异运送代价有差异的多品种流交通网络最小代价流分配方法。另外，本章构造的基于复合参数和复合指标的多品种流最小代价流算法，避免了传统算法需要改变网络图结构的不足，在算法实现上也体现了便利。在交通运输领域，容量无差异运送代价有差异的多品种流交通网络流分配问题普遍存在，但针对此类问题的研究文献几乎还不多见，本章算法也为解决交通网络的一系列相关实际问题提供了应用基础。

12.2　基于复合参数及消圈算法的多品种流交通网络最小代价流均衡优化方法

自 Knight 在 1924 年提出"平衡"这一概念后，Wardrop、Beckmann、Smith、Dial 等在交通网络平衡理论方面取得了大量成果。平衡交通分配模型是在满足 Wardrop 平衡原理的前提下，将出发地和目的地之间的交通量分配到两点之间的各个道路上去。Nassir N、Zheng H 等针对危险区域采用了最小代价流问题中的消圈算法在交通动态约束下寻找交通网络最优路径，并使危险程度降到最低。传统的均衡思想不能将实时交通流实现相对均匀分布，另外，现有解决最小代价流问题的消圈算法仅在交通网络路径寻优方面有应用，对于实时的区域性交通拥挤网络不同品种流在不同路段分布不均以及如何去调整的研究甚少。因此，为了突破传统均衡思想的束缚，针对实时拥挤网络流，本章提出了基于多品种划分的最小代价流算法。此算法不仅使拥挤网络的交通总阻抗最小，同时使各个路段的饱和度尽可能地小，从而实现拥挤网络流均衡的目的。

12.2.1 均衡问题及分析交通网络描述

交通拥挤在大城市发生的频率愈发增高，交通拥挤主要发生在一些主干道，而有些次干道或者支路相对比较畅通，因而在高峰时期常常会呈现交通流分布不均衡现象。对于大多数区域性拥挤网络，目前拥堵现象比较普遍，当拥堵产生即路段流量达到极限值时，出行者会选择次短路径绕行，直到流量自动达到平衡状态，但是流量自动平衡的过程也需要一定的时间，自动平衡后交通拥挤的经济损失已经产生。因此，如果将拥堵路段的实时流量主动去调整，那么交通拥挤带来的损失也会相应减少。基于多品种流划分的路段流量最小代价流算法，可以将不同品种的交通流主动调节到相邻路段，从而有效解决均衡网络交通流问题。

为证明针对多品种流的最小代价流算法能解决交通网络流均衡问题，仿照城市局部道路网，构造一多品种流交通网络 $G=(V,E,C,F,W,V_1,V_n)$，其中 V 为顶点集合（含起讫点），即交通网络中各个交叉口，$V=(v_1,v_2,\cdots,v_n)$；E 为边集合，即两交叉口之间路段，$E=(e_1,e_2,\cdots,e_n)$；F 为实时交通流量集合，每一路段流量有 $F=f(f_1,f_2)$，其中 f_1，f_2 分别为小、大车型流；W 为网络中代价集合，即路段阻抗；V_1 为交通网络起点，V_n 为交通网络终点，交通网络中边的复合参数形式可以表示为 $[c_{ij},f_{ij}(f_{ij1},f_{ij2}),w_{ij}]$。以 12 节点方格网络为例，如图 12.5，图中已经给出每 5min 的实时流量，该流量指 OD 对之间 v_1 至 v_{12} 通过该拥挤网路的交通量。考虑到路段其他因素对通行能力的影响，为避免交通相邻畅通路段的拥堵，将容量值设定为最大服务交通量，算例中取值为设计通行能力的 0.75 倍（单位：pcu/5min/ln）。

通过改进的最小代价流算法得到了各个路段流量的调整量。对于拥堵路段，即流量需要减少的路段，主要采取控制拥堵路段的上游路段流量来源和转移拥堵路段流量至畅通的下游路段两种措施来均衡网络流量，这些措施需要借助移动终端设备、车载设备以及信号控制等设施来实现。

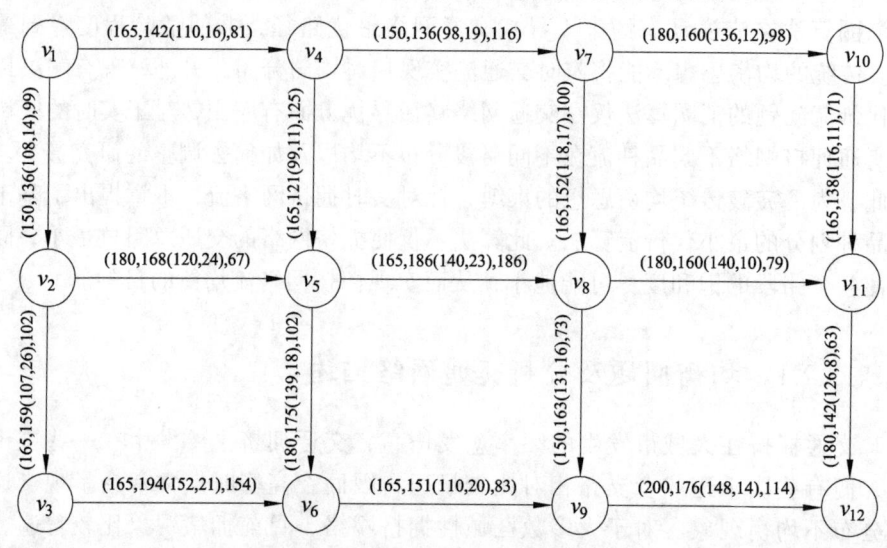

图 12.5 多品种流交通网络

12.2.2 改进的最小代价流算法设计

1. 算法思想

最小代价流算法思想：在构建的网络 G 中，利用最大流算法求出网络中的最大流，构造增流网络，在增流网络中找出负回路，得到最小调整量，直至找不到负回路为止，最终得到最小代价流。

本章在借鉴最小代价流算法基础上，将交通网络中的流边 (v_i, v_j) 设计为复合参数的形式，即为 $[c_{ij}, f_{ij}(f_{ij1}, f_{ij2}), w_{ij}]$，其中 $f_{ij}(f_{ij1}, f_{ij2})$ 表示流边 (v_i, v_j) 的各小、大车型的流量值，增加流按照设定的比例进行流量分配，增流网络中每增流一次，则相应的代价值即路段阻抗也更新一次，最终将每路段的流量控制在界定的值（即容量）范围内。

2. 算法中的计算规则

（1）c_{ij} 值的界定。

规则 1：依据中国道路服务水平分类，当饱和度 $V/C > 0.75$ 时，交通状态为不稳定车流，交通拥挤甚至堵塞。因此，c_{ij} 可界定为 $0.75C$，其中 C 值为道路可能通行能力，以此控制拥堵发生。

（2）调整量确定规则。

规则 2：若边 (v_i, v_j) 为前向边，且 $f_{ij} > c_{ij}$ 时，$l(v_j) = \min\{l(v_j), l(v_j) + w_{ij}\}$，

$\delta=\min\{\delta, c_{ij}-f_{ij}\}$。此时意味着边流量只能增加，同时大、小车型流量按设定的比例分别增加。

规则 3：若边(v_i, v_j)为后向边，且$f_{ij}>0$时，$l(v_j)=\min\{l(v_j), l(v_j)-w_{ij}\}$，$\delta=\min\{\delta, f_{ij}\}$。此时意味着边流量只能减少，同时大、小车型流量按设定的比例分别减少，每种车型流量不能减少为0。

规则 4：当$f_{ij}>c_{ij}$，即道路路段流量超过其容量值使其产生拥堵时，$l(v_j)=\min\{l(v_j), l(v_j)-w_{ij}\}$，$\delta=\min\{\delta, f_{ij}\}$。在普通的网络流问题中，流量不可以大于容量，但是在交通网络中，实际流量是可以大于容量值即界定值0.75C的，为了控制交通拥堵，将流量值控制在容量值以下。在这种情况下构造增流网络时，该边只能修改为后向边，此时若该边在负回路中，则流量可以按最小代价流算法的规则调整；若该边不在负回路中，则需将流量调整到网络中相邻的不饱和路段，若相邻路段已达到饱和状态，将流量转移到相邻路段会引起相邻路段拥堵时，则应控制拥堵路段的上游路段流量进入该路段，拥堵路段也可以借助交通设施或其他手段分流。

（3）**多品种流调整量计算规则**。

规则 5：调整量值确定后，当小型车和大型车车流比例为k值时，能够使得道路中路段通行能力达到一个最佳值，即达到了充分利用道路资源的目的。根据这个比例作为小型车和大型车车流调整量的分配比例，可以得到增流后各车型的分配交通量。具体的算法流程如图12.6所示，其中，PCE为大型车转换为标准小汽车的折算系数。

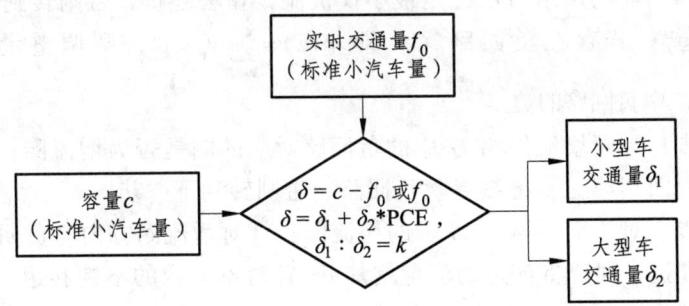

图12.6　各品种流流量调整流程图

规则 6：若(v_i, v_j)为前向边，那么关于流边的复合参数可更改为$[c_{ij}, f_{ij}+\delta(f_{ij1}+\delta_1, f_{ij2}+\delta_2), w_{ij}]$；若$(v_i, v_j)$为后向边，则流边的复合参数可更改为$[c_{ij}, f_{ij}-\delta(f_{ij1}-\delta_1, f_{ij2}-\delta_2), w_{ij}]$。

（4）**流量守恒规则**。

规则 7：在负回路的调整过程中，对整个研究路段，多品种流的增加流量始终守恒于该路段多品种流的减少量，即 $\sum_{r=1,2} f_{ijr}^+ = \sum_{r=1,2} f_{ijr}^-$。

3. 算法步骤

基于以上算法思想和算法中的计算规则，算法步骤如下：

第一步：先将交通网络 G 中的流值利用最大流算法调整至最大流，网络中直至不存在增流链为止。最大流算法调整至最大流的过程，不必更新路段阻抗，因为增流路段只会使路段阻抗增大，而不会影响下一次最短路径的选取。只要在增至最大流后，构造增流网络之前，更新路段阻抗值就行。

第二步：根据美国联邦公路局 BPR 阻抗函数公式，求出最大流分布情况下的路段阻抗。

$$t_a = t_o \cdot \left[1 + \alpha \left(\frac{Q_a}{C_a} \right)^\beta \right], \tag{12.2}$$

其中，t_a——路段 a 的阻抗；

　　　t_o——路段 a 上车辆自由行驶所需要的阻抗时间；

　　　Q_a——路段 a 的小型车和大型车的交通量；

　　　C_a——路段 a 的实际通行能力；

　　　α、β——阻滞系数，算例由实际数据用回归分析求得，$\alpha = 0.15$，$\beta = 4$。

第三步：构建伴随网络流 f 的增流网络 G_f。

第四步：针对增流网络 G_f，检查是否有基于 w 的负回路，若不存在负回路，则说明当前的网络流已经是最小代价流，算法终止，否则转到下一步。

第五步：若存在负回路 C，即 $W(C) = \sum_{e \in C} W_e < 0$，则调整量为 $\delta = \min\{c^-(e), e$ 为 G_f 中负回路的边$\}$。

第六步：判断增流网络 G_f 中的负回路对应的圈是否为增流圈；若不存在增流圈，则回到第三步继续寻找负回路，否则转到下一步。

第七步：对于交通网络 G 中的增流圈，针对增流圈方向与负回路方向一致的不饱和边，则需将该边的流量增加 δ；针对不一致的不饱和边，则需将该边的流量减少 δ。

第八步：继续寻找新增流网络中的负回路和增流圈，直至网络中不再存在负回路为止，最终得到路段阻抗最小、饱和度尽可能小而且分布均匀的交通网络。在增至最大流、寻找负回路以及拥挤路段减流的过程中，得到调整量为各个路段的可能调整量，而在实际应用需要进一步决策得出实际调整量。

12.2.3 算例求解

以图 12.5 的多品种流交通网络为例，运用上述均衡算法来均衡交通网络流。算例中路段容量 c 取值为道路路段通行能力值 C 的 0.75 倍。当大型车比例水平增大到一定程度后（即 30%），即对向机动车流量对本向车速具有显著影响，因此，小型车和大型车的分配比例 k 值取值为 0.7。鉴于网络图占篇幅，书中只保留关键步骤中的网络图。

第一步，采用最大流算法，将交通网络 G 的流量增至最大流。交通网络中路段 v_5-v_8、v_3-v_6、v_8-v_9 的流量已大于容量值，其所在的路径无法形成增流链，因此，交通网络中能形成增流链的路径有：

v_1-v_4-v_7-v_{10}-v_{11}-v_{12}，v_1-v_4-v_7-v_8-v_{11}-v_{12}、v_1-v_2-v_5-v_6-v_9-v_{12}、v_1-v_4-v_5-v_6-v_9-v_{12}，各路径路段的阻抗值和分别为 430，439，465，506。

第一调整路径 v_1-v_4-v_7-v_{10}-v_{11}-v_{12} 的调整量为 14，根据两种车型的分配比例以及公式 $\delta_1+\delta_2*PCE=\delta$ 和 $\delta_1:\delta_2=k$，其中标准小汽车折算系数 PCE 取值为 2，k 取值为 0.7，可以得出，小型车车流量可增加 10，大型车车流量可增加 2；

第二次调整路径为 v_1-v_2-v_5-v_6-v_9-v_{12} 的调整量为 5，同理可得出，小型车车流量可增加 3，大型车车流量可增加 1。

经两次增流后，路段 v_5-v_6、v_4-v_7 均已达到容量界限值，整个交通网络无法再增流。因此，只能增至图 12.7 所示的最大流。

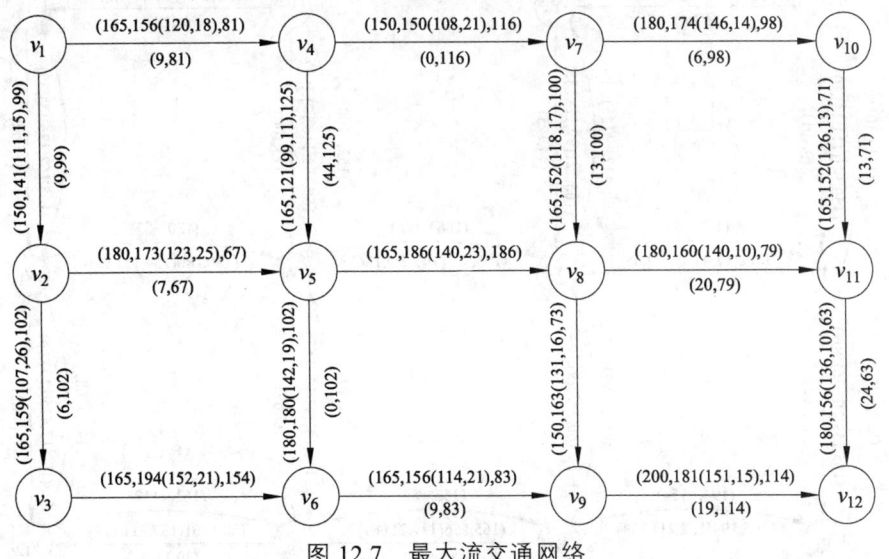

图 12.7 最大流交通网络

第二步，根据公式（12.2），计算新流量分布下各个路段的路段阻抗，α、

β 参数的取值分别为 $\alpha = 0.15$、$\beta = 4$，计算结果如图 12.8。

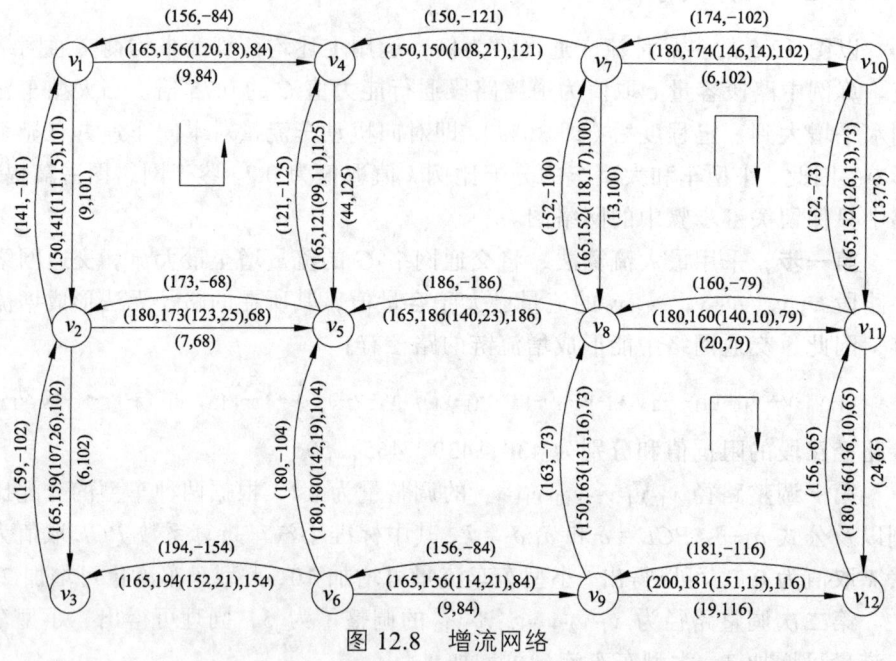

图 12.8　增流网络

第三步，构建伴随网络流 f 的增流网络 G_f，并已找出负回路，如图 12.9。

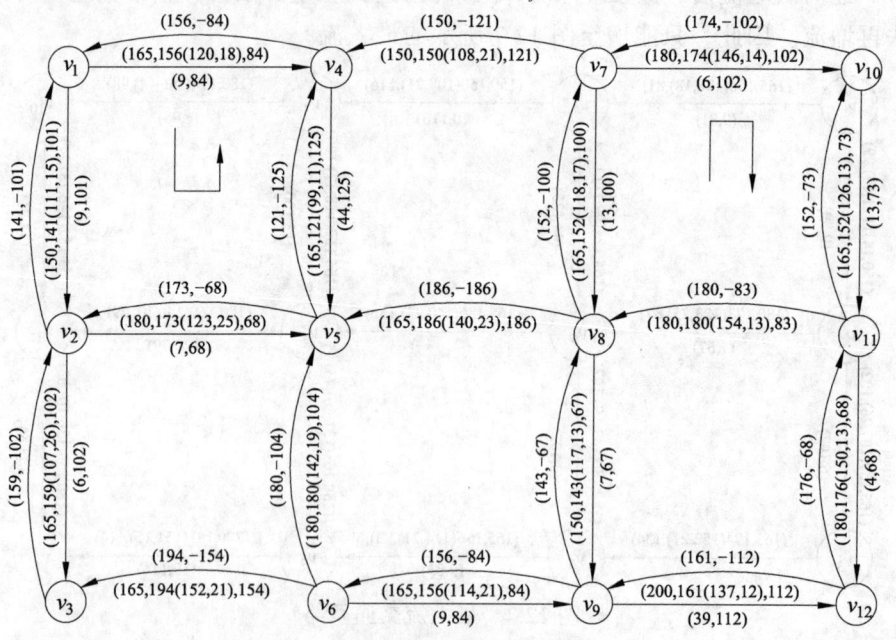

图 12.9　增流网络

第四步，针对增流网络 G_f，优先对含拥堵路段的负回路进行调整，回路 V_9-V_8-V_{11}-V_{12}-V_9 的代价值 $W(C) = \sum_{e \in C} W_e = -73 + 79 + 65 - 115 = -44 < 0$，调整量 $\delta = \min\{163, 20, 24, 181\} = 20$，根据式 $\delta_1 + \delta_2 * PCE = \delta$ 和 $\delta_1 : \delta_2 = k$，其中 PCE 取值为 2，k 取值为 0.7，从而可得，小型车车流调整量为 14，大型车车流调整量为 3。最后，更新路段阻抗值，结果如图 12.9。

第五步，同理，继续调整以下负回路：

（1）负回路 V_1-V_2-V_5-V_4-V_1，调整量为 7，小型车 5，大型车 1，流量调整量后更新路段阻抗；

（2）负回路 V_8-V_7-V_{10}-V_{11}-V_8，调整量为 6，小型车 4，大型车 1，流量调整量后更新路段阻抗；

（3）负回路 V_9-V_8-V_{11}-V_{12}-V_9，调整量为 4，小型车 4，大型车 0，流量调整量后更新路段阻抗；

得到结果如图 12.10 所示。

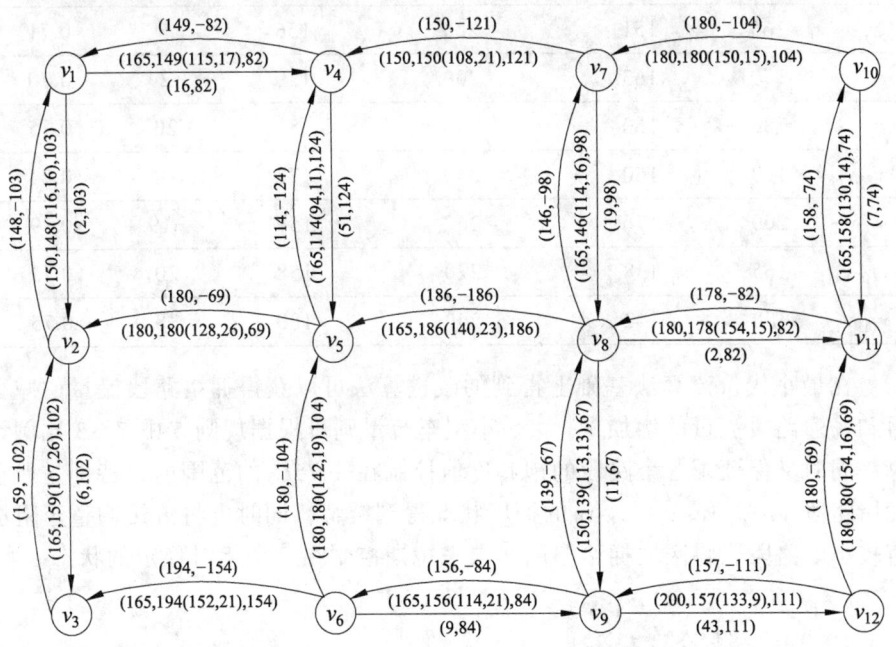

图 12.10 更新路段阻抗值的交通网络

第六步，继续构造增流网络，寻找负回路。如图 12.10，该增流网络已不存在负回路，算法终止。最终得到代价最小流量最大的交通网络，各个路段精确的调整量和饱和度如表 12.7，流量单位为 pcu/5min。

表 12.7　各个路段调整量和饱和度

路段	容量 c	初始实时流量 f	实际通行能力 C	调整后流量 V	调整量 δ	饱和度 V/C
v_1-v_2	150	136	200	148	12	0.74
v_1-v_4	165	142	220	149	7	0.68
v_4-v_5	165	121	220	114	-7	0.52
v_4-v_7	150	136	200	150	14	0.75
v_2-v_5	180	168	240	180	12	0.75
v_2-v_3	165	159	220	159	0	0.72
v_5-v_8	165	186	220	165	-21	0.75
v_5-v_6	180	175	240	180	5	0.75
v_3-v_6	165	194	220	165	-29	0.75
v_7-v_8	165	152	220	146	-6	0.66
v_6-v_9	165	151	220	156	5	0.71
v_8-v_9	150	163	200	139	-24	0.70
v_7-v_{10}	180	160	240	180	20	0.75
v_8-v_{11}	180	160	240	178	18	0.74
v_9-v_{12}	200	176	267	157	-19	0.59
v_{10}-v_{11}	165	138	220	158	20	0.72
v_{11}-v_{12}	180	142	240	180	38	0.75

在最小代价流算法基础上得到的改进算法可以获得拥堵路段流量的减少量和畅通路段流量的增加量，大、小型车流量则可根据规则 5 中 7∶3 比例计算，同时又保证了各个路段的饱和度值控制在 0.75C 的范围内，特别是严重拥堵路段 v_3-v_6、v_5-v_8、v_8-v_9 的拥堵状况得到缓解，同时也将流量调整至阻抗值较小的路段，将区域拥堵路网在未来短期控制在一个相对稳定的状态。

12.2.4　结论

在最小代价流算法基础上，通过构建多品种流交通网络复合参数形式，将常规网络中容量、代价、流量类比到交通网络中的通行能力、路段阻抗、交通流量，巧妙地运用了改进的最小代价流算法来均衡交通网络拥堵流。这种算法能缓解路段拥堵，防止二次拥堵，同时算例中获得的是以 5 min 为周期的实时交通量,能算出交通网络中拥堵路段流量的精准调整量,有效避免了因相邻路段流量转移过多而拥堵。

本章提出的算法思想结合实际交通情况,在交通网络控制方面具有很大的应用价值。如果道路因施工、事故等原因而发生偶发性拥堵,也可以重新获取道路通行能力,将道路流量进行再分配,引导车辆绕行,合理均衡路网流量。

多品种流的划分方式并不唯一,如何划分才能更好地研究交通网络流需要进一步深入研究,对如何借助现有先进的交通设施完成流量均衡也是需要系统研究的问题。

第13章 容量有差异运送代价有差异的多品种流交通网络应用优化方法

本章针对容量有差异运送代价也有差异的多品种流交通网络应用优化进行研究，主要包括一个部分：容量有差异运送代价有差异条件下基于复合参数及复合指标的多品种流交通网络最小代价流优化方法。

下面首先对容量有差异运送代价有差异多品种流交通网络应用优化相关问题进行分析，再基于连续最短路算法（Successive Shortest Path Algorithm）和 Ford-Fulkerson 算法的思路构造算法。

为了说明容量有差异运送代价也有差异的多品种流交通运输网络最小代价流问题，以及对此类问题研究的阐述，下面给出一个简单引例。

引例 13.1 假设某交通网络如图 13.1 所示，图中边分别给出了各品种运送容量的限制和实际运送量，即边的各品种容量、流量（零流）。可以看出，x_1、x_2 为两个供应地，x_1 有 I、II 两种产品，供应量分别为 18 吨和 8 吨；x_2 有 II、III 两种产品，供应量分别为 6 吨和 19 吨。y_1、y_2、y_3 为三个需求地，y_1 需要 I、II 两种产品，需求量分别为 6 吨和 7 吨；y_2 需要 II、III 两种产品，需求量分别为 4 吨和 9 吨；y_3 需要 I、III 两种产品，需求量分别为 8 吨和 13 吨。另外，每个品种在每个阶段的运送代价如表 13.1 所示，二者均按照品种序号排序，即容量限制为 $(c_\mathrm{I}, c_\mathrm{II}, c_\mathrm{III})$，如果该边不能运送某品种，则容量限

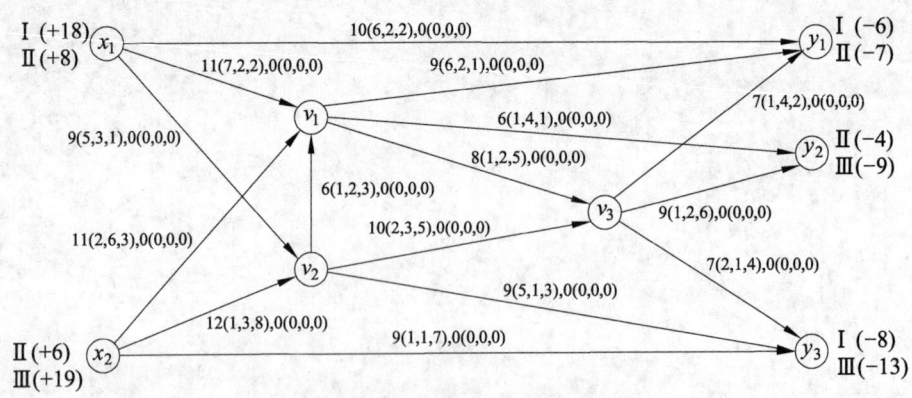

图 13.1　多品种交通网络图

制设定为 0，否则为非零正常数；运送代价为(w_I, w_{II}, w_{III})，如果不能运送某品种，运送代价设定为 +∞。现在需要设计的方案是，在满足总运送代价最少的前提下，将尽可能多的产品运送到需求地。

表 13.1 不同品种流的不同运送代价

运送代价 始点＼终点	v_1	v_2	v_3	y_1	y_2	y_3
x_1	(3, 8, +∞)	(6, 4, +∞)	—	(23, 18 +∞)	—	—
x_2	(+∞, 6, 9)	(+∞, 7, 8)	—	—	—	(+∞, 14, 16)
v_1	—	—	(4, 5, 8)	(9, 8, +∞)	(+∞, 6, 5)	—
v_2	(8, 7, 8)	—	(9, 8, 6)	—	(7, +∞, 9)	—
v_3	—	—	—	(6, 4, +∞)	(+∞, 8, 5)	(5, +∞, 6)

针对此引例再利用传统算法，已不能设计出可行的最小代价流分配方案，所以有必要进一步研究容量有差异运送代价有差异的多品种流交通网络最小代价流问题。

13.1 容量有差异运送代价有差异多品种流交通网络特性分析

先给定单一品种流的交通网络 $G = (V, E, C, F, W, X, Y)$，其中顶点集合 $V = \{v_1, v_2, \cdots, v_n\}$，边集合 $E = \{e_1, e_2, \cdots, e_m\}$。对集合 V 取定两个非空子集 X 和 Y，X 为只发出流量的顶点集合，Y 为只接收流量的顶点集合，且把 X 中的顶点 x 称为网络 G 的源，Y 中的顶点 y 称为网络 G 的汇。针对边 (v_i, v_j) 赋予三个非负整数参数 c_{ij}、f_{ij}、w_{ij}，分别表示边 (v_i, v_j) 的总容量、流量、代价。若网络内有目标流限制，则设分配目标流的流值为 A，f_A 为流值为 A 的网络流，即 Val $f = A$。

以上给出的交通网络描述，是针对单一品种流网络的。实际交通网络中，多品种流现象普遍存在，尤其是同一个阶段不同品种流，容量有差异的同时，运送代价也可能不尽相同。下面对容量有差异并且运送代价有差异的多品种流交通网络的特点进行分析。

设 r 为 q 个多品种中的第 r 个品种，其中 $r = 1, 2, \cdots, q$。f_{ijr} 为第 r 个品种

在边 (v_i,v_j) 上的流量，$f^+(v_{ir})$ 表示顶点 v_i 发出第 r 个品种的流量，$f^-(v_{ir})$ 表示顶点 v_i 接收第 r 个品种的流量。c_{ijr} 为第 r 个品种在边 (v_i,v_j) 上的限制容量，f_{ijr} 为第 r 个品种在边 (v_i,v_j) 上分配的流量，w_{ijr} 为第 r 个品种在边 (v_i,v_j) 上的运送代价。最重要的是，边 (v_i,v_j) 要遵从容量约束条件，即所有品种的流量之和要小于该边的容量；另外，所有中间点 v_i 都要遵从流量守恒条件，而这里所谓的流量守恒是：既要保证所有品种的流量总和守恒，也要保证每一个单一品种的分量之和守恒，则有：

$$\sum_{r=1}^{q} f^+(v_{ir}) = \sum_{r=1}^{q} f^-(v_{ir}), \quad f^+(v_{ir}) = f^-(v_{ir})。$$

基于以上分析，容量有差异而且运送代价也有差异的多品种流交通网络最小代价流的线性规划模型如式（13.1）所示。针对模型（13.1）所刻画的多品种流交通网络，需要设计特定的最小代价流分配算法。

$$\min\ z = \sum\sum_{r=1}^{q} f_{ijr} w_{ijr},$$

$$\text{s.t.}\begin{cases} 0 \leqslant \sum_{r=1}^{q} f_{ijr} \leqslant c_{ij}, & \text{（容量与流量约束条件）}\\ 0 \leqslant f_{ijr} \leqslant c_{ijr}, & \text{（分品种流量约束条件）}\\ \sum_{r=1}^{q} c_{ijr} = c_{ij}, & \text{（分品种容量守恒条件）}\\ \sum_{r=1}^{q} f^+(v_{ir}) = \sum_{r=1}^{q} f^-(v_{ir}), & \text{（总流量守恒条件）}\\ f^+(v_{ir}) = f^-(v_{ir}), & \text{（分品种顶点流量守恒条件）}\\ f_{ij} = \sum_{r=1}^{q} f_{ijr}, & \text{（边流量守恒条件）}\\ \sum f^+(x_i) = \sum f^-(y_i) \leqslant A。 & \text{（目标流限制条件）} \end{cases} \quad (13.1)$$

13.2 算法设计

1. 复合参数

在单一品种流交通网络中，边 (v_i,v_j) 的属性参数为 (c_{ij}, f_{ij}, w_{ij})。针对容量有差异而且运送代价也有差异的多品种流交通网络，需要把边 (v_i,v_j) 的属性设计为复合参数形式。

基于上述多品种流交通网络的特性分析，边属性的复合参数形式设定如下：$(c_{ij}(c_{ij1},\cdots,c_{ijr},\cdots,c_{ijq}), f_{ij}(f_{ij1},\cdots,f_{ijr},\cdots,f_{ijq}), w_{ij}(w_{ij1},\cdots,w_{ijr},\cdots,w_{ijq}))$。

2. 复合指标

在连续最短路算法中，顶点 v_j 的指标为 $(l(v_j), v_i)$，其中 $l(v_j)$ 表示从源经过顶点 v_i 到顶点 v_j 关于代价的最短路长度，v_i 表示 v_j 的前一个顶点。在 Ford-Fulkerson 算法中，针对流量调整，顶点 v_j 的指标为 $(u, 边的方向, \delta)$，其中 u 表示被标识点 v_j 的前一个顶点；边的方向通过"+"或"-"来标识是前向边还是后向边；δ 表示流量的调整量。

针对容量有差异而且运送代价也有差异的多品种流交通网络，既要考虑最短路指标和流量调整指标，还要考虑多品种容量有差异以及运送代价也有差异的问题，所以构建复合指标的形式为 $[\cdots, (l^r(v_j), v_i, 边的方向, \delta_r, \cdots)]|(m, \delta)$，其中 $l^r(v_j)$ 表示第 r 个品种从源经过前一个顶点 v_i 到顶点 v_j 关于运送代价的最短路长度；v_i 表示顶点 v_j 的前一个顶点；"边的方向"表明边 (v_i, v_j) 是前向边还是后向边，即 (v_i, v_j) 流量是应该增加还是应该减少；δ_r 表示关于第 r 个品种最短路所对应的流量调整量；m 表示在所有品种的最短路径中，其路径长度最小所对应的品种；δ 表示第 m 个品种的流量调整量，即有 $\delta=\delta_m$。

3. 算法规则

（1）**最短路寻找规则**。

规则 1：若边 (v_i, v_j) 为前向边且 $f_{ij}<c_{ij}$ 时，该边能够成为增流链中总流量只能增加的边，判断各品种是否可增流的方法为：

① $f_{ijr}=c_{ijr}$，第 r 个品种的流量不能增加；

② $f_{ijr}<c_{ijr}$，第 r 个品种的流量可以增加，此时需要计算第 r 个品种最短路径的长度 $l^r(v_j)=\min\{l^r(v_j), l^r(v_i)+W_{ijr}\}$ 及该路径的调整量 δ_r。

规则 2：若边 (v_i, v_j) 为后向边且 $f_{ij}>0$ 时，该边能够成为增流链中总流量只能减小的边，判断各品种是否可增流的方法为：

① $f_{ijr}=0$，第 r 个品种的流量不能减小；

② $f_{ijr}>0$，第 r 个品种的流量可以减小，此时需要计算第 r 个品种最短路径的长度 $l^r(v_j)=\min\{l^r(v_j), l^r(v_i)-W_{ijr}\}$ 及该路径的调整量 δ_r。

（2）**调整量确定规则**。

规则 3：若边 (v_i, v_j) 为前向边且第 r 个品种可增流，确定调整量的规则如下：

$$\begin{cases} v_i \in X, \ v_j \in V : \delta_r = \min\{c_{ijr} - f_{ijr}, s_i^r, \delta_r\} \\ v_i \in X, \ v_j \in Y : \delta_r = \min\{c_{ijr} - f_{ijr}, s_i^r, t_j^r, \delta_r\} \\ v_i \in V, \ v_j \in V : \delta_r = \min\{c_{ijr} - f_{ijr}, \delta_r\} \\ v_i \in V, \ v_j \in Y : \delta_r = \min\{c_{ijr} - f_{ijr}, t_j^r, \delta_r\} \\ i = 1, 2, \cdots, n; \ j = 1, 2, \cdots, n; \ r = 1, 2, \cdots, q。 \end{cases} \quad (13.2)$$

规则 4：若边 (v_i, v_j) 为后向边且第 r 个品种可增流，确定调整量的规则如下（但此时 v_i 不能属于源集合且 v_j 不能为汇集合）：

$$\begin{cases} v_i \in V, \ v_j \in V : \delta_r = \min\{f_{ij}, f_{ijr}, \delta_r\} \\ i = 1, 2, \cdots, n; \ j = 1, 2, \cdots, n; \ r = 1, 2, \cdots, q。 \end{cases} \quad (13.3)$$

（3）调整流量规则。

规则 5：若 (v_i, v_j) 为前向边，其复合参数的数值需要修改为：
$(c_{ij}(c_{ij1}, \cdots, c_{ijr}, \cdots, c_{ijq}), f_{ij} + \delta(f_{ij1} + \delta_1, \cdots, f_{ijr} + \delta_r, \cdots, f_{ijq} + \delta_q), w_{ij}(w_{ij1}, \cdots, w_{ijr}, \cdots, w_{ijq}))$；

规则 6：若 (v_i, v_j) 为后向边，其复合参数的数值需要修改为：
$(c_{ij}(c_{ij1}, \cdots, c_{ijr}, \cdots, c_{ijq}), f_{ij} - \delta(f_{ij1} - \delta_1, \cdots, f_{ijr} - \delta_r, \cdots, f_{ijq} - \delta_q), w_{ij}(w_{ij1}, \cdots, w_{ijr}, \cdots, w_{ijq}))$。

针对本算法过程，需要说明的是：应首先将所有源 x_i 检查完之后再检查非源的顶点，而对于 x_i 的检查顺序不影响结果。在计算边 (v_i, v_j) 的 δ_r 时，找出点 v_i 复合指标中第 r 个品种的 δ_r，作为计算 v_j 点复合指标的 δ_r 限制。另外，在每次循环的流量调整后，将源的剩余量 $s_i^r = s_i^r - f^+(x_{ir})$ 和汇的剩余量 $t_i^r = t_i^r - f^-(y_{jr})$ 进行计算后直接反映在状态图中。

13.3 算法步骤

1. 初始化过程

第一步：设源 $X = \{x_1, \cdots, x_i, \cdots, x_n\}$，顶点 $V = \{v_1, \cdots, v_i, \cdots, v_n\}$，汇 $Y = \{y_1, \cdots, y_i, \cdots, y_n\}$。设源 x_i 具有第 r 个品种的数量为 s_i^r，汇 y_i 需要第 r 个品种的数量为 t_i^r。设 $\delta_r = +\infty$。设集合 $S = \varnothing$，集合 $T = \{x_1, \cdots, x_i, \cdots, x_n, v_1, \cdots, v_i, \cdots, v_n, y_1, \cdots, y_i, \cdots, y_n\}$。

第二步：对容量有差异并且运送代价有差异的多品种流交通网络，在平凡流基础上，利用给出的容量、代价，把边的属性设为复合参数形式，即 $(c_{ij}(c_{ij1}, \cdots, c_{ijr}, \cdots, c_{ijq}), f_{ij}(f_{ij1}, \cdots, f_{ijr}, \cdots, f_{ijq}), w_{ij}(w_{ij1}, \cdots, w_{ijr}, \cdots, w_{ijq}))$，此时初始流量

均为 $0\{0,\cdots,0,\cdots,0\}$，即 $\text{Val} f = 0$。

第三步：设 $l^r(x_i) = 0$，初始化各源 x_i 的复合指标 $[(0,0,+,+\infty),\cdots,(0,0,+,+\infty)\cdots,(0,0,+,+\infty)]|(0,+\infty)$ 及其余顶点的复合指标 $[(+\infty,0,0,+\infty),\cdots,(+\infty,0,0,+\infty),\cdots,(+\infty,0,0,+\infty)]|(0,+\infty)$。

2. 寻找代价最低的增流链过程

第四步：选择源 x_i 进行检查，将源 x_i 复合指标标上 *，表示该顶点已被检查，同时设集合 $S = \{x_i\}$，$x_i \notin T$。

第五步：若 x_i 与其他顶点没有直接连线，其他顶点的复合指标保持不变；若有直接连线，则根据规则 1、2 计算其他顶点复合指标的数值。方法如下：

（1）若 $f_{ij} = c_{ij}$，

此时总流量不能增加，即边 (x_i, v_j) 不能成为增流链中的边，即关于任何品种的最短路不能经过该边，需要保持顶点 v_j 的复合指标不变。

（2）若 $f_{ij} < c_{ij}$，

此时总流量可以增加，即边 (x_i, v_j) 可以成为增流链中的边，但针对第 r 个品种的最短路是否能够经过该边，需要如下判断：

① $f_{ijr} = c_{ijr}$，

此时第 r 个品种的流量不能增加，则第 r 个品种的最短路就不能经过该边，顶点 v_j 的复合指标的第 r 项保持不变。

② $f_{ijr} < c_{ijr}$，

此时第 r 个品种的流量可以增加，则第 r 个品种的最短路可以经过该边，复合指标中各指标的计算方法如下：

设 $l^r(v_j) = \min\{l^r(v_j), l^r(x_i) + W_{ijr}\}$，有：

- 若 $l^r(v_j)$ 值来自第一项 $l^r(v_j)$，则 v_j 复合指标中第一项第 r 个子指标组保持不变。
- 若 $l^r(v_j)$ 值来自第二项 $l^r(x_i) + W_{ijr}$：当 $v_j \in V$ 时，$\delta_r = \min\{c_{ij} - f_{ij}, s_j^r, \delta_r\}$；当 $v_j \in Y$，且 $s_j^r = 0$ 或 $t_j^r = 0$ 时，顶点 v_j 复合指标中第一复合项第 r 个子指标组保持不变，否则 $\delta_r = \min\{c_{ijr} - f_{ijr}, s_j^r, t_j^r, \delta_r\}$，此时将顶点 v_j 复合指标中第一复合项第 r 个子指标组修改为 $(l^r(v_j), x_i, +, \delta_r)$。计算 v_j 复合指标的第二项，即计算 (m, δ)：$l^m(v_j) = \min\{(l^1(v_j)),\cdots,(l^r(v_j)),\cdots,(l^q(v_j))\}$，$\delta = \{\delta_m, A - \text{Val} f\}$，则其为目前所计算出的 (m, δ)。

第六步：计算 $l^m(v_j)^* = \min\{(l^m(v_j))$，其中 $j = 1, 2, \cdots, n; v_j \notin S\}$。将 v_j 标上 *，表示 v_j 已被检查，设集合 $S = \{x_i, \cdots, v_j\}, v_j \notin T$。当 $v_j \in Y$ 时，转第九步。

第七步：从顶点 v_j 出发，求其他顶点 v_k 的复合指标。若顶点 v_j 与顶点 v_k 没有直接连线，顶点 v_k 的复合指标保持不变，否则根据规则 1、2 计算顶点 v_k 的复合指标值。方法如下：

（1）(v_j, v_k) 为前向边。

① 若 $f_{jk} = c_{jk}$，

此时总流量不能增加，即边 (v_j, v_k) 不能成为增流链中的边，即关于任何品种流的最短路不能经过该边，需要保持顶点 v_k 的复合指标不变。

② 若 $f_{jk} < c_{jk}$，

此时总流量可以增加，即边 (v_j, v_k) 可以成为增流链中的边，但针对第 r 个品种流的最短路是否能够经过该边，需要如下判断：

a. $f_{jkr} = c_{jkr}$，

此时第 r 个品种的流量不能增加，则第 r 个品种的最短路就不能经过该边，顶点 v_k 的复合指标的第 r 项保持不变。

b. $f_{jkr} < c_{jkr}$，

此时第 r 个品种的流量可以增加，则第 r 个品种的最短路可以经过该边。根据规则 3 计算复合指标中的各个项，方法如下：

设 $l^r(v_k) = \min\{l^r(v_k), l^r(v_j) + W_{jkr}\}$，有：

- 如果 $l^r(v_k)$ 值来自第一项 $l^r(v_k)$，那么顶点 v_k 复合指标中第一复合项关于第 r 个品种的第 r 个子指标组保持不变。

- 如果 $l^r(v_k)$ 值来自第二项 $l^r(v_j) + W_{jkr}$：当 $v_k \in V$ 时，$\delta_r = \min\{c_{jkr} - f_{jkr}, \delta_r\}$；当 $v_k \in Y$，且 $t_k^r = 0$ 时，顶点 v_k 复合指标中第一复合项第 r 个子指标组保持不变，否则 $\delta_r = \min\{c_{jkr} - f_{jkr}, t_k^r, \delta_r\}$，此时将顶点 v_k 复合指标中第一复合项第 r 个子指标组修改为 $(l^r(v_k), v_j, +, \delta_r)$。计算 v_k 复合指标的第二项指标，即 (m, δ)：$l^m(v_k) = \min\{(l^1(v_k)), \cdots, (l^r(v_k)), \cdots, (l^q(v_k))\}$，$\delta = \{\delta_m, A - \text{Val}f\}$，则修改顶点 v_k 复合指标中的第二复合项指标为目前所计算出的 (m, δ)。

（2）(v_j, v_k) 为后向边。

① 若 $f_{jk} = 0$，

此时总流量不能减少，即边 (v_j, v_k) 不能成为增流链中的边，即关于任何品种流的最短路不能经过该边，需要保持顶点 v_k 的复合指标不变。

② 若 $f_{jk} > 0$，

此时总流量可以减少，即边 (v_j, v_k) 可以成为增流链中的边，但针对第 r 个品种流的最短路是否能够经过该边，需要如下判断：

a. $f_{jkr} = 0$,

此时第 r 个品种的流量不能减少,则第 r 个品种的最短路就不能经过该边,顶点 v_k 的复合指标的第 r 项保持不变。

b. $f_{jkr} > 0$,

此时第 r 个品种的流量可以减少,则第 r 个品种的最短路可以经过该边。根据规则 4 计算复合指标中的各个指标,方法如下:

设 $l^r(v_k) = \min\{l^r(v_k), l^r(v_j) - W_{jkr}\}$,有:

- 如果 $l^r(v_k)$ 值来自第一项 $l^r(v_k)$,那么顶点 v_k 复合指标中第一复合项关于第 r 个品种的第 r 个子指标组保持不变。
- 如果 $l^r(v_k)$ 值来自第二项 $l^r(v_j) - W_{jkr}$,且 $v_k \in V$ 时,$\delta_r = \min\{c_{ijr} - f_{ijr}, \delta_r\}$,此时,将顶点 v_k 复合指标中第一复合项第 r 个子指标组修改为 $(l^r(v_k), v_j, -, \delta_r)$。计算 v_k 复合指标的第二项指标,即计算 (m, δ):$l^m(v_k) = \min\{(l^1(v_k)), \cdots, (l^r(v_k)), \cdots, (l^q(v_k))\}, \delta = \{\delta_m, A\text{-Val } f\}$,则修改顶点 v_k 复合指标中的第二复合项指标为目前所计算出的 (m, δ)。

第八步:针对顶点 v_k,计算 $l^m(v_k)^* = \min\{l^m(v_k); 其中 j = 1, 2, \cdots, n; v_k \notin S\}$。将顶点 v_k 复合指标标上 *,表示顶点 v_k 已被检查或将要被检查,设集合 $S = \{x_i, \cdots, v_k\}$,$v_k \notin T$。当 $v_k \in V$ 时,另 $v_j = v_k$,转第七步;当 $v_k \in Y$ 时,转第九步。

3. 流量调整过程

第九步:当 $y_i \subseteq S$ 时,说明已找到关于品种 m 的运送代价最短路,此时自汇 y_i 逆向追踪,沿着每个顶点复合指标中第一项第 m 个子指标组的 v_i,即可得出关于品种 m 的最短路,路长为 $l^m(y_i)$,流量调整量为 δ。按照规则 5、规则 6 修改复合参数的数值,从而将最短路中前向边的复合参数修改为:$(c_{ij}(c_{ij1}, \cdots, c_{ijr}, \cdots, c_{ijq}), f_{ij} + \delta(f_{ij1} + \delta_1, \cdots, f_{ijr} + \delta_r, \cdots, f_{ijq} + \delta_q), w_{ij}(w_{ij1}, \cdots, w_{ijr}, \cdots, w_{ijq}))$,将后向边的复合参数修改为:$(c_{ij}(c_{ij1}, \cdots, c_{ijr}, \cdots, c_{ijq}), f_{ij} - \delta(f_{ij1} - \delta_1, \cdots, f_{ijr} - \delta_r, \cdots, f_{ijq} - \delta_q), w_{ij}(w_{ij1}, \cdots, w_{ijr}, \cdots, w_{ijq}))$。

同时,计算所有源的剩余量 $s_i^r = s_i^r - f^+(x_{ir})$ 和汇的剩余量 $t_j^r = t_j^r - f^-(y_{jr})$。

第十步:转到第三步,反复进行,直到找不到关于运送代价最低的增流链为止。

13.4 算法示例

最小代价最大流是最小代价流的一种情况,即最小代价最大流的目标流是最大流的流值,只需将本章算法中第 m 个品种的流量调整量 $\delta = \{\delta_m, A\text{-Val } f\}$

中的 A-Val f 去掉即可。

下面利用引例 13.1 的求解过程来验证本章算法。鉴于图所显示的空间所限,图中不标出复合指标以及代价 ($w_{ij1}, \cdots, w_{ijr}, \cdots, w_{ijq}$),复合指标通过表的形式体现。

第一步:设集合 $S = \emptyset$,集合 $T = \{x_1, x_2, v_1, v_2, v_3, y_1, y_2, y_3\}$。此时初始流量 $f_{ij}(f_{ij1}, \cdots, f_{ijr}, \cdots, f_{ijq})$ 均为 $0(0, \cdots, 0, \cdots, 0)$。此问题涉及 Ⅰ、Ⅱ、Ⅲ 三个品种,这里用 1、2、3 序号来标识。

第二步:对源 x_i 均赋予复合指标 $[(0, 0, +, +\infty), (0, 0, +, +\infty), (0, 0, +, +\infty)]|(0, +\infty)$;对其余各顶点均赋予复合指标 $[(+\infty, 0, 0, +\infty), (+\infty, 0, 0, +\infty), (+\infty, 0, 0, +\infty)]|(0, +\infty)$。图 13.2 为经过几次流量调整以后的某一过程状态图。

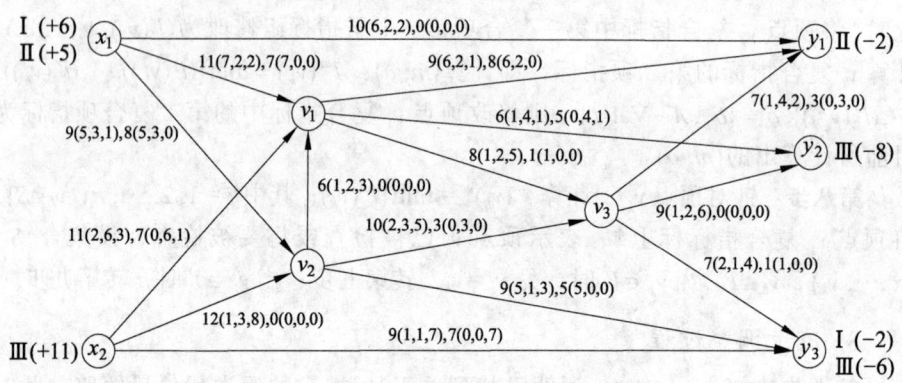

图 13.2 某一过程流量调整后的状态图

第三步:对图 13.2 继续寻找关于运送代价最低的增流链。表 13.2 为分别从源 x_1、x_2 出发计算得出的复合指标计算结果表(此计算过程省略)。

表 13.2 复合指标结果表

x_1	$[(0, 0, +, +\infty), (0, 0, +, +\infty), (+\infty, 0, +, +\infty)]|(0, +\infty)^*$
x_2	$[(+\infty, 0, +, +\infty), (0, 0, +, +\infty), (0, 0, +, +\infty)]|(0, +\infty)^*$
v_1	$[(+\infty, 0, 0, +\infty), (8, x_1, +, 2), (9, x_2, +, 2)]|(2, 2)$
v_2	$[(+\infty, 0, 0, +\infty), (+\infty, 0, 0, +\infty), (8, x_2, +, 8)]|(3, 8)$
v_3	$[(+\infty, 0, 0, +\infty), (+\infty, 0, 0, +\infty), (+\infty, 0, 0, +\infty)]|(0, +\infty)$
y_1	$[(+\infty, 0, 0, +\infty), (18, x_1, +, 2), (+\infty, 0, 0, +\infty)]|(2, 2)$
y_2	$[(+\infty, 0, 0, +\infty), (+\infty, 0, 0, +\infty), (+\infty, 0, 0, +\infty)]|(0, +\infty)$
y_3	$[(+\infty, 0, 0, +\infty), (+\infty, 0, 0, +\infty), (+\infty, 0, 0, +\infty)]|(0, +\infty)$

第 13 章 容量有差异运送代价有差异的多品种流交通网络应用优化方法 // 181

针对表 13.2，取 $l^m(v_j)^* = \min\{l^m(v_j); v_j \notin S\} = \min\{8, 8, 18\} = 8 = l^2(v_1)^* = l^3(v_1)^*$，可任意选择 v_1 或 v_2，这里由于 v_2 的可调整量更大，取顶点 v_2 的指标标记*。此时 $S = \{x_1, x_2, v_2\}$，集合 $T = \{v_1, v_3, y_1, y_2, y_3\}$。

从顶点 v_2 出发，继续求复合指标，顶点 v_2 与顶点 v_1、v_3、y_3 有直接连线，需计算这三个顶点的复合指标，其余顶点暂时保持不变。

（1）(v_2, v_1) 为前向边，此时 $f_{21} < c_{21}$，表示该边可增流：

① $f_{211} < c_{211}$，表示该边可对品种 I 增流：

$l^1(v_1) = \min\{l^1(v_1), l^1(v_2) + W_{211}\} = \min\{+\infty, (+\infty) + 8\} = +\infty$，$l^1(v_1)$ 值来自第一项，指标不变；

② $f_{212} < c_{212}$，表示该边可对品种 II 增流：

$l^2(v_1) = \min\{l^2(v_1), l^2(v_2) + W_{212}\} = \min\{8, (+\infty) + 7\} = 8$，$l^2(v_1)$ 值来自第一项，指标不变；

③ $f_{213} < c_{213}$，表示该边可对品种 III 增流：

$l^3(v_1) = \min\{l^3(v_1), l^3(v_2) + W_{213}\} = \min\{9, 8+8\} = 9$，$l^3(v_1)$ 值来自第一项，指标不变。

（2）(v_2, v_3) 为前向边，此时 $f_{23} < c_{23}$，表示该边可增流：

① $f_{231} < c_{231}$，表示该边可对品种 I 增流：

$l^1(v_3) = \min\{l^1(v_3), l^1(v_2) + W_{231}\} = \min\{+\infty, (+\infty) + 9\} = +\infty$，$l^1(v_3)$ 值来自第一项，故指标不变；

② $f_{232} = c_{232}$，表示该边不能再运送品种 II，故指标不变；

③ $f_{233} < c_{233}$，表示该边可对品种 III 增流：

$l^3(v_3) = \min\{l^3(v_3), l^3(v_2) + W_{233}\} = \min\{+\infty, 8+6\} = 14$，$l^3(v_3)$ 值来自第二项，故流量调整量 $\delta_3 = \min\{c_{233} - f_{233}, \delta_3\} = \min\{5-0, 8\} = 5$，此时将顶点 v_3 复合指标中关于第 III 个品种的子指标组修改为 $(14, v_2, +, 5)$。

（3）(v_2, y_3) 为前向边，此时 $f_{23} < c_{23}$，表示该边可增流：

① $f_{231} = c_{231}$，表示该边不能再运送品种 I，故指标不变；

② $f_{232} < c_{232}$，表示该边可对品种 II 增流，但汇 y_3 有 $t_3^2 = 0$，故指标不变；

③ $f_{233} < c_{233}$，表示该边可对品种 III 增流：

$l^3(y_3) = \min\{l^3(y_3), l^3(v_2) + W_{233}\} = \min\{+\infty, 8+9\} = 17$，$l^3(y_3)$ 值来自第二项，故流量调整量 $\delta_3 = \min\{c_{233} - f_{233}, t_3^3, \delta_3\} = \min\{3-0, 6, 8\} = 3$，此时将顶点 y_3 复合指标中关于第 III 个品种的子指标组修改为 $(17, v_2, +, 3)$。至此，顶点 v_2 检查结束，修改后的复合指标结果如表 13.3 所示。

表 13.3 复合指标结果表

x_1	$[(0, 0, +, +\infty), (0, 0, +, +\infty), (+\infty, 0, +, +\infty)]\|(0, +\infty)*$
x_2	$[(+\infty, 0, +, +\infty), (0, 0, +, +\infty), (0, 0, +, +\infty)]\|(0, +\infty)*$
v_1	$[(+\infty, 0, 0, +\infty), (8, x_1, +, 2), (9, x_2, +, 2)]\|(2, 2)$
v_2	$[(+\infty, 0, 0, +\infty), (+\infty, 0, 0, +\infty), (8, x_2, +, 8)]\|(3, 8)*$
v_3	$[(+\infty, 0, 0, +\infty), (+\infty, 0, 0, +\infty), (14, v_2, +, 5)]\|(3, 5)$
y_1	$[(+\infty, 0, 0, +\infty), (18, x_1, +, 2), (+\infty, 0, 0, +\infty)]\|(2, 2)$
y_2	$[(+\infty, 0, 0, +\infty), (+\infty, 0, 0, +\infty), (+\infty, 0, 0, +\infty)]\|(0, +\infty)$
y_3	$[(+\infty, 0, 0, +\infty), (+\infty, 0, 0, +\infty), (17, v_2, +, 3)]\|(3, 3)$

针对表 13.3 中未标识顶点取 $l^m(v_j)* = \min\{l^m(v_j); v_j \notin S\} = \min\{8, 14, 18, 17\} = 8 = l^2(v_1)*$，将表 13.3 中顶点 v_1 的指标标记*。此时 $S = \{x_1, x_2, v_1, v_2\}$，集合 $T = \{v_3, y_1, y_2, y_3\}$。与顶点 v_1 直接连线的有 y_1、y_2、v_3，计算其复合指标（此计算过程省略）。修改后的复合指标结果如表 13.4 所示。

表 13.4 复合指标结果表

x_1	$[(0, 0, +, +\infty), (0, 0, +, +\infty), (+\infty, 0, +, +\infty)]\|(0, +\infty)*$
x_2	$[(+\infty, 0, +, +\infty), (0, 0, +, +\infty), (0, 0, +, +\infty)]\|(0, +\infty)*$
v_1	$[(+\infty, 0, 0, +\infty), (8, x_1, +, 2), (9, x_2, +, 2)]\|(2, 2)*$
v_2	$[(+\infty, 0, 0, +\infty), (+\infty, 0, 0, +\infty), (8, x_2, +, 8)]\|(3, 8)*$
v_3	$[(+\infty, 0, 0, +\infty), (13, v_1, +, 2), (14, v_2, +, 5)]\|(2, 2)$
y_1	$[(+\infty, 0, 0, +\infty), (18, x_1, +, 2), (+\infty, 0, 0, +\infty)]\|(2, 2)$
y_2	$[(+\infty, 0, 0, +\infty), (+\infty, 0, 0, +\infty), (+\infty, 0, 0, +\infty)]\|(0, +\infty)$
y_3	$[(+\infty, 0, 0, +\infty), (+\infty, 0, 0, +\infty), (17, v_2, +, 3)]\|(3, 3)$

继续对没有标号的顶点取 $l^m(v_j)* = \min\{l^m(v_j); v_j \notin S\} = \min\{13, 18, 17\} = 13 = l^2(v_3)*$，将顶点 v_3 的指标标记*。此时 $S = \{x_1, x_2, v_1, v_2, v_3\}$，集合 $T = \{y_1, y_2, y_3\}$。与顶点 v_3 直接连线的有 y_1、y_2、y_3，计算这三个顶点的复合指标即可，其余顶点暂时保持不变，详细计算过程如下。

（1）(v_3, y_1) 为前向边，此时 $f_{31} < c_{31}$，表示该边可增流：

① $f_{311} < c_{311}$，表示该边可对品种 Ⅰ 增流，但汇 y_1 此时有 $t_1^1 = 0$，故指标不变；

② $f_{312} < c_{312}$，表示该边可对品种 Ⅱ 增流：

$l^2(y_1) = \min\{l^2(y_1), l^2(v_3)+W_{312}\} = \min\{18, 13+4\} = 17$, $l^2(y_1)$值来自第二项，故流量调整量 $\delta_2 = \min\{c_{312}-f_{312}, \delta_2\} = \min\{4-3, 2\} = 1$，此时将顶点 y_1 复合指标中关于第Ⅱ个品种的子指标组修改为$(17, v_3, +, 1)$；

③$f_{313}<c_{313}$，表示该边可对品种Ⅲ增流，但汇 y_1 此时有 $t_1^3 = 0$，故指标不变。

（2）(v_3, y_2)为前向边，此时 $f_{32}<c_{32}$，表示该边可增流：

①$f_{321}<c_{321}$，表示该边可对品种Ⅰ增流，但汇 y_2 有 $t_2^1 = 0$，故指标不变；

②$f_{322}<c_{322}$，表示该边可对品种Ⅱ增流，但汇 y_2 此时有 $t_2^2 = 0$，故指标不变；

③$f_{323}<c_{323}$，表示该边可对品种Ⅲ增流：

$l^3(y_2) = \min\{l^3(y_2), l^3(v_3)+W_{323}\} = \min\{+\infty, 14+5\} = 19$，$l^3(y_2)$值来自第二项，因此流量调整量 $\delta_3 = \min\{c_{323}-f_{323}, t_2^3, \delta_3\} = \min\{6-0, 8, 5\} = 5$，此时将顶点 y_2 复合指标中关于第Ⅲ个品种的子指标组修改为$(19, v_3, +, 5)$。

（3）(v_3, y_3)为前向边，此时 $f_{33}<c_{33}$，表示该边可增流：

①$f_{331}<c_{331}$，表示该边可对品种Ⅰ增流：

$l^1(y_3) = \min\{l^1(y_3), l^1(v_3)+W_{331}\} = \min\{+\infty, (+\infty)+5\} = +\infty$，$l^1(y_3)$值来自第一项，故指标不变；

②$f_{332}<c_{332}$，表示该边可对品种Ⅱ增流，但汇 y_3 有 $t_3^2 = 0$，故指标不变；

③$f_{333}<c_{333}$，表示该边可对品种Ⅲ增流：

$l^3(y_3) = \min\{l^3(y_3), l^3(v_3)+W_{333}\} = \min\{17, 14+6\} = 17$，$l^3(y_3)$值来自第一项，故指标不变。整理后复合指标结果如表 13.5。

表 13.5 复合指标结果表

x_1	$[(0, 0, +, +\infty), (0, 0, +, +\infty), (+\infty, 0, +, +\infty)]\|(0, +\infty)*$
x_2	$[(+\infty, 0, +, +\infty), (0, 0, +, +\infty), (0, 0, +, +\infty)]\|(0, +\infty)*$
v_1	$[(+\infty, 0, 0, +\infty), (8, x_1, +, 2), (9, x_2, +, 2)]\|(2, 2)*$
v_2	$[(+\infty, 0, 0, +\infty), (+\infty, 0, 0, +\infty), (8, x_2, +, 8)]\|(3, 8)*$
v_3	$[(+\infty, 0, 0, +\infty), (13, v_1, +, 2), (14, v_2, +, 5)]\|(2, 2)*$
y_1	$[(+\infty, 0, 0, +\infty), (17, v_3, +, 1), (+\infty, 0, 0, +\infty)]\|(2, 1)$
y_2	$[(+\infty, 0, 0, +\infty), (+\infty, 0, 0, +\infty), (19, v_3, +, 5)]\|(3, 5)$
y_3	$[(+\infty, 0, 0, +\infty), (+\infty, 0, 0, +\infty), (17, v_2, +, 3)]\|(3, 3)$

第四步：剩下点 y_1、y_2、y_3，针对表 13.5，取 $l^m(v_j)* = \min\{l^m(v_j); v_j \notin S\} = \min\{17, 19, 17\} = 17 = l^2(y_1)* = l^3(y_3)*$。将表 13.5 中顶点 y_1 和 y_3 的指标均标记*，此时 $S = \{x_1, x_2, v_1, v_2, v_3, y_1, y_3\}$，集合 $T = \{y_2\}$。出现 y_1、$y_3 \subseteq S$ 情况，说明已

经找到关于品种Ⅰ和Ⅲ的运送代价最低的增流链。

自汇 y_1 找第一条增流链，沿着该顶点复合指标中第一复合项的第 2 个子指标组逆向追踪，可得出关于品种Ⅱ的最短路为 $x_1 \rightarrow v_1 \rightarrow v_3 \rightarrow y_1$，路长为 17，流量调整量为 1。同时，自汇 y_3 找第二条增流链，沿着该顶点复合指标中第一复合项的第 3 个子指标组逆向追踪，可得出关于品种Ⅲ的最短路为 $x_2 \rightarrow v_2 \rightarrow y_3$，路长为 17，流量调整量为 3。同时，将所有源的剩余量 $s_i^r = s_i^r - f^+(x_{ir})$ 和汇的剩余量 $t_j^r = t_j^r - f^-(y_{jr})$ 计算出。图 13.3 为增流后的网络状态图。

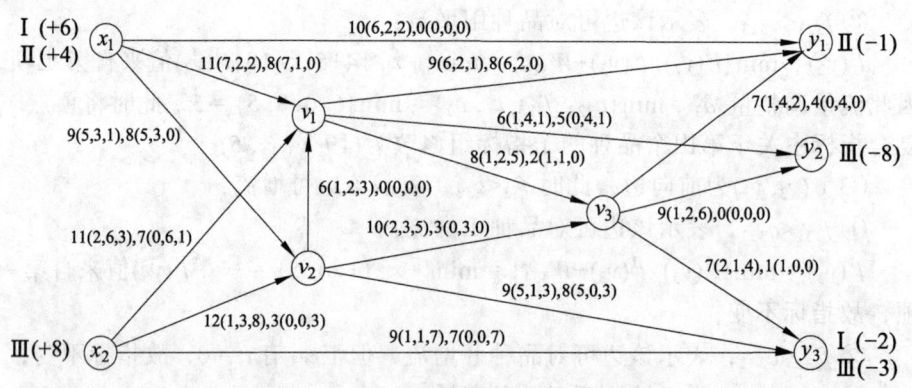

图 13.3 第一次增流后的网络状态图

第五步：至此，完成两条增流链的增流，返回第二步，针对图 13.3 继续寻找关于运送代价最低的增流链，直到网络中找不到可增流链为止。余下过程省略，最终的最小代价最大流分配结果如图 13.4 所示。

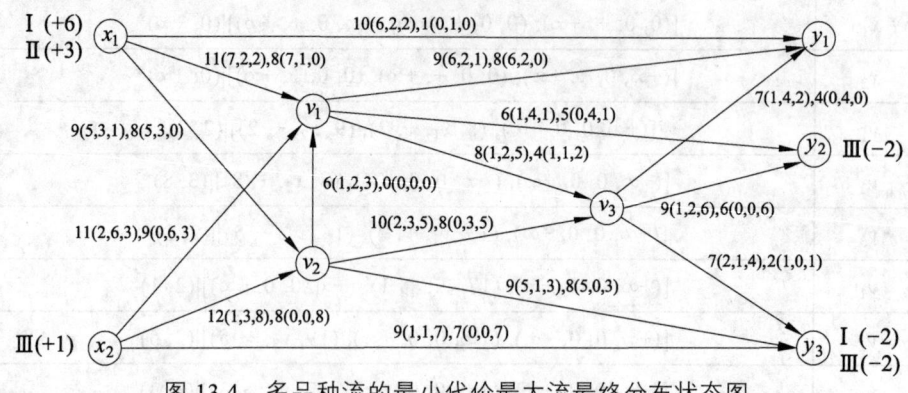

图 13.4 多品种流的最小代价最大流最终分布状态图

可以看出，源 x_1 剩余量较多，起点 x_2 仅剩余少量品种Ⅲ，终点 y_1 需求全部满足，y_2 和 y_3 需求没有满足。把该引例的最后方案以及各个品种的具体方案汇总到表 13.6 中。

表 13.6 最小代价最大流具体分配方案

发送点\品种	I	II	III	源发出量	接收点\品种	I	II	III	汇接收量
x_1	12	5	—	17	y_1	6	7	—	13
x_2	—	6	18	24	y_2	—	4	7	11
					y_3	—	6	11	17
品种分量Σ	13	11	18	—	品种分量Σ	13	11	18	—
发出总量Σ	41	41	41	41	发出总量Σ	41	41	41	41
运送代价 W	品种 I 代价 W_I			$W_I = 7*3+5*6+6*9+1*4+5*7+1*5 = 149$					
	品种 II 代价 W_{II}			$W_{II} = 7*3+1*8+3*4+6*6+2*8+4*6+1*5+3*8+4*4 = 159$					
	品种 III 代价 W_{III}			$W_{III} = 3*9+8*8+7*16+1*5+2*8+5*6+3*9+6*5+1*6 = 317$					
	总代价 W			$W = W_I + W_{II} + W_{III} = 625$					

13.5 结论

在交通运输领域，容量有差异而且运送路径也有差异的多品种流交通网络问题普遍存在，但针对此类问题的研究还没有文献出现。本章以连续最短路算法和 Ford-Fulkerson 算法为核心思想，针对容量有差异而且运送路径也有差异的多品种流交通网络的特性，设计了一系列规则，构建了复合参数和复合指标，从而解决了容量有差异而且运送路径也有差异的多品种流交通网络最小代价流分配问题。

第 14 章 多品种流交通网络应用优化示例

本章两个交通领域的示例具有多品种流现象，需要运用基于多品种流交通网络应用优化方法来解决。针对这两个示例，本章只给出了相应的研究思路以及需要研究的内容等，没有给出具体的研究过程，对此需要在成熟、系统的多品种流交通网络应用优化理论基础之上，进行深入系统的研究。

14.1 交通网络预分流理论及其在交通感应网与电子车牌协调环境下的应用优化

基于网络图、优化理论等研究成果，针对交通网络设定道路交通量与道路通行能力比值作为交通量饱和度，构造基于时序的交通量饱和度波动模型，利用该模型分析路段交通量饱和度波动的状态和趋势，从而推断道路趋于拥堵的态势；对路段交通量按照流向划分构成，建立不同流向的构成对路段交通量饱和度的影响度模型；构造分流代价最低、对绕行路径交通量饱和度影响最低等为目标的多目标分流函数；若路段交通量有趋于形成堵塞流态势，利用交通量饱和度的影响度模型及多目标分流函数等，确定交通流量构成中最优的分流选择及分流路径，在堵塞流形成之前进行预分流，从而抑制或消减道路拥堵态势形成。基于交通网络机理，研究未来交通感应网与电子车牌协同环境下适时采集交通量及交通流构成等相关技术和方法，再基于预分流理论的研究成果，形成交通预疏导方案，利用诱导屏或可变信息情报板等功能，设计交通感应网与电子车牌协同环境下具有交通预疏导特点的智能交通诱导系统框架。

14.1.1 交通感应网与电子车牌协同环境研究现状及发展动态

1. 交通感应网与电子车牌协同环境的研究现状

以互联网为代表的计算机网络技术是 20 世纪计算机科学的一项伟大成果，它给我们的生活带来了深刻的变化，然而在目前，网络功能再强大，网络世界再丰富，也终究是虚拟的，它与我们所生活的现实世界还是相隔的。在网络世界中，很难感知现实世界，很多事情还是不可能的，时代呼唤着新的网络技术，无线传感网络正是在这样的背景下应运而生的全新网络技术。

2005年，国际电信联盟（ITU）发布 ITU Internet Reports：The Internet of Things，物联网通信时代从此揭开序幕；在国家高度关注下，对物联网、感应网的研究得到重视，物联网、感应网的研究逐渐成了国内科研重要方向之一。无线传感器网络是未来全新的信息获取平台，能够实时监测和采集感应网区域内各种被检测、监测对象的信息，并将这些信息发送到感应网节点，从而实现指定范围内复杂目标的检测与跟踪，所以物联网、感应网有着广阔的应用前景。随着交通问题日益加重，2010年10月28日在无锡举行的中国国际物联网大会上，车联网的概念被提出。在车联网提出后，鉴于 RFID（Radio Frequency Identification，无线射频识别简称 RFID）技术的日臻完善，交通感应网与电子车牌系统的理念也不断推出。交通感应网是利用智能交通和物联网的各种技术，包括传感技术、RFID 技术、通信技术、数据处理、网络技术、控制技术、信息技术等，可以有效、系统地运用在交通运输领域，使人、车、路、环境等要素之间成为一个协调的网络，在这个网络中，各要素之间能彼此进行交互，实现大量交通信息的综合处理，并为各交通要素提供所需的信息，将汽车、驾驶员、出行者、道路及相关的服务部门相互连接起来，使整个交通体系智能化。

狭义的电子车牌概念多是指把电子标签粘贴在汽车前挡风玻璃上，具有对机动车信息化管理功能，如为停车收费、ETC 快速通道等提供信息管理的电子凭证。尽管它在交通运输领域有相对的应用，但没有与机动车号牌发生任何内在联系，所以不能称为完全意义上的电子车牌。广义的电子车牌应该是把 RFID 技术嵌入到机动车号牌上，使传统车牌具备自动识别、传输、处理机动车相关信息的信息化的一种汽车牌照。运用 RFID 技术集成电子车牌在国内外已有先例，军车、武警车辆的号牌采用了 RFID 技术，同时一些地区和城市也开始尝试将 RFID 应用于垃圾运输车、危险品运输车等特殊服务车辆的调度和管理，通过车上的电子标签，在特定路段的监控点安放识读设备，对监控车辆的行驶路线、泄漏等情况出现时能及时发现、定位事故车辆。尽管这些运用尚有不尽人意之处，但毕竟为电子车牌奠定了运用基础。RFID 技术已经为集成电子车牌提供了技术支撑。随着未来一些关键技术和难题的深入研究和解决，可以为交通管理信息化、智能化搭建可靠、适用的技术平台。

尽管交通感应网与电子车牌协同环境下如何解决交通难题的研究已经成为主要科研方向，但仅仅停留在概念阶段，还没有形成相对成熟的理论，也没有系统、完善的可实施方法出现。

2. 交通感应网与电子车牌协同环境研究的发展动态

随着现代信息技术发展及智能交通系统研究和应用的深入，对交通网络的研究也不能只限于理论和学术领域，要充分利用现代和未来信息手段，面向交通实际的迫切需求对交通网络进行更为宽广、深入和实用的研究。随着信息技术的发展及应用，基于 Internet 思路对交通网络进行研究也集中出现，国内外提出了许多 Internet 交通模型的解决方法。近几年，物联网概念被建立起来，而且传感网应用日益广泛，使得具有感知、计算和通信能力的微型传感器构成的无线传感器网络（Wireless Sensor Network，WSN）被认为是 21 世纪最重要的技术之一，将物联网思路和无线传感器网络技术应用于现代交通系统将会对交通网络智能化发展具有较大影响，所以针对交通系统研究出现了新的发展动态。2007 年，有学者在研究中提出了利用植入 RFID（Radio Frequency Identification）的系统联接来解决交通结构问题。近年来随着 RFID 技术被逐渐引入到交通领域中，人们期望这些技术和设备能够成为未来交通发展的组成和支持，所以在交通领域如何利用物联网和传感网这一全新而富有前景的技术是未来研究的发展动态之一。

尽管针对传感网在交通领域应用的论点不断出现，但如何利用这些思路、成果等研究交通网络问题的文献还不多见。针对城市交通管理、交通感应网概念的提出，确实对交通信息的获取和交互在手段方面有本质性的提升。许多专家在 2009 年中国国际智能卡与 RFID 博览会上指出，RFID 的应用没有被成本、标准、技术等问题所阻碍，发展速度可能比预想得要快，RFID 技术将在交通领域开始逐步推广应用。公安部交通管理局在制定"十二五"交通管理规划时，已经提出在进一步改进和完善机动车号牌管理的同时，要研究启用新版高防伪、高科技含量的机动车号牌，不久的将来电子车牌就能够应运而生。RFID 电子车牌是我国未来车辆管理的重要举措，目前由公安部组织，已经建立了相关的产业联盟，并确定了无源 RFID 技术方式。随着我国城市交通管理水平的提高，电子车牌技术会得到广泛的应用，并且将取得良好的社会效益和经济效益。在理论上，其中的研究方法、过程以及结果具有一定的参考价值，在运用上，电子车牌是实现道路交通管理信息化、智能化的重要途径，使用 RFID 电子车牌可以大大提高车辆管理的可行性、准确性、方便性、可靠性，可以满足城市交通管理的长远需求以及解决交通领域存在的迫切问题。

交通感应网与融入 RFID 技术的电子车牌的协同是当今交通信息领域亟须解决的热点、难点问题。交通感应网与电子车牌的协同环境，可以解决车辆盗抢、走私、假套牌、非法营运、违章未缴罚款、车辆报废、逾期未年检、未缴纳养路费、未缴纳车船使用税、未买强制第三者责任险等一系列问题。另外，交通感应网与电子车牌协同环境下，交通基础信息采集、传输、分析、发布、诱导、控制和指挥均可以同步进行，所以在突破传感网、电子车牌关键技术的同时，应该及早研究在交通管理和交通控制领域的应用。

自 20 世纪后期以来，信息技术的迅猛发展和广泛应用也给上述解决问题的思路提供了有效的技术手段支持，在这样的背景下，智能交通的概念应运而生。在 2011 年 6 月 25 日，"交通 7+1 论坛"第二十三次会议在北京召开，会议主题为"城市智能交通物联网建设探讨"，明确采用 RFID 技术集成电子车牌是实现道路交通管理信息化、智能化的最佳选择。交通感应网与电子车牌的协同环境成为下一代智能交通系统的发展方向，总体来看该领域的研究还处在起步阶段，对涉及的关键技术的研究都还不够完善，已提出的一些原型系统与交通实际的应用还有很大差距，还没有达到真正的"人-车-路-城市"之间的统一和协调。未来的智能交通应该利用现有智能交通技术和感应网相应技术，有效集成地运用于综合交通运输体系中，使参与交通的人、车、路、环境等要素形成一个协调的网络，来研究探讨物联网时代智能交通的发展方向，研究提出可行的城市智能交通感应网架构及理念，并结合实际提出城市智能交通感应网建设方案。

在现实的交通管理措施中，针对道路拥堵的发生，目前采取的多数策略为人工疏导，即在某一路段拥堵后由交通管理人员现场控制，这种方法有针对性强、易于操作等优点，但存在后疏导问题，也不能及时预知路况信息，在交通管理上处于被动。所以在理论上出现了交通诱导问题的研究以及交通诱导系统的初步设计，但交通诱导的前提及诱导考虑的因素等方面还没有得到合理、可靠的理论研究支撑。迄今为止，各国对于交通网络的理论研究和实际应用相当丰富，但对于如何消减和抑制交通网络拥堵态势的形成仍处于初步探索阶段。

另外，国内一些学者和研究机构以国内城市为依托，在交通网络诱导和疏导等方面做了许多有益的探索，也投建了相关的交通诱导系统。尽管实际应用中有了交通预疏导的雏形，但针对拥堵态势的判断、分流哪个流向的车流、将车流分流到哪里去、如何避免分流后造成拥堵飘移或连锁拥堵等问题，基本缺乏相应的理论支持，同时在实际运用中，车辆与道路之间缺乏沟通和交互，所以当前最急迫解决的问题之一是获取主体车辆在路段行驶中的有关信息，如车牌、时间、地点等，并结合采集到的静态和动态数据派生出交通流流量、交通流流向、交通饱和量等衍生的信息，通过深入研究相应交通流模型、交通流分配算法、诱导对策算法等，为有效的交通诱导、交通分配等真正的智能交通系统奠定基础，而从根本上改变我国现有的交通管理运行模式。

未来智能交通诱导系统中预防交通拥堵的预疏导思路是在交通感应网与电子车牌协同环境下，采集城市道路网上的车流信息，结合信息发布或交通诱导系统方式，为车辆出行者提供适时可靠的路况交通信息，以及可供借鉴的走向选择，使车辆出行者在出行过程中能够适时、自主及自组织的调整出行路线，通过这种动态调节和适时调整的预疏导方式达到抑制或消减路段出现拥堵和交通网路局部拥堵的形成，直至被疏导路段的拥堵态势达到理想状态。

14.1.2 交通网络预分流理论及其在交通感应网与电子车牌协调环境下应用的研究意义

1. 交通网络预分流理论的研究意义

（1）构造基于时序的交通量饱和度波动态势模型，结合交通量和通行能力等理论，分析、预测交通量饱和度波动态势，对交通量是否接近或形成堵塞流的交通状态进行推断，从而把道路是否拥堵的无界定性、二义性及模糊性问题转化为拥堵态势的分析。

（2）在传统网络图理论研究方面，对流量的分配是以最大化为目标，基本不考虑分配流量的流向最优化，即在满足容量限制条件和流量守恒条件下，不考虑相关的实际约束进行的，但在实际的交通网络中，交通量和交通流流向是在非序状态下分布的，而且交通量不能近似甚至绝对接近道路通行能力，另外，交通网络的局部堵塞程度不能说明整个交通网络的堵塞态势，所以有必要分析基于时序的交通量饱和度波动态势以及堵塞流形成的成因，可以抑制、消减或杜绝交通网络堵塞的状态。

（3）从现实状况来看，在交通网络已经出现拥堵的情况下，基本是对交通进行事后疏导，即拥堵后才进行分流，没有把防止某一路段进入拥堵状态结合起来，如果在路段形成拥堵之前就进行疏导即进行预疏导，就可以抑制或消减交通网络局部拥堵的形成，也在一定程度上避免了交通网络全局拥堵的发生。

（4）交通网络中道路或路口的交通量个体有不同的来源和去向，而且不同来源和去向的交通流可能有不同的路径，对交通流的流向构成进行详细划分之后，可以弥补传统单一流构成的研究成果，也可以利用流变换、流分解、流校正、流搜索、组合应用、流匹配以及多品种流等新的研究理论和方向对交通网络进行深入、系统和更加丰富完善的研究，从本质上解释交通拥堵发生的成因。

（5）把传统研究成果与分流代价最低和防止堵塞流形成等因素结合起来，应用于交通流量以及流向的适时调整分配上，在堵塞流形成之前进行预分流，可以抑制堵塞流以及局部堵塞态势的形成。

（6）为了防止预分流后造成拥堵飘移或连锁拥堵现象的发生，把交通分流代价最低和防止分流后造成拥堵飘移或连锁拥堵等因素结合起来，可以抑制局部交通拥堵态势的扩散和蔓延，使交通网络的运行处于通畅状态，同时也可以为缓解交通拥堵的问题提供可借鉴的思路。

（7）通过对交通网络预分流理论深入系统的研究，可以为现实交通网络应用尤其是交通网络防拥堵的问题提供借鉴，同时可以为基于交通网络预疏导的未来智能交通诱导提供可靠的理论支撑，也为交通管理措施的制订、实施提供一定的理论依据和应用基础。

2. 交通感应网与电子车牌协同环境下具有交通预疏导特点的智能交通诱导研究意义

（1）交通感应网与电子车牌协同环境的研究意义。

尽管传统交通量调查方法有人工计数法、浮动车法、自动计数法、录像法等，但这些方法在运用时存在耗时量大、信息采集精度低、采集的信息滞后等缺点，另外，现有道路监控系统对号牌图像识别具有一定的局限性，在无法充分确定机动车真实身份的同时，对交通量的数据化、交通流来源、交通流流向以及交通量成分构成等无法区分和划分。

如果把日益成熟的 RFID 技术移植到机动车牌照上，同时构建交通感应网与电子车牌的协同环境，这样路侧基站就可以实时准确地将车牌号、车型、地点、时间等一系列信息提供给相关部门，为执法或管理提供依据的同时，可以对机动车辆进行实时动态管理，从而解决交通管理的突出问题，另外，在交通感应网与电子车牌协同环境下可以快捷、准确、适时对交通状态进行统计，同时进行交通的采集，不仅能够节约人力、物力和财力，而且采集到的信息精度高而且实时性强。交通感应网与电子车牌协同环境明确了人、车、路与城市的交互，促进目前交通信息化向更加现代化、网络化和智能化的方向发展。

交通感应网与电子车牌的协同环境可以将相关的交通状态信息传输至信

息处理平台,信息处理平台通过对采集的交通量及交通流构成等进行分析,可以对交通状态进行判断、预测及推断,从而为交通的智能化管理提供基础数据。如果可以具体地应用到交通网络系统中,可以构建更加智能化的交通网络诱导系统,真正达到对交通网络的智能化管理和控制的目的。

据一些专家预测,交通感应网与电子车牌协同环境的应用可以使交通拥堵减少约60%,使现有道路网的能力提高2~3倍。交通感应网与电子车牌协同环境是交通一体化、协同化、智能化的体现,也是真正实现未来交通诱导、交通组织,提高交通管理效率的"感知交通"的方式,所以交通感应网与电子车牌协同环境的发展具有很好的经济远景和重要的社会价值。

(2)交通感应网与电子车牌协同环境下基于交通预疏导的智能交通诱导研究意义。

在现有城市交通管理与控制中,智能交通系统基本是信息化阶段,大多交通信号、标志和标识是静态的,指导作用也是有限的;传统的交通诱导方面,驾驶者可以根据诱导屏信息自己判断和选择行车路线,但诱导屏信息的数据主要来自出租车行驶速度,尽管新的诱导系统数据主要来自高清摄像头或天网,高清摄像头后端设备也能初步完成车辆行驶速度、车辆行驶间距这些信息的分析,但还无法直接把道路交通状态数据化。另外,尽管诱导屏能够显示交通状态,但诱导哪些去向、哪些来向的车流以及把车流诱导到哪里去还无法做到,同时,诱导后是否造成其他路段拥堵也不得而知,由此会产生不必要的拥堵飘移或连锁拥堵,最终也没有使城市道路资源得到更加高效、合理的利用。

与传统的智能交通系统相比,车联网理念的出现,可以说重新定义了车辆交通运行方式和交通管理模式,是现代化城市减少交通拥堵的重要手段。随着未来物联网技术在中国的蓬勃发展,作为物联网的具体应用,车联网技术可以弥补传统交通技术和智能交通系统的很多不足,同时在保障车辆安全行驶、规避道路拥堵等应用前景正吸引着越来越多研究者的关注,但该领域研究尚处于起步阶段,很多问题都没有得到解决。

在车联网理念基础上,构建交通感应网与电子车牌的协同环境,形成基于交通预疏导的交互式智能交通诱导,可以将整个城市交通网络中车辆和道路的静态、动态等信息实时收集起来,并在第一时间将信息传输至服务平台,服务平台通过超级处理中心进行实时地分析、预测和推断,动态地计算出最优的交通指挥方案和行车路线,通过诱导屏、VMS等信息发布手段,对交通流量的信息进行分发,为车辆出行者提供实时、便捷、可靠的交通信息,车辆出行者可以进行适时、动态、自主地变更出行路线,及时避开拥堵路段,以减少道路拥堵的形成，从而起到交通分流的作用，即进行自主性诱导，使交通流能合理地分布到交通路网中，能够以最有效的方式解决交通拥堵问题。

交通感应网与电子车牌协同环境下基于交通预疏导的智能交通诱导系统，可以把道路交通状态直接数据化，可以判断诱导哪些去向、哪些来向的车流，同时推断出把相应的车流诱导到哪里去，也避免了诱导后造成拥堵飘移或连锁拥堵，这不但引导车辆避开拥堵路段，能够动态调节、疏导、分流车辆的运行，实现交通网络中交通量和交通流的合理分布，也更好地实现对现有交通网络资源的合理、均衡利用；另外，在预防路段进入拥堵状态的同时，也避免传统人工疏导的盲目性和无取向性。

总之，交通感应网与电子车牌协同环境下基于交通预疏导的智能交通诱导以车、路、道路基础设施为基本节点和信息源，实时地感知道路交通状态，实现路况信息的动态适时发布，并进行交通拥堵预警，减少拥堵的形成，从而保证城市道路实时畅通，实现交通网络流的合理分配，使整个交通网络中道路资源利用率达到最优，也在一定程度上挖掘现有交通网络和道路的通行能力，真正达到智能化交通网络的管理和控制的目的。利用交通预疏导的思路进行交通管理和控制，可以使传统的交通诱导理论更加深入、系统和丰富，也为交通管理者的决策及时提供交通信息方面的支持，为城市交通管理和出行等提供数据化和可视化的依据，为拥堵缓解提供辅助决策，实现交通网络最优化控制和"人-车-路-城市"的和谐统一。

14.1.3 交通网络预分流理论

为了解决日益严重的城市交通拥堵问题，缓解城市交通压力，必须挖掘交通网络的潜力和提高交通网络运行效率，所以在研究交通网络拥堵的同时，更应该对交通网络形成拥堵的成因以及如何消减和抑制交通网络拥堵态势的形成进行深入、系统的研究，这些研究的结论和成果可以为现实交通疏导、交通管理、交通控制等提供相对成熟、完善、系统的理论支撑。因此，首先要对交通网络预分流理论进行探索和研究，然后在成熟、系统的交通网络预分流理论研究基础上，研究未来在交通感应网与电子车牌协同环境下形成以交通预疏导为思路的智能交通诱导框架体系。

1. 交通网络预分流理论的研究内容

为了方便对相关概念、定义、术语的说明以及对研究思路、研究内容进行清晰的阐述，下面给出交通网络预分流理论研究的示意简图14.1。

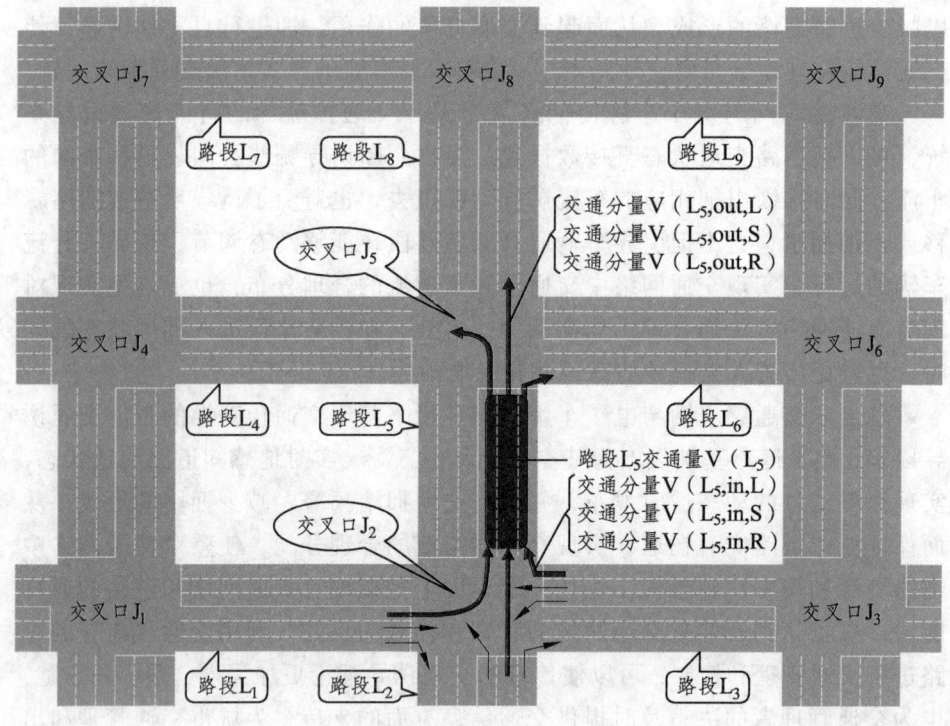

图 14.1　交通网络预分流理论研究示意简图

相关概念、定义、术语的说明如下：

（1）路段的通行能力是相对固定的，设 $C(L_i)$ 表示路段 L_i 的通行能力，其中 $i = 1, 2, \cdots, n$，例如，图 14.1 中路段 L_5 的通行能力表示为 $C(L_5)$。

（2）路段交通量会随着时间的推移而不断变化，设 $V(L_i, t)$ 表示路段 L_i 在 t 时刻的交通量，其中 $i = 1, 2, \cdots, n$。例如图 14.1 中路段 L_5 在 t 时刻的交通量表示为 $V(L_5, t)$。

（3）路段在 t 时刻的交通流在流向上基本在下游交叉口分为左转、直行和右转，所以针对路段交通量按照流向不同定义不同去向的交通分量，$V(L_i, \text{out}, L, t)$ 表示路段 L_i 在 t 时刻流出的左转交通分量，$V(L_i, \text{out}, S, t)$ 表示路段 L_i 在 t 时刻流出的直行交通分量，$V(L_i, \text{out}, R, t)$ 表示路段 L_i 在 t 时刻流出的右转交通分量。例如，图 14.1 中路段 L_5 在 t 时刻流出的左转交通分量、直行交通分量及右转交通分量分别表示为 $V(L_5, \text{out}, L, t)$，$V(L_5, \text{out}, S, t)$，$V(L_5, \text{out}, R, t)$。

（4）路段 t 时刻的交通流在来源上基本由上游交叉口相关联路段的左转、直行和右转组成，所以针对路段交通量按照交通流来源不同定义不同来向的交通分量，$V(L_i, \text{in}, L, t)$表示路段L_i在t时刻流入的左转交通分量，$V(L_i, \text{in}, S, t)$表示路段L_i在t时刻流入的直行交通分量，$V(L_i, \text{in}, R, t)$表示路段L_i在t时刻流入的右转交通分量。例如，图 14.1 中路段L_5在t时刻流入的左转交通分量、直行交通分量及右转交通分量分别表示为 $V(L_5, \text{in}, L, t)$、$V(L_5, \text{in}, S, t)$、$V(L_5, \text{in}, R, t)$。

需要说明的是，在t时刻，路段L_i的交通量、不同去向交通分量和不同来向交通分量在组成上没有代数关系，即不能用当前时刻不同去向交通分量和不同来向交通分量来衡量路段交通量，另外，在同一时刻的不同去向交通分量和不同来向交通分量也没有等量关系，因为不同去向交通分量是前一个时间点路段交通量的组成部分，不同来向交通分量是后一个时间点路段交通量的组成部分，所以在具体研究时要予以体现。

道路的拥堵状态可以由车辆行驶速度、车辆行驶间距等指标来衡量，但这些指标在现实交通中的获取存在一定困难并具有复杂性，同时，这些指标与诱导哪些去向、哪些来向的车流以及把相应的车流诱导到哪里去没有关联关系，另外，还没有利用车辆行驶速度、车辆行驶间距来分布流量和流向的系统理论成果。基于以上原因并借鉴网络图理论中流变换、流分解、流校正、组合应用、流匹配、流搜索、多品种流以及预流推进等这些新的理论研究思路、方法和成果，设定路段交通量饱和度$\varphi(L_i) = V(L_i, t)/C(L_i)$，即用$t$时刻路段$L_i$的交通量和通行能力的比值来衡量路段$L_i$的交通量饱和的程度，路段$L_i$交通量饱和度$\varphi(L_i)$在理论上介于 0 与 1 之间，但针对交通网络，$\varphi(L_i)$不可能过于接近甚至达到 1；随着时间的推移，路段交通量饱和度$\varphi(L_i)$会随着交通流量的变化而不断波动，为了描述这种波动的状态和趋势，这里把这种波动现象定义为交通量饱和度波动态势；另外，道路是否拥堵以及拥堵程度如何存在无界定性、二义性和模糊性，所以在研究中，需要构造基于时序的交通量饱和度波动态势的模型，以此模型来刻画交通量饱和度波动的状态和趋势，从而分析路段交通量是否逼近或形成堵塞流，最终预测和推断路段是否接近或形成拥堵状态。

2. 交通网络预分流理论研究思路

针对路段交通量饱和度$\varphi(L_i)$随时间推移而波动的特点，构造基于时序的交通量饱和度波动态势模型，利用该模型分析、判断路段交通量是否逼近或形成堵塞流，从而推断路段趋于拥堵的状态和趋势。

分析研究在一定时段内不同去向的交通分量与路段交通量构成的演化规律，从而构建各个不同去向的交通分量在一定时段内与路段交通量的关联度或影响度模型。

确定不同去向交通分量在一定时段内与不同来向交通分量的关系,即确定不同去向交通分量的主体主要来自哪个或哪些不同来向的交通分量。

分析不同来向交通分量在分流时对其他路段交通量饱和度的负影响,解析不同来向的交通分量分流绕行代价最低、对其他路段交通量饱和度负影响最低的分流路径。

若利用基于时序的交通量饱和度波动态势模型推断出路段有趋于拥堵的状态和趋势,确定出能有效消减路段交通量的不同去向交通分量,同时确定出与不同去向交通分量相对应而且分流路径合理的不同来向交通分量,从而在路段上游交叉口就将相对应的不同来向交通分量分流到其他路段,使路段在没有进入拥堵之前就提前进行分流,即进行预分流。

以图 14.1 为例,假设利用基于时序的交通量饱和度波动态势模型推断出路段 L_5 接近或形成拥堵状态,同时假设在下游交叉口 J_5 的左转交通分量 $V(L_5, out, L, t)$对消减路段 L_5 的交通量 $V(L_5, t)$的影响度比较高;另外假设推断出交通分量 $V(L_5, out, L, t)$的主体来自上游交叉口 J_2 的直行和右转的交通分量 $V(L_5, in, S, t)$、$V(L_5, in, R, t)$,基本可以断定来向交通分量 $V(L_5, in, S, t)$、$V(L_5, in, R, t)$中一部分是经由路段 L_5 和交叉口 J_5 去往交叉口 J_4 及以远的方向;如果交通分量 $V(L_5, in, S, t)$、$V(L_5, in, R, t)$部分或全部经由路段 L_1 和交叉口 J_1 去往交叉口 J_4 及以远的方向,同时不会对路段 L_1 及其他相应路段造成拥堵飘移或连锁拥堵,那么可以在交叉口 J_2 处把部分或全部直行的交通分量 $V(L_5, in, S, t)$左转,把部分或全部右转的交通分量 $V(L_5, in, R, t)$直行,即把部分或全部交通分量 $V(L_5, in, S, t)$、$V(L_5, in, R, t)$分流,使其经由路段 L_1 及与它相应路段去往交叉口 J_4 及以远的方向,这样就避免了路段 L_5 接近或形成拥堵的状态。

3. 交通网络预分流理论主要研究内容

(1)为了解决路段是否拥堵以及拥堵程度如何的无界定性、二义性及模糊性问题,结合通行能力相对稳定、交通量波动变化的特点,再结合交通网络中交通流量、道路通行能力、85%通行能力、实际通行能力、跟驰理论等交通流理论,构造基于时序的交通量饱和度波动态势模型,分析路段交通量饱和度波动的状态和趋势,从而预测和推断路段是否接近或形成拥堵状态;研究开始预分流和停止预分流的临界点或临界区间的推理规则和评价方法,解决路段交通量饱和度达到什么状态需要开始预分流、达到什么状态需要停止预分流的问题。

（2）网络图中流量个体的来源、去向以及路径等问题在理论上可以进行界定和标识，但现实交通网络中交通量组成中个体的来源、流向、走向等信息不可能像网络图中那样进行理论上主观的界定和标识，即交通量中个体的始点、终点、走向等是不确知的，在预分流时，需要掌握交通量中个体在某路段上游交叉口的来向和下游交叉口的去向，从而确定不同去向的交通分量所占路段交通量的比例，所以在网络图理论的流分解、流搜索、多品种流等新的研究成果和思路基础上，研究交通量个体在交通网络流动过程中路段的进入点和驶出点的问题，可以用流动定位自积累定义此问题，从而对交通量的流向构成按照比例值进行系统的划分和详细的标定；依据系统的划分和详细的标定，对在一定时段内不同去向交通分量与路段交通量构成的演化规律进行分析，同时在网络图理论的流组合应用、流匹配等新的研究成果和思路基础上，建立各个不同去向交通分量消减路段交通量的关联度或影响度模型。

（3）依据以上对交通量个体在路段进入点和驶出点流动定位自积累问题的研究结论，研究不同去向交通分量与不同来向交通分量的对应关系，即确定不同去向交通分量的主体来自哪个不同来向的交通分量；依据不同去向交通分量走向的判断，基于网络图理论中流校正、预流推进等新的研究成果和思路，研究相对应不同来向交通分量对同一去向的其他路径中路段交通量饱和度的负影响；为了预防交通拥堵的传播，构建分流绕行代价最低、对绕行路径中其他路段交通量饱和度负影响最低等为目标的多目标分流函数。

（4）对于交通量饱和度波动态势模型，若预测和推断出路段交通量有趋于形成堵塞流态势，而且达到开始预分流的临界点或临界区间，就依据不同去向交通分量消减路段交通量的关联度或影响度模型和多目标分流函数，生成包含不同去向交通分量的选择及相对应不同来向交通分量分流路径的交通网络预分流方案，从而对路段交通量进行适时的调整分配，直至被分流路段交通量饱和度的波动态势溢出预分流的临界点或临界区间；基于交通网络结构属性等构建交通网络中路段、交叉口等编码体系，对前期的研究进行扩展和深入，从而生成交通网络的预分流理论。

14.1.4 交通网络预分流理论在交通感应网与电子车牌协同环境下应用研究

为了方便对该部分的研究思路、研究内容进行清晰阐述，在图 14.1 的基础上，给出在交通感应网与电子车牌协同环境下交通网络预分流理论应用研究的示意简图 14.2。

198 // 交通网络应用优化理论与方法

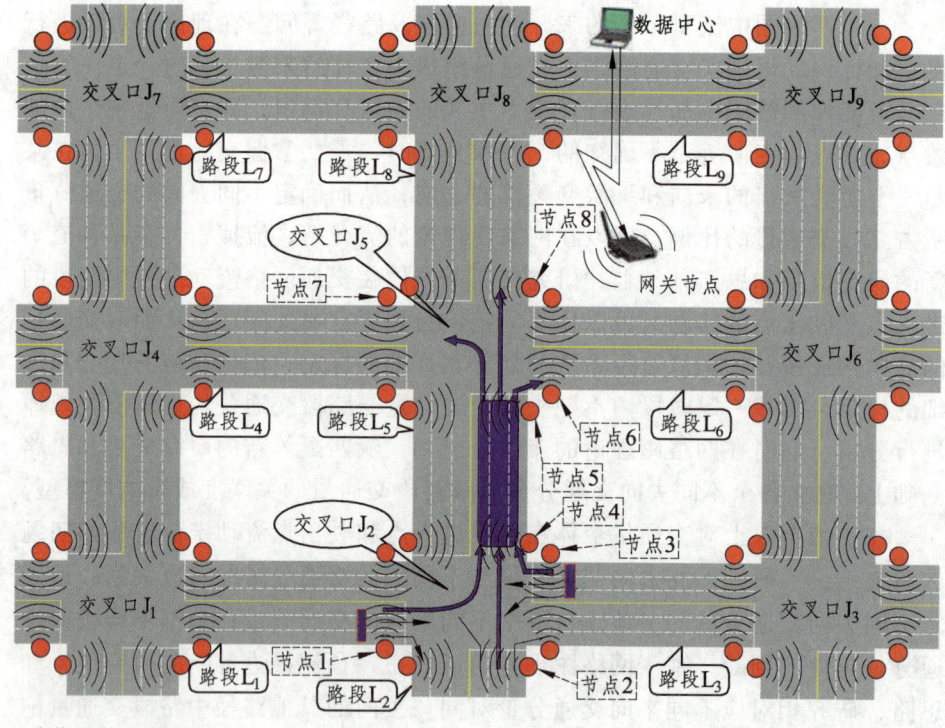

图中符号说明：

符号	名称	作用
	节点读卡器	采集车辆电子车牌的相关信息并发送到网关节点
📶	网关节点	接收节点读卡器信息并发送到数据中心，同时可以向节点读卡器推送信息
💻	数据中心	接收网关节点信息，进行信息处理，推送信息到网关节点，同时可以向诱导屏或可变信息情报板发送诱导信息
▌	诱导屏或可变信息情报板	接收数据中心信息，显示诱导信息

图 14.2　交通感应网与电子车牌协同环境下交通网络预分流理论应用示意简图

1. 交通网络预分流理论在交通感应网与电子车牌协同环境下应用的研究思路

在交通感应网与电子车牌协同环境下，节点读卡器将采集的车辆电子车牌相关信息发送到对应网关节点，网关节点将相应信息发送到数据中心，数据中心将相关信息与交通网络预分流理论中流动定位自积累等内容进行对比拟合。

基于交通网络预分流理论的研究结论，预测和推断路段是否接近或形成拥堵状态，若需要预分流，在保证不发生拥堵漂移和连锁拥堵的前提下，确定路段中消减哪些去向的车流、把相对应来向的车流诱导到哪里去，从而生成交通预疏导方案。

数据中心将生成的交通预疏导方案推送到诱导屏或可变信息情报板，供车辆出行者自主、适时、合理地决策绕行路径。

以图14.2为例，将节点5采集到的车牌号或电子标识与节点6、节点7、节点8采集到的车牌号或电子标识进行对比，经过总体计算和推算，就能知道右转、左转和直行三个不同去向的交通分量以及它们在路段L_5交通总量中所占的比例，利用交通网络预分流理论研究的结论，确定不同去向交通分量与路段L_5交通量的关联度或影响度；将节点6、节点7、节点8采集到的车牌号或电子标识与节点1、节点2、节点3采集到的车牌号或电子标识进行对比，利用交通网络预分流理论研究的结论，确定出不同去向交通分量的主体来自哪个或哪些不同来向交通分量；利用交通网络预分流理论研究的多目标分流函数，生成交通预疏导方案；假设路段L_5交通量饱和度接近或达到开始预分流的临界点或临界区间，而右转交通分量能有效降低路段L_5的拥堵，也基本判断出右转交通分量的去向是去往交叉口J_6及以远的方向，利用交通网络预分流理论研究的结论，假设计算出路段L_5右转交通分量的主体来自交叉口J_2的左转，就利用交通网络预分流理论的多目标分流函数生成交通预疏导方案，使路段L_1去往交叉口J_6及以远方向的车辆在交叉口J_2直行，那么在路段L_1的诱导屏或可变信息情报板上显示分流路径，供车辆出行者自主变更出行路线。

以上示例只说明在交通感应网与电子车牌协同环境下交通网络预分流理论应用的研究思路，至于如何构造交通感应网与电子车牌协同环境、如何将交通网路预分流理论具体应用到交通感应网与电子车牌协同环境下等相关问题，还需要做深入系统地分析和研究。

2. 交通网络预分流理论在交通感应网与电子车牌协同环境下应用的主要研究内容

（1）借鉴其他专家学者对交通感应网与电子车牌的研究思路、理念和成果，在遵从普适性、通用性以及可扩展性的基础上，构造适用交通网络预分流理论的交通感应网与电子车牌协同环境的基本框架，包括交通感应网中节点读卡器与交通网络中路段、交叉口等编码体系的静态对应关系等。

（2）对交通感应网与电子车牌协同环境下采集信息的利用问题进行分析，如唯一标识的电子车牌牌号与节点读卡器的动态对应关系、车辆驶入路段和驶出路段的时间等，研究将采集到的信息与交通网路预分流理论中流动定位自积累问题、交通分量确定等问题进行对比和拟合的方法。

（3）基于对比和拟合的相关结果，利用交通网络预分流理论研究的结论，设计可供实施的算法和蓝本程序，生成和推演交通预疏导方案；研究未来交通感应网与电子车牌协同环境下以交通网络预疏导为思路的智能交通诱导可供实施的框架体系，如诱导屏或可变信息情报板以何种方式发布、显示什么内容以及推进方式如何，等等。

通过以上理论和应用的研究，最终为基于交通预疏导模式的智能交通诱导信息系统的开发和实施奠定理论基础和提供可行性的技术方案。

3. 交通网络预分流理论及其在交通感应网与电子车牌协调环境下的应用研究目标

基于相关领域的研究现状、发展动态以及研究意义、研究内容等，研究目标分别从交通网络预分流理论及在交通感应网与电子车牌协同环境下的应用两个方面予以体现。

（1）交通网络预分流理论研究目标。

① 构造基于时序的交通流量饱和度波动态势模型，解决路段是否拥堵以及拥堵程度如何的无界定性、二义性及模糊性问题，从而预测和推断路段是否接近或形成拥堵的状态。

② 通过对一定时段内不同去向交通分量与路段交通总量之间演化规律的分析，利用不同去向交通分量消减路段交通量的关联度或影响度模型，解决不同去向交通分量对消减路段拥堵的有效性问题。

③ 利用分流时绕行代价最低、对绕行路径中其他路段交通量饱和度负影响最低等为目标的多目标分流函数，防止分流后造成拥堵飘移或连锁拥堵的发生，同时解决分流到哪里去的问题。

④ 基于以上研究，形成交通网络预分流理论，以解决交通网络阻塞流形成之前的分流问题，即进行预分流，从而丰富了交通网络理论研究，同时也为未来交通感应网与电子车牌协同环境下智能交通诱导的研究和实施提供了理论基础。

（2）交通网络预分流理论在交通感应网与电子车牌协同环境下应用研究目标。

① 构造交通感应网与电子车牌协同环境的基本框架，解决传统采集方法在交通状态采集、融合、分析到交通状态建模和预测等方面的难题。

② 构造基于交通网络预分流理论的交通感应网与电子车牌协同环境的基本框架，可以使交通感应网和电子车牌的新方法、新技术、新系统得到具体

的应用,为未来的智能交通诱导解决城市交通拥堵问题提供借鉴和应用思路。

③ 研究交通感应网与电子车牌协同环境下具有交通预疏导特点的智能交通诱导,解决诱导哪些去向、哪些来向的车流以及把车流诱导到哪里去的难题,也避免了拥堵发生后目前的事后疏导和传统人工疏导的盲目性和无取向性;交通感应网与电子车牌协同环境下具有交通预疏导特点的智能交通诱导的实施,可以丰富、提升当前诱导屏或可变信息情报板使用问题。

4. 拟解决的关键问题

(1) 交通网络预分流理论研究方面拟解决的关键问题

① 在构造基于时序的交通流量饱和度波动态势模型时,既能消除路段是否拥堵以及拥堵程度如何的无界定性、二义性及模糊性问题,又能偏差很小地刻画拥堵状态以及该模型的可靠度是本研究内容的重点。

② 在交通流量饱和度波动态势模型基础上,开始预分流和停止预分流是保证是否分流的准确条件,所以研究开始预分流和停止预分流的临界点或临界区间是本研究内容中最为基础的问题。

③ 建立以分流代价最低、对绕行路径交通流量饱和度影响最低等为目标的流量分配最优化的多目标分流函数时,如何规避预分流时造成交通网络拥堵飘移或连锁拥堵的发生是本研究内容需要解决的难点问题。

(2) 交通网络预分流理论在交通感应网与电子车牌协同环境下拟解决的关键问题

① 如何将交通感应网与电子车牌协同环境下获取的车辆信息与交通网络预分流理论中的流动定位自积累问题进行对比和拟合是本研究内容的基础问题。

② 基于对比和拟合的相关结果,利用交通网络预分流理论研究的结论,生成和推演交通预疏导方案是本研究内容需要解决的难点和重点问题。

14.1.5 研究方法及采用技术路线分析

1. 交通网络预分流理论方面拟采取的研究方法

(1) 针对是否拥堵以及拥堵程度如何的无界定性、二义性及模糊性问题,借鉴复杂网络中度分布、度相关性等研究成果,利用非确定性决策、模糊因子等建立消除无界定性、二义性及模糊性的诸多隐性因素的方法,分析和研究交通流量饱和度及其波动态势,从而构造基于时序的交通流量饱和度波动态势模型;利用自动推理、归纳推理、类比推理及网络配流等研究成果,构建附带交通因素波动因子的开始预分流和停止预分流临界点或临界区间的推理规则和方法。

（2）借鉴网络图理论的流分解、流搜索、多品种流等新的研究成果和思路，研究交通量个体在流动过程中路段的进入点和驶出点的流动定位自积累问题。

（3）在网络图理论中流组合应用、流匹配等新的研究基础上，借鉴聚类函数基本原理及结合聚类分析等方法，建立各个不同去向交通分量消减路段交通量的关联度或影响度模型。

（4）借鉴网络图最短路问题、最小代价流问题、流分配问题的成熟理论、网络图理论中流校正、预流推进等新的研究成果和思路以及动态交通分配（DTA）理论等，在前期研究的基础上，构建分流绕行代价最低、对绕行路径中其他路段交通量饱和度负影响最低等为目标的多目标分流函数。

（5）借鉴网络图的网络堵塞流研究成果，利用预流推进等算法及本研究作者前期的研究成果，解决预分流时拥堵飘移或连锁拥堵的规避问题。

2. 交通网络预分流理论在交通感应网与电子车牌协同环境下拟采取的研究方法

（1）借鉴其他专家学者对交通感应网与电子车牌的研究思路、理念和成果，在遵从普适性、通用性及可扩展性的基础上，构造适用交通网络预分流理论的交通感应网与电子车牌协同环境的基本框架。

（2）针对交通感应网与电子车牌协同环境下采集到的信息，利用线性拟合、非线性拟合或二次函数拟合等方法，与交通网路预分流理论中流动定位自积累和交通分量确定等内容进行对比和拟合。

（3）利用虚拟推演机制对交通预疏导方案的合理性、可靠性进行论证。

3. 交通网络预分流理论方面技术路线

（1）首先对是否拥堵以及拥堵程度如何的无界定性、二义性及模糊性问题进行分析，建立消除无界定性、二义性及模糊性的方法，通过对交通流量饱和度波动态势的分析，构造基于时序的交通流量饱和度波动态势模型；在此基础上，研究开始预分流和停止预分流的临界点或临界区间的推理规则和评价方法。

（2）研究交通量个体在流动过程中路段进入点和驶出点的流动定位自积累问题，从而对交通量的流向构成按照比例值进行系统的划分和详细的标定；同时构建不同去向交通分量消减路段交通量的关联度或影响度模型。

（3）构建分流绕行代价最低、对绕行路径中其他路段交通量饱和度负影响最低等为目标的多目标分流函数。基于交通网络结构、属性等，构建交通网络中路段、交叉口等编码体系。

（4）在以上研究基础上，可以形成完善的交通网络预分流理论。

4. 交通网络预分流理论在交通感应网与电子车牌协同环境下技术路线

（1）首先构建具有普适性、通用性及可扩展性的交通感应网与电子车牌协同环境的基本框架。

（2）研究将采集的信息与交通网路预分流理论中流动定位自积累问题、交通分量确定等问题的对比和拟合。

（3）基于（2）对比和拟合的结果，利用交通网络预分流理论研究的结论，研究交通预疏导方案的生成和推演问题。

（4）基于生成的交通预疏导方案，研究和设计以诱导屏或可变信息情报板为媒介的可供实施的智能交通诱导框架体系。

5. 可行性分析

交通网络平衡、交通流量分配、交通网络拥堵等问题一直是交通网络理论研究的重点，可以说这些传统和经典的研究结论很成熟，但对交通网络瞬时状态控制的研究很薄弱，尤其是如何利用交通量变化态势、交通流构成及分布状态等消减或杜绝交通网络进入拥堵状态的研究基本处于起步阶段。在网络图新的研究领域中，出现了流变换、流分解、流校正、流搜索、多品种流、预流推进、组合应用以及流匹配等新的概念和理论方法，这些新的概念和理论方法为交通网络预分流理论的研究提供了进一步的理论基础，同时本研究作者前期对交通网络的研究也为交通网络预分流理论研究奠定了一定的基础。

物联网、感应网尤其是交通感应网与电子车牌思路和理念的出现和形成，使交通领域的应用在技术上不断深入和拓展，最终会构造出交通感应网与无接触式 RFID 联接的电子车牌的协同环境，从而为交通网络预分流理论的应用提供可供实施的环境条件。

基于当前城市交通拥堵问题，综合考虑到现有交通管理、控制、诱导等方式的事后性，提出交通网络预分流的思路和理念，物联网交通在传统智能交通研究成果的基础上，及时获得路网上的动态交通信息，准确地掌握和预测交通网络的交通状态，通过构建具有预疏导功能的真正智能化的交通诱导系统，可以为车辆出行者提供借鉴性的疏导信息，同时也形成先进的出行者信息系统，为交通管理者和出行者提供了信息交互平台，使消减和抑制交通网络拥堵态势成为解决交通拥堵、提高交通网络运行效率的先进手段之一。

14.2 基于公交乘客流构成及流向分布变化态势的公交网络优化

基于物联网或感应网和公交智能 IC 卡结合的构想，采集适时的乘客流信息，在此基础上，划分乘客流构成类别及属性，并分析乘客流造成公交线路拥挤的成因，从而进行公交线路优化或公交运营智能调度研究；结合传统居民出行 O-D 调查思路，再利用适时乘客流信息，研究乘客流流向分布状态，设计公交线路走向和乘客流流向一致的拟合策略，从而对公交网络进行优化；将乘客流流向分布状态和历史乘客流流向分布状态做对比分析，研究乘客流流向分布变化的状态和趋势，推断和预测后期乘客流流向分布的公交网络稳态结构和拓扑特性，从而构造适应乘客流流向分布变化的动态公交衍生网络；在成熟、科学、系统的理论研究基础上，对整个公交网络基元以及乘客流信息构建规范、科学、稳定、合理可靠的编码体系，从而设计具有应用价值的可实施系统的技术方案，最终为基于公交乘客流流向构成及流向分布变化态势的公交网络优化信息系统的开发和实施奠定理论基础和可行性的技术方案。

14.2.1 基于公交乘客流构成及流向分布变化态势的公交网络优化发展动态

从国内外对公交网络的研究来看，基本遵循了从线路到网络、从静态到动态、从随机网络到复杂网络的进程。但随着公共交通问题的加剧、现代信息技术的发展、智能公交系统研究及应用的深入，对于公共交通的研究不能只限于理论和学术的领域，尤其是针对公交网络的研究，应该在理论和学术研究基础之上，充分利用现代信息手段，面向公共交通实际的迫切需求进行更为宽广、深入和实用性的研究。

随着信息技术的发展及应用，基于 Internet 思路对公交网络的研究也集中出现，国外在 2006 年提出利用 IP 来研究解决公交网络等级问题以及 Internet 交通模型解决方法，在此基础上，早年也提出了基于马尔可夫算法模型的信息包对公交网络的分级问题。

将物联网思路和无线传感器网络技术应用于现代公交系统将会对公交系

统智能化的发展具有较大的影响,所以针对公交系统的研究出现了新的发展动态。在 2007 年就有学者提出了利用植入 RFID 的系统联接来解决交通结构问题;2007 年国内学者就提出基于 WSN 能够实时监测和采集各种监测对象信息的优势,针对公交车辆当前位置的实时监控问题,分析归纳了五种分布式未知节点定位算法,并从定位精确性、适用环境和实现难易程度三方面比较了各算法在智能公交系统的应用情况。

近年来随着无线射频识别技术被逐渐引入到公共交通领域中,公交智能 IC 卡连接类型的 RFID 系统及其无线处理软件快速发展,人们期望这些技术和设备能够成为未来公共交通发展的组成和支持,所以在公共交通领域如何利用物联网和传感网这一全新而富有前景的技术是未来研究的发展动态之一。

面对信息技术发展态势和研究动态的变化,对公交网络的研究尤其是公交网络规划和优化问题是一个新的机遇,所以应该结合相关领域的研究成果将公交网络规划和优化的研究深入下去,从而推动公共交通的发展。尽管针对物联网和传感网在交通领域应用尤其是在公共交通方面应用的论点不断出现,但如何利用这些思路、成果等研究公交网络问题的文献还不多见,如何获得适时、全面的公交乘客流信息,如何利用公交乘客流构成、流向分布状态以及流向分布变化态势来进行公交网络规划和优化是未来有价值的研究课题。

14.2.2 基于公交乘客流构成及流向分布变化态势的公交网络优化研究意义

公共交通系统在城市发展中发挥着极其重要的作用,为了解决日益严重的城市交通拥堵问题,缓解城市交通压力,发挥城市公共交通高效、快捷的优势,优先发展城市公共交通是提高城市交通效率和缓解交通拥堵的重要手段之一,所以我国已将优先和加快发展城市公共交通确定为城市发展和交通发展的重要战略思想。依据我国城市结构、属性、规模以及性质等因素,我国城市公交网络也必然构成了一个典型的复杂网络。然而,近年来鉴于城市公交系统发展缓慢、服务水平低等因素,公交系统无法为城市出行变化提供重要的技术支撑,而公交网络布局的合理性、科学性等成为关键问题。

在城市交通领域中,公交网络设计和优化一直被公认是城市交通领域难度最大、挑战性最强的问题之一,而公交网络是一项庞大而复杂的系统工程,它不断地处于变化衍生之中,其变化衍生特性主要表现为不确定性、随机性和不可预测性,而且还与诸多因素密切相关,各种因素共同决定了公交网络变化衍生态势。

迄今为止，各国对于公交网络设计和优化问题的研究仍处于探索阶段，尽管国外对于公交网络的研究相对起步较早，但是国外的研究结论和成果与我国公交网络存在很大差异。通过大量研究及实践表明，我国公交网络在具有复杂网络形态和许多复杂系统的其他结构形态的同时，不同于国外城市公交网络的结构形态、衍生特性、作用属性等，而具有其自身的特点。另外，国内一些学者和研究机构尽管以国内城市为依托，在公交线网规划和优化方面做了许多有益的探索，提出了许多公交线网优化理论与方法，但优化方法缺乏相应的理论支持，而大多数理论又缺乏实用性，更无法解决公交网络现实的应用问题。

从公交乘客流构成、流向分布状态以及流向分布变化态势的角度出发来研究公交线路合理布局及公交网络优化基本还没有起步。本研究首先统计和分析线路乘客流构成状态，即确定准乘客（即无换乘乘客）成分和非准乘客（即有换乘乘客）成分，同时研究乘客流流向分布状态以及流向分布变化态势，从而对原有公交线路进行调整、优化或开通新线路，最后达到对整个公交网络的优化。

本方向的研究意义主要体现在学术理论研究和实际应用两个方面。

1. 学术理论研究方面意义

（1）传统的公交线网规划研究是以现代交通规划理论为基础，依据居民出行的 O-D 调查、公交专项调查等数据资料和相关的预测结果，运用数学规划方法、图论、人工智能、专家系统及模糊数学等方法，再依托城市交通网络，对公交线路开通或调整、公交线路长度、公交线路非直线系数、公交网络均衡性、公交网络效率、公交网络盲区及准换乘等问题进行研究，从而进行公交线网布局规划或优化。这些分析和研究的基础主要来源于居民出行 O-D 调查信息，尽管 O-D 调查方法在历史上对公交网络的研究起到了很大作用，但这种方法有其无法弥补的不足，主要是在耗费大量时间的同时，具有极大的延迟性，也就是它只反映过去的 O-D 状态，而对于城市结构及规模的变化等导致交通网络变化后使公交网络衍生的乘客流 O-D 态势无法预知，同时通过预测或专家论断方式研究未来的乘客流 O-D 态势难免主观性过强，这就需要适时收集和获取实际的乘客流信息，从而找出趋向稳态的乘客流流向分布状态，为公交线路和公交网络优化提供可靠、适时的基础信息。

（2）在过去的研究中，主要是通过对复杂城市公交网络关联性质、拓扑特性的分析及公交线网复杂多样的生成机理来计算公交网络能力，从而对公交网络进行扩能。而如何通过乘客流构成、流向分布及流向分布变化态势来挖掘和发挥现有公交网络潜在能力的研究还基本没有出现，从这种角度来改善和优化公交网络可以为公交网络研究提供一个新的思路。

（3）在交通网络的研究进程中，从孤立、片面的静态公交网络转向动态公交网络的研究，使理论体系和计算方法得到了系统的深化，但公交网络的动态属性如何、哪些因素体现公交网络的动态属性以及如何把握公交网络的变化动态等系统的研究还没有出现。城市结构的变化、城市规划的实施等势必造成交通网络出现变化，从而使出行结构发生变化，而这些变化必然导致公交网络出现动态变化和衍生的特性。公交网络动态性无非是通过乘客流流向分布的变化态势来体现的，所以将乘客流流向分布的变化态势和现实公交网络结合起来研究公交网络的衍生机理，可以深刻、完整地揭示公交网络的拓扑结构特性，最终对设计科学、合理、优化的公交网络具有一定的参考价值。

（4）公交网络结构的优劣确实在很大程度上影响了整个公交网络的运行，但在许多研究结论中，过于强调公交网络的均衡性，把网络均衡性作为公交网络结构优劣的衡量标准，即把公交网络均衡化作为公交网络优化的手段，但公交网络是否达到优化状态，应该把公交网络输送能力、效率高低、出行便利、出行代价等作为评价体系，所以基于乘客流流向分布以及流向分布变化的公交网络结构应该成为衡量公交网络特性和优劣的评价体系，在此基础之上，规划、设计和优化出更好的公共交通系统，使公交网络效用最大化。

（5）在许多研究中引入交通需求管理（Transportation Demand Management，TDM）的概念，通过控制和引导交通出行者对公共交通设施的时空消耗，即引导交通出行者对出行的选择。另外，针对复杂网络研究的基本观点是"结构决定功能"，所以许多研究人员研究如何确定乘客流的分配方法，但公交网络不应被看作是一个单纯的复杂网络或分配网络，针对公交网络的基本观点应该转变为"功能决定结构"，因为交通出行者形成的乘客流流向取决于工作、生活等因素，所以通过公交线路中公交乘客流的构成统计，分析出乘客流流向分布状态，从而优化公交线路，同时通过乘客流流向分布的变化态势可以优化公交网络，这样由控制或引导交通出行者的出行需求变为顺应交通出行者的出行流向，最终规划和优化出更加科学的公交网络，使公交网络的结构更加合理。

（6）公交网络不是以站点形式变化而变化，而是以公交线路链的形式衍生，即增加一条新的公交线路，或者调整一条现有的线路。但公交线路链如何形成、公交线路链如何增长以及公交网络如何衍生等都需要进行系统的分析，这就需要通过研究公交乘客流构成以及流向分布变化的态势来进行公交网络优化。

2. 实际应用方面意义

（1）通过对单一公交线路中准乘客（即无换乘乘客）和非准乘客（即有换乘乘客）成分的乘客流构成状态的理论研究，可以确定在实际运营中不同时段或不同站点之间的高峰流，从而找出公交线路出现拥挤的成因。如果单一公交线路中拥挤状态的出现是准乘客比例过大造成的，可以为公交运营部门是否增加运力或进行智能调度提供决策依据，也可以为公交网络规划部门对公交线路调整或优化来降低线路拥挤状态提供决策基础；如果单一公交线路中拥挤状态出现是非准乘客比例过大造成，通过对非准乘客流流向分布状态的理论研究，可以为公交网络规划部门对整个公交网络的优化提供决策依据。

（2）许多公交网络理论研究中，过于强调降低公交线路重复率，但在公交网络实际运行中，往往需要通过不同公交线路有一定的重叠来降低公交线路拥挤程度和发挥公交网络的运送能力，这就需要打破传统"降低重复系数"的思路，从而为提高相关公交线路重复程度来降低公交线路拥挤状态提供了有利的优化决策支撑。

（3）通过基于公交乘客流流向分布和流向分布变化态势来进行公交线路和公交网络的调整优化的研究，可以为公共交通出行提供良好的可达性和提高公交网络的运营状态，也为公交规划部门、交通决策者和管理者提供了有效的宏观评价依据。

（4）过去往往通过城市结构变化、城市发展状况和城市规划等进行交通网络变化的分析和研究，从而对公交网络进行规划或优化。但公交乘客流流向分布变化态势却能更加直接、适时地反映公交网络动态变化和衍生的趋势，如果通过把握公交乘客流流向分布变化态势来进行公交网络规划和优化，可以相对避免多因素、不确定因素等问题，从而为公交规划部门对公交网络的规划和优化提供具有针对性强、可靠、适时、准确的决策手段。

（5）目前通过借助数据通信、信息、自动控制、计算机网络及人工智能等现代技术，对降低和避免公交拥挤状况、解决日益突出的城市交通问题发挥了很大作用，未来需要将物联网或传感网这一全新而富有前景的技术综合运用于整个公共交通领域。通过本研究可以为未来以新技术为支撑的高效、智能、实时、准确的公交网络优化信息系统的开发和实施奠定理论基础，提供可行性技术方案。

14.2.3 基于公交乘客流构成及流向分布变化态势的公交网络优化应用前景

1. 在学术理论研究方面应用前景

基于公交乘客流构成、流向分布状态以及流向分布变化态势的公交网络优化研究，可以为学术理论研究提供以下几个方面的应用前景：

（1）不过于侧重交通网络变化的成因研究，而是以公交网络衍生现象以及变化态势为基础来建立公共交通的需求网络，再与拓扑网络结构进行叠加，从而进行公交网络的优化研究，即从"结构决定功能"的交通网络研究转化到"功能决定结构"的研究方向。

（2）不单纯从网络本身属性来研究公交网络问题，而是基于公交乘客流构成、流行分布状态以及流向分布变化态势来研究公交线路的开通、调整和优化，从纯学术理论研究转向以实际应用为基础的研究思路。

（3）打破传统的以居民出行O-D调查方法为信息来源的研究，建立物联网或传感网思路和公交智能IC卡技术相结合的研究方向，从而构建真正反映公交线路中乘客流构成、乘客流流向分布状态以及乘客流流向分布变化态势的公交衍生网络。

2. 在实际应用方面应用前景

在公交乘客流构成、流行分布状态以及流向分布变化态势的公交网络优化研究基础之上，通过可实施方案的设计，可以为公交网络实际运用提供以下几个方面的应用前景：

（1）为后期开发基于公交乘客流构成及流向分布变化态势的大型智能公交网络优化信息系统提供框架体系。

（2）通过未来公交网络优化信息系统的实施，可以对公交线路中乘客流的状态进行统计和分析，为公交运营部门对线路中不同站点之间或不同时段等进行运力调度，从而为缓解或降低高峰时段、高峰站点之间的拥挤状态提供智能调度决策。

（3）通过未来公交网络优化信息系统的实施，可以分析、判断出公交乘客流流向分布状态以及流向分布变化态势，从而为公共交通规划部门对公交线路开通调整、公交线路站点和交叉点确定、公交枢纽选址以及公交网络优化等提供可靠、直观的决策依据。

（4）通过未来公交网络优化信息系统的实施，可以分析、推断出公交乘客流流向分布状态的变化态势，从而为公共交通规划部门构建科学、合理、适应性强的动态公交衍生网络提供决策依据。

14.2.4 基于公交乘客流构成及流向分布变化态势的公交网络优化研究内容

随着信息技术的不断发展，信息技术在公共交通领域的应用日益广泛，尤其是公交智能 IC 卡在公交乘客中不断普及，这就需要挖掘公交智能 IC 卡潜在的其他功能。

在本研究中，将物联网和传感网的思路与技术同公交智能 IC 卡的唯一标识性结合起来，在乘客上车和下车二次扫描或自动识别机制基础之上，对公交智能 IC 卡的流动状态进行采集，从而将公交线路中的乘客划分为准乘客和非准乘客。所谓准乘客指在一个合理的时间周期内，只有一次参与公交出行的乘客，即无换乘行为的乘客；所谓非准乘客指在一个合理的时间周期内，具有一次以上参与公交出行的乘客，即有换乘行为的乘客。

通过对公交网络中公交线路上乘客流信息采集、过滤、解析和选取，再结合传统 O-D 调查方法的思路，可以分析公交线路中准乘客和非准乘客构成成分、乘客流流向分布状态以及乘客流流向分布动态变化的态势，从而研究公交线路以及公交网络的优化问题。

具体研究内容从学术理论研究和可实施系统技术框架研究两个方面予以体现。

1. 学术理论方面具体研究内容

（1）基于单条拥挤公交线路中准乘客构成比例较高的公交线路重复研究。

根据单条公交线路运力和其他因素界定单条公交线路的拥挤度，如果在单条公交线路乘客流构成比例中，出现准乘客所占比例较高现象，而且单条公交线路达到或形成拥挤状态，需要在整体公交网络优化的框架下，具体研究相关联公交线路与该线路重复的可行性以及如何提高公交线路重复度。

（2）基于单条拥挤公交线路中准乘客构成比例较高的运营优化研究。

在准乘客所占比例较高的单条拥挤公交线路中，如果无法通过优化公交线路重复度来降低单条公交线路拥挤状态，就需要研究如何通过运营优化来降低单条公交线路拥挤状态。主要研究两个方面内容：

① 如果准乘客在单条拥挤公交线路中保持连续而且较高的比例，即准乘客是形成整条运营线路拥挤状态的主要原因，具体需要研究如何增加运力和运力增加到何种程度来降低该公交线路的拥挤状态。

② 如果准乘客在单条拥挤公交线路中某些站点之间或者某些时间段内保持较高比例，需要研究如何通过智能动态调度来降低该公交线路的拥挤状态。

（3）基于单条拥挤公交线路中非准乘客构成比例较高的非准乘客属性及流向状态研究。

如果非准乘客是形成单条线路拥挤状态的主要原因，需要将非准乘客的属性划分为首端换乘、中间换乘和末端换乘三类。所谓首端换乘指乘客通过该线路换乘到其他线路；中间换乘指乘客通过其他线路换乘到该线路，又通过该线路换乘到其他线路；末端换乘指乘客通过其他线路换乘到该线路。通过公交智能 IC 卡对乘客流流动状态的采集，在统计、分析非准乘客属性的基础上，研究非准乘客的 O-D 分布状态。非准乘客的 O-D 分布基本可以归类为两种状态：一种是集中或连续的分布状态，即在非准乘客构成中，大部分非准乘客的 O-D 分布规律是一致或趋于一致的；另一种是分散或离散的分布状态，即在非准乘客构成中，非准乘客的 O-D 分布没有形成乘客流流束。需要基于非准乘客属性以及流向分布状态进行两个方面的研究：

① 基于非准乘客流集中或连续的分布状态，在整体公交网络优化的框架下，研究如何调整公交线路走向或新开通公交线路，从而也间接减少公交盲区。

② 基于非准乘客流分散或离散的分布状态，在整体公交网络优化的框架下，研究如何优化相关联线路或合并相关联线路。

（4）基于乘客流 OD 点分布及集散点分布的公交站点及枢纽点规划和优化研究。

通过公交智能 IC 卡对乘客流流动状态的采集，在统计、分析乘客流流向分布的基础上，分析乘客流 OD 点的分布规律及乘客流集散点形成的状态，从而研究如何规划、优化公交站点及公交枢纽点。

（5）基于乘客流流向分布状态的不同公交线路交叉站点的优化研究。

通过公交智能 IC 卡对乘客流流动状态的采集，在乘客流流向分布状态及确定不同乘客流交汇点的研究基础之上，对不同公交线路的站点如何交叉进行优化研究，从而满足不同流向的乘客换乘需求。

（6）基于乘客流流向分布状态和多条公交线路走向调整的整体公交网络优化研究。

通过公交智能 IC 卡对乘客流流动状态的采集，统计、分析公交线路走向和乘客流流向分布不一致的状态，在此基础上，设计公交线路走向和乘客流流向一致的拟合策略，从而研究多条相关联公交线路如何协调优化、宏观调整，达到整体公交网络的优化。

（7）基于乘客流流向分布变化态势的公交衍生网络构建研究。

将当前乘客流流向分布状态和历史乘客流流向分布状态做对比分析，研究乘客流流向分布变化的状态和趋势，推断和定量预测后期乘客流流向分布的稳态网络结构和拓扑特性，以满足乘客流流向变化为目的，对公交线路和公交网络进行规划和优化，最终构造适应乘客流流向变化的动态公交衍生网络。

2. 可实施系统技术框架方面研究内容

（1）对公交网络中公交区域、公交线路、公交站点以及公交运营单位等进行规范编码，从而建立公交网络的编码体系，目的是为信息采集、统计、分析、挖掘等建立数据基础，从而为公交网络规划、优化提供定量的决策依据。

（2）我国大部分城市采用公交卡上车一次扫描机制，公交卡的主要作用是一种售票手段；尽管在部分城市采用公交卡上车和下车二次扫描机制，但主要目的是进行差额售票。目前公交卡也能起到相关信息收集的作用，但主要针对静态信息进行处理，没有将动态信息作为主要应用。针对公交卡上车和下车二次扫描机制，构建公交智能IC卡读写器（POS）人工扫描或自动识别下车乘客IC卡信息方案，收集乘客参与公交行为的进入点、转换点和离去点，同时设计公交乘客出行的动态信息库框架，收集乘客流动的动态信息，为区分准乘客和非准乘客构成、性质以及属性等建立基础，也为研究公交乘客流流向分布提供适时、真实、可靠的数据信息。

（3）公交智能IC卡读写器（POS）在公交枢纽站自动将信息传输到可接收、存储的系统中，需要构建传输时间点、传输信息内容、传输手段等框架体系。

（4）针对公交运营部门收集的所属公交线路中乘客流分布状态，为公交运营部门的智能调度指挥系统设计可实施方案的框架体系。

（5）不同的公交枢纽站需要将所采集的乘客信息传送到系统总中心，需要构造不同层次之间的接口协议以及设计具有规范性的各信息源之间的相互关系结构。

（6）建立系统总中心对公交网络中所有乘客流信息的拆分、解析、分布定位等处理方法，同时构建乘客流信息库的系统数据结构，另外进行乘客流信息库数据的提取、分析、归类等算法设计。

14.2.5 基于公交乘客流构成及流向分布变化态势的公交网络优化研究目标及拟解决的关键问题

1. 研究目标

基于本研究的应用前景、研究意义、研究内容以及公交网络的发展动态，本研究的研究目标将分别从学术理论方面和可实施系统技术框架两方面予以实现。

（1）学术理论方面研究目标。

① 根据公交线路运力和其他因素构造公交线路拥挤度指标以及多因素数学模型，同时建立判断公交线路拥挤程度的推理规则。

② 利用传统的统计分析方法成果，对乘客流信息按照准乘客和非准乘客类别进行划分，从而建立准乘客和非准乘客属性的聚类函数或模型。

③ 针对准乘客造成公交线路拥挤而且通过优化公交线路重复度来降低公交线路拥挤状态的情况，首先建立反映公交线路之间关联程度高低的模型；在此基础之上，构造以降低拥挤公交线路的拥挤状态为目标函数，以相关公交线路关联程度高、运量状态低于拥挤度、运行代价尽可能低等因素为约束条件的线性或非线性模型，从而寻找与拥挤公交线路增加重复度的相关联公交线路，最终通过调整相关公交线路走向，为公交线路优化提供决策依据。

④ 针对准乘客造成公交线路拥挤而且通过运营优化来降低公交线路拥挤状态的情况，如果准乘客造成整条运营线路拥挤，通过分析公交线路运力的状态，在满足准乘客流流量的基础上，构造反映提高公交线路运力程度的计算模型；如果准乘客造成公交线路中某些站点之间或者某些时间段内出现拥挤状态，建立反映发车频率、发车时间点、发车量等指标的智能动态调度模型。

⑤ 针对非准乘客造成公交线路拥挤情况，如果非准乘客流是集中或连续的分布状态，在满足整体公交网络优化前提下，构建调整公交线路走向模型或建立新开通公交线路的方案；如果非准乘客流是分散或离散的分布状态，进行区域模型、离散实体模型和网络模型交叉统一的研究，从而建立对相关联公交线路优化或合并的模型。

⑥ 在分析乘客流流向分布的基础上，通过对乘客流 OD 点和集散点的确定，建立规划或优化公交站点及公交枢纽点的方法。

⑦ 在分析乘客流流向分布的基础上，通过确定乘客流流束的交汇点，建立不同公交线路站点交叉方案，从而满足不同流向乘客的换乘需求。

⑧ 根据乘客流流向分布状态的分析，依据"线路分布、网络集中"的思路，建立刻画多条相关联公交线路协调调整、宏观优化的整体公交网络优化模型。

⑨ 建立乘客流流向分布状态和历史乘客流流向分布状态的对比分析方法，在此基础之上，设计推断或预测乘客流流向分布变化趋势的模型；同时构造满足乘客流流向动态变化的具有稳态拓扑结构的公交衍生网络。

（2）可实施系统技术框架方面研究目标

① 针对整个公交网络系统，构建规范、科学、稳定、合理可靠的编码体系，包括公交网络中公交区域、公交线路、公交站点以及公交运营单位等信

息基元。目的是为信息采集、统计、分析、挖掘等建立数据基础,从而为公交网络规划、优化提供定量的决策依据。

② 设计公交智能 IC 卡采集乘客信息的事项,包括乘客公交出行日期,公交出行线路、上车站点、上车时间、下车站点、下车时间以及公交智能 IC 卡唯一标识码等基础信息。

③ 依据稳定、可靠、科学、合理、真实的系统原则,设计乘客信息库的数据结构,满足接收、存储、利用乘客流静态和动态信息的需要。

④ 构建乘客下车人工扫描或自动识别公交智能 IC 卡的方案。

⑤ 在公交总站或枢纽站,需要将公交智能 IC 卡读写器(POS)采集的信息传输到可接收、存储的系统中,从而构建满足传输方法的方案。

⑥ 基于理论研究的成果,针对公交总站或枢纽站,设计满足公交运营部门智能调度指挥的系统方案。

⑦ 不同的公交总站或枢纽站需要将所采集的乘客信息传送到系统总中心,所以需要构造不同层次接口的数据管道机制;同时构造规范性较强而且能够自动推算定位的各信息源之间的关系结构。

⑧ 针对系统总中心,在建立统一数据模型的数据交换框架基础上,构建公交乘客信息独有性、共享性、透明性融于一体的数据交互体系;同时设计对公交网络中所有乘客流信息的拆分、解析、分布定位等处理算法;另外也对乘客流信息库数据的提取、分析、归类等进行算法设计。

2. 拟解决的关键问题

(1) 学术理论方面拟解决的关键问题。

① 在通过提高公交线路重复度来降低公交线路拥挤状态的研究中,如何建立线路之间关联程度高低的模型是重点问题之一,而寻找与拥挤线路关联度高的相关联线路以及如何调整相关联线路走向是本研究内容需要解决的关键问题。

② 在集中或连续的非准乘客流造成公交线路拥挤的研究中,如何构建调整公交线路走向模型、调整哪些线路的走向以及如何调整是本研究内容的难点。

③ 在分散或离散的非准乘客流造成公交线路拥挤的研究中,如何优化或合并相关联公交线路是本研究内容的关键。

④ 在基于乘客流流束交汇点确定不同公交线路交叉站点的研究中,多少公交线路交叉以及哪些公交线路相互交叉是本研究内容需要解决的关键问题。

⑤ 在基于乘客流流向分布状态的多条公交线路走向调整研究中,如何建立多条公交线路协调调整、宏观优化的模型是本研究内容需要解决的关键问

题，而通过多条公交线路协调调整来达到整个公交网络的优化是本研究内容整个研究过程的难点。

⑥ 在基于乘客流流向分布变化态势的公交衍生网络构建研究过程中，如何推断和定量预测乘客流流向分布的变化趋势是研究内容的重点问题之一，而构造适应乘客流流向变化的、具有稳态拓扑结构的公交衍生网络是整个研究过程的难点。

（2）可实施系统技术框架方面拟解决的关键问题

① 如何构建规范、科学、稳定、合理可靠的公交网络编码体系是整个系统设计和开发的基础，也是通过信息采集、统计、分析、挖掘来规划和优化公交网络的关键所在。

② 如何建立存储乘客流静态信息、动态信息的信息库是系统数据结构的关键。

③ 如何构建整个交通网络中各个信息源之间的相互关系结构是本研究中系统技术框架部分的重点问题之一。

④ 用何种方法对公交网络中所有乘客流信息进行拆分、解析、分布定位是本研究中系统技术框架部分的难点问题，乘客流信息库数据提取、分析、归类的算法设计也是本研究中系统技术框架部分的重点。

14.2.6 基于公交乘客流构成及流向分布变化态势的公交网络优化可行性分析

1. 可行性相关方法

（1）学术理论方面的可行性方法。

① 将运筹学优化理论、图与网络、信息处理以及未来交通物联网技术与本研究结合起来进行交叉应用研究。

② 基于聚类函数基本原理、统计方法等进行准乘客、非准乘客的类别和属性研究。

③ 借鉴其他学者数学寻优法模型以及研究成果，再结合作者前期的研究成果，详细研究公交线路调整及公交网络优化的核心问题。

④ 借鉴非线性 0-1 规划模型、双层规划模型、连续平衡公交网络设计、混沌优化分析方法等成果，对提高公交线路重复度的相关内容进行研究。

⑤ 利用统计量在公交网络中的物理意义分析、人工智能理论，引用启发式算法、福劳德算法及公交线网多条最优路径算法等成果，对调整优化公交线路走向的相关内容进行研究。

⑥借鉴复杂网络中对度分布、群聚系数、度的相关性等研究成果，建立消除不确定、随机性和不可预测性的诸多隐性因素的方法，分析公交网络动态变化的拓扑特性。

⑦运用数学规划方法、图论、人工智能、专家系统及模糊数学等方法，对构建衍生变化的公交网络稳态结构内容进行研究。

（2）可实施系统技术框架方面的可行性方法

①利用网格理论、通信技术、分布式计算等成果，再结合作者在分布式信息处理方面的相关研究结论，对公交总站或枢纽站乘客信息数据传送问题以及系统中心数据处理问题进行技术可行性、可实施性方面的设计。

②将数字交通、智能交通、物联网和传感网的理论和技术等与本研究的理论研究成果结合起来，进行基于公交乘客流构成及流向分布变化态势的公交网络优化信息系统平台的体系设计。

③结合传统 O-D 调查方法的思路，再利用植入 RFID 系统的公交智能 IC 卡，对公交乘客 O-D 信息进行采集和统计分析。

2. 可行性技术路线

（1）首先论证利用物联网思路和感应网技术构造具有 RFID 联接的公交智能 IC 卡以及下车乘客二次人工扫描或自动识别 IC 卡信息的公交智能 IC 卡读写器（POS）系统的可行性，在此基础上，设计公交智能 IC 卡采集乘客信息内容的事项。

（2）对公交网络中公交区域、公交线路、公交站点以及公交运营单位等事项建立规范、科学、稳定、合理可靠的编码体系。

（3）针对公交线路建立拥挤度指标和模型，设计判断公交线路拥挤程度的推理规则。

（4）针对乘客流信息，建立划分准乘客和非准乘客构成比例的模型和方法，同时对非准乘客的动态属性按照首端换乘、中间换乘和末端换乘三类确定乘客流流向分布状态。

（5）基于（1）得到的乘客信息，利用（3）的结论对单条公交线路进行拥挤程度分析，如果该公交线路达到或处于拥挤状态，利用（4）的结论分析出现拥挤的成因，从而对公交线路进行布局优化或运营优化的具体研究。

（6）基于（1）得到的公交网络中所有线路的乘客信息，分析乘客流流向分布状态，从而研究公交站点、枢纽点优化以及不同公交线路站点交叉的问题。

（7）基于对乘客流流向分布状态分析，设计公交线路走向和乘客流流向一致的拟合策略。

（8）基于（1）得到的公交网络中所有线路的乘客信息，对乘客流流向分布状态和历史乘客流流向分布状态做对比分析，推断和定量预测乘客流流向分布变化的状态和趋势，最终构造适应乘客流流向变化的动态公交衍生网络。

（9）在以上理论研究基础上，设计具有应用价值的可实施系统的技术方案，最终为基于公交乘客流构成及流向分布变化态势的公交网络优化信息系统的开发奠定理论基础和可行的技术框架体系。

3. 关键技术

（1）对乘客流中准乘客、非准乘客的构成成分以及非准乘客的首端换乘、中间换乘和末端换乘三类属性采用聚类函数基本原理、统计方法等进行研究。

（2）构造公交线路拥挤度指标及拥挤状态推断规则方面，将公交线路运力等因素和其他专家学者对公交线路满载率的研究成果结合起来。

（3）在传统的 Dijkstra 算法、福劳德算法基础上，借鉴张国伍等专家学者们对公交线网多条最优路径算法的研究成果，再结合本书中理论研究的结论，对基于乘客流流向分布状态的公交线路调整、布局、合并等进行深入系统的研究。

（4）本研究中对乘客流流向分布状态的刻画仍然采用传统居民出行 O-D 调查中 OD 流分析的思路和方法。

（5）对基于乘客流流向分布状态及流向分布变化态势的线网优化，借鉴王炜等专家学者提出的"逐条布设，优化成网"成果。

（6）在借鉴其他专家学者对公交网络的度分布、群聚系数、度相关性等参数的研究基础上，利用高自友等专家学者对城市公交网络无标度特性及度分布指数的研究成果，构造满足乘客流流向动态变化的具有稳态拓扑结构的公交衍生网络。

4. 技术实施可行性

在技术上，随着物联网或感应网技术的发展以及在交通领域应用的不断深入，最终会能够构造具有 RFID 联接的公交智能 IC 卡以及下车乘客二次人工扫描或自动识别 IC 卡信息的公交智能 IC 卡读写器（POS）系统。目前，通信技术飞跃发展，公交智能 IC 卡读写器（POS）也能够将采集的信息传输到存储设备中。

尽管整个公交网络采集的乘客信息会产生大量的数据信息，但对海量数据信息的提取、解析、挖掘等理论和技术也已经成熟。

基于公交乘客流构成及流向分布变化态势的公交网络优化的研究成果，最终会以信息系统的形式应用到公共交通领域，具有一定的可行性和广阔的应用前景，并会产生一定的经济效益和社会效益。

参考文献

[1] 寇玮华,李宗平. 运输网络转运结点有容量限制的最大流分配算法[J]. 交通运输工程与信息学报,2008,6(4):5-9.

[2] 寇玮华,董雪,吕林剑. 交通运输网络中两个结点间有流量约束的最小费用最大流算法[J]. 兰州交通大学学报,2009,28(6):104-109.

[3] 寇玮华,李宗平. 运输网络中有流量需求的转运结点最大流分配算法[J]. 西南交通大学学报,2009,44(1):118-121. EI检索号20090811917448.

[4] 寇玮华,朱雪丽,张聪聪. 交通网络两个相邻结点之间有流量约束的最大流分配算法[J]. 交通运输工程与信息学报,2010,8(1):1-7.

[5] KouWeihua, LI Zongping. The shortpath algorithm basing on restricted condition in traffic network[J]. International Conference on Transportation Engineering 2009, Volume Five. 4336-4341. EI检索号 20100112603430.

[6] 寇玮华,崔皓莹. 满足交通网络流量增长态势的扩能优化研究[J],交通运输工程与信息学报,2012,4(10):19-25.

[7] 寇玮华,崔皓莹. 有运送路径限制的多品种流交通网络最小费用流算法研究[J]. 兰州交通大学学报,2013,(06):97-103.

[8] 寇玮华. 运筹学[M]. 成都:西南交通大学出版社,2013.ISBN 978-7-5643-2172-7.

[9] 寇玮华,崔皓莹. 运费无差异的多品种流交通网络最小费用算法[J]. 哈尔滨工业大学学报,2014,(08):122-128. EI检索号 20144500160798.

[10] 寇玮华,崔皓莹. 运费有差异的多品种流交通网络最小费用算法[J]. 同济大学学报(自然科学版),2014,(08):1196-1202+1210. EI检索号 20143900075296.

[11] 崔皓莹,寇玮华,丁振. 多品种流交通网络的最大流算法研究[J]. 交通运输工程与信息学报,2014,(02):77-82.

[12] 张宏雨,寇玮华,贾雨竹. 基于多品种流划分的最小费用流算法研究[J]. 交通运输工程与信息学报,2016(3):83-90.

[13] 张宏雨,寇玮华. 基于消圈算法的拥挤网络流分流研究[J]. 交通运输工程与信息学报,2017(已收录,拟发表于201703期).(可能在9月份确定具体信息)